MALIN HEAD
Clonmany
Carndonagh
Rosapenna
Fahan
Milford
Donegal
Derry
Letterkenny
Ardara
Lifford
Donegal
ULSTER
NORDIRLA
Derg
Omagh
Bullyshannon
Lough Neagh
Tyrone
Carrickfergus
Belfast Lough
Bangor
Belfast
Fermanagh
Enniskillen
Portadown
Armagh
Monaghan
Armagh
Downpatrick
Portaferry
Clones
Monaghan
Newry
Down
Mourne Mts.
Dundrum Bay
Carrick
Cavan
Dundalk
Dundalk Bay
Louth
Virginia
Longford
Kells
Monasterboice
Ardagh
Newgrange
Drogheda
Westmeath
Meath
Athlone
Tara
Clonmacnois
Offaly
Dublin
von Liverpool
Howth
Tullamore
Kildare
Canal
Dun Laoghaire
von Holyhead
Kildare
Bray
Birr
Portlaoighise
LEINSTER
Moone
Wicklow
Laois
Wicklow
Durrow
Barrow
Carlow
Nore
Kilkenny
Kilkenny
Carlow
Arklow
Slaney
Wexford
New Ross
Suir
Wexford
Rosslare Harbour
Waterford
Ballyteige Bay
St. George's Channel
von Fishguard
von Le Havre
und Cherbourg

MARGIT WAGNER

Irland

Margit Wagner

Irland

Ein
Reisebegleiter

Prestel-Verlag

Frontispiz:

Skellig Rocks im Atlantik: Höhepunkt einer Irlandreise.

Die vorliegende Ausgabe der sechsten Auflage wurde vollständig überarbeitet und neugestaltet.

CIP-Titelaufnahme der Deutschen Bibliothek:

Wagner, Margit:
Irland / Margit Wagner.
6., vollst. überarb. und aktualisierte Neuaufl.
München: Prestel, 1991

Prestel-Verlag, Mandlstraße 26, 8000 München 40
Telefon (089) 381709-0, Telefax (089) 38170935

Lithographie:
Brend'amour, Simhart GmbH & Co., München
Satz, Druck und Bindung:
Passavia Druckerei GmbH Passau

ISBN 3-7913-1120-4

Inhalt

WELCOME BACK 9

VORSPIEL AUF DER BLECHFLÖTE 10

DURCH DIE ZEITEN 15

Druiden und Könige 15
Ein Strahl großen Lichts 19
Geschichte im Schatten 36
Taufe durch Tränen 46
Ende eines Traumas 51

AUF IRISCHEN STRASSEN 55

Boyne Valley – Wegweiser in die Vergangenheit 60
Donegal – Einsamkeiten 67
Sligo – Im Schatten des Benbulben 90
Mayo – Vom Moor und seinen Geheimnissen 95
Am Lough Corrib – Das Kloster der geduldigen Mönche 115
Connemara – Zwölf Berge und das Meer 118
Galway – Und die Fahrt zu den Aran Islands 125
Inisheer – Freunde auf dem Friedhof 134
Coole und Ballylee – Ein literarischer Ausflug 143
Burren – Alpenblumen und Eremiten 151
Shannon Region – Stichwort Atlantik 159
Limerick – Die Wildgänse 166
Dingle Peninsula – Von Schreibenden und Seefahrern 167
Skelling Michael – Zwischenspiel mit Papageitauchern 183

Killarney – Kein fehlerfreies Paradies 189
Kenmare – Vom Nest aus unterwegs 191
Bantry Bay – Palmen und Kuckuck 195
Castletownshend – Die Damen
und Herren der Ascendancy 200
Cork – Vom Lee umarmt 204
Blackwater und Suir – Flußlandschaften 212
Glen of Aherlow – Picknick bei den Geistern 216
Rock of Cashel – Die königliche Burg 219
Kilkenny – Wer war Rory O'Tunney? 225
Kildare – Pferde 232
Wicklow – Fürs Wochenende 237

WASSERFAHRTEN 243

Shannon 243
Grand Canal und River Barrow 251
Clonmacnois 254

DUBLIN UND SEINE TAGESZEITEN 266

ABGESANG – EIN LOB
DEN IRISCHEN DICHTERN 298

IRLAND AUF EINEN BLICK 307

Provinzen und Grafschaften 308
Sehenswertes – Eine Auswahl 317
Prähistorische Monumente 317
Klöster und Kirchen 317
Hochkreuze 321
Rundtürme 321
Burgen und Festungen 322
Schlösser und Gärten 323
Museen und Bibliotheken 326
Freilichtmuseen 327
Höhlen 327

Gaeltacht – Sprachinseln 328
Musik und Instrumente 329
Irische und anglo-irische Literatur 330
Glossar 331
Zeittafel 334
Quellen 337

Reisehinweise 339
Personenregister 354
Orts- und Sachregister 358
Abbildungsnachweis 368

KARTEN

Übersichtskarten:

Vordere und rückwärtige Einband-Innenseiten
Grafschaften und Provinzen 309

Regionalkarten und Stadtpläne:

Nordwesten 66
Westen 114
Galway 127
Südwesten 184
Süden 201
Cork 205
Kilkenny 225
Osten 239
Shannon 247
Dublin 268/269

WELCOME BACK

Dreißig Jahre sind eine lange Zeit. 1963 erschien die erste Auflage meines Berichts über die damals fast unbekannte Insel. Irland ist mir seither treu geblieben – und ich Irland. Eine Reihe von Dokumentarfilmen entstand. Bei jeder Wiederkehr hieß es »welcome back«, sei von neuem willkommen, und ich freute mich.

Nun sind wieder die Leser an der Reihe. Im Frühsommer 1990 waren wir, zur Vorbereitung einer weiteren Auflage, lange unterwegs. Ich fand die Iren, besonders die Dubliner, verändert: Nicht mehr im Schatten ihrer traurigen Geschichte stehend, vielmehr der Zukunft zugewandt. Aber das alte Irland, so wie es seine Freunde lieben lernten, ging darüber nicht verloren. Immer noch verzaubert es den Besucher mit der Schönheit seiner Landschaften, den Farben seiner Abende, dem Spiel seiner Wolken, der Magie seiner Steine – Zeugen aus keltischer Frühzeit – und mit dem skurrilen Charme seiner Bewohner.

Bei unserer Fahrt auf vertrauten Wegen haben mir zahlreiche Freunde geholfen. Ich möchte allen danken. Zunächst meinen Begleitern unterwegs, Thomas, Brigitta und Peter Höpler. Der Leser wird ihnen in den Seiten dieses Buches begegnen. Michael Garvey von Telefis Éireann stand mir, wie zuvor beim Filmen, mit klugem Rat zur Seite. Der unermüdliche Clan Bourke öffnete gastlich seine Häuser: Adrian und Ruth in Ballina führten uns zu den »Geheimnissen des Moors« und den Céide Cliffs; Henry und Barbara machten uns mit dem Galway von heute bekannt; mit Nick Robinson und seiner Frau Mary sprachen wir in Dublin über ein zukünftiges Irland. Mary Robinson hat inzwischen als Präsidentin der Republik gute Chancen, ihre Ideen in die Wirklichkeit umzusetzen.

Bei Dr. Peter Harbison, dem wohl besten Kenner irischer Altertümer, erhielt ich wichtige Auskünfte. Auch die offiziellen Stellen, die Irische Fremdenverkehrszentrale in Frankfurt und Bord Fáilte Éireann in Dublin, waren wie immer hilfreich.

VORSPIEL
AUF DER BLECHFLÖTE

Meine Dubliner Freunde sind leicht zu finden: Sie versammeln sich, wenn es Abend wird, zum Gespräch, zum Austausch ihrer Ansichten, Ideen und Träume. Sie wählen als Ort der Begegnung ein Pub, eine irische Bar. Es ist nicht immer dieselbe, aber alle sehen sich ähnlich. Meist sind es kleine, dämmrige Räume mit schwingenden Türen zu dunkleren Nebenzimmern, auf den ersten Blick häßlich, beinahe armselig, aber auf unerklärliche Weise freundlich und gemütlich, je länger man verweilt.

Wir sitzen unter dunkelgetäfelten Wänden wie auf dem Grund eines Fasses – und so, wie echter irischer Whiskey Geschmack und Duft des Holzes annehmen soll, indem er jahrelang lagert, so scheinen hier umgekehrt die Wände getränkt und gebeizt vom Dunst des Alkohols. Ein kleines Fenster ist bunt verglast; rote und blaue Lichtstrahlen dringen nur ein Stück weit ins Dämmerlicht – bis zu unserem Tisch etwa, der naß und fleckig ist, bis zu dem braunen Leder der Bank, auf der ich sitze, oder zu dem Spiegel darüber; aber der ist fast blind und gibt die Botschaft, daß es draußen noch hell sei, nicht mehr wieder. Fast alle, die hierherkommen, kennen sich seit langem. Manche sind Kollegen. Draußen, in der Welt, sind sie Gelehrte oder Geschäftsleute, Beamte und Schauspielerinnen, erfolgreich auf ihrem Gebiet; aber in der Dämmerung der Kneipe werden sie, was ihre Vorfahren seit frühester Zeit waren: Geschichtenerzähler, Zauberer des Wortes.

Es muß nicht alles nach dem Buchstaben stimmen, was da vorgebracht wird – aber ist es ein Nachteil, wenn man auf Pfaden, die einen rational denkenden Kontinentalen allzu kühn dünken, zu schwindelnden Höhen und Ausblicken geführt wird? Da ziehen hoffnungsfrohe Gedanken auf, so rosenfarben, federleicht und ungreifbar wie Wolken am irischen Abendhimmel. Und wie hierzulande Regengüsse jäh der Sonne folgen, kann kurz darauf Melancholie sich über die Gemüter breiten, Verzweiflung an der Welt, an Irland im besonderen, am Leben überhaupt – Gedanken, schwarz und bitter wie das Guinness-Bier, in das die Freunde sorgenvoll starren. Plötzlich und unbegreiflich flammen Fehden zwischen ihnen auf, alte und neu entfachte; sie werden mit einer so hohen Kunst der Bosheit ausgetragen, daß man als Unbeteiligter sich beinah daran freuen könnte. Aber wie ihre Stimmung auch sein mag – eines sind die Gefährten dieser abendlichen Runde, sind Iren immer: unendlich hilfreich dem Fremden gegenüber. Sie scheinen, ohne daß man es ihnen sagt, stets zu wissen, was den anderen bewegt oder beunruhigt, und haben Antwort, Trost und Auskunft bereit. Bei ihnen habe ich mehr über Irland erfahren, als ich in Büchern fand. Sie können erklären, ohne zu langweilen, aus ihrem Munde klingt selbst das noch neu, was man längst weiß.

»Stell dir einen Suppenteller vor«, sagt Sean neben mir, »einen Teller mit aufgewölbtem, gewelltem und schön gemustertem Rand, der in allen Farben spielt: viel Grün ist da, aber auch Violett und Gelb. Zur Mitte hin verblassen die Farben, es bleibt ein einförmiges Braun. Dieser Teller hat einen Sprung. Er geht nur über einen kleinen Teil der Fläche, unregelmäßig von Rand zu Rand. Es ist kein gefährlicher Sprung, o nein, der Teller wird nicht brechen. Hast du solche angeschlagenen Stücke in deinem Haushalt?«

»Ja«, sage ich, »und ich verstecke sie unter dem heilen Geschirr; ich möchte sie am liebsten vergessen, aber sie kommen immer wieder zum Vorschein.« – »Siehst du«, ruft Sean, »da haben wir es. Welch schönes Gleichnis haben wir gefunden: Irland als defekter Suppenteller. Als Rand ringsum: die Berge, auch gelbe Strände, grüne Weiden und Hügel. In der Mitte das endlose Moor. Und der Sprung: die Grenze zu den sechs Grafschaften, die noch zu England gehören. Wenn man an den Sprung denkt, so schmerzt es.«

Sean holt Zigaretten aus der Tasche, bietet sie aber nicht an, wie es bei uns üblich ist. Erst sieht er mich fragend an, ich schüttele den Kopf. Dann zieht er zwei Zigaretten aus der Packung und hält sie dem Professor hin, der neben ihm sitzt. Der nimmt sich die eine, die andere steckt Sean sich an. Das ist eine Geste der Freundschaft, die mir von Anfang an gefallen hat.

»Könnte man«, frage ich, »die Theorie vom Suppenteller einen Augenblick vergessen und den Riß im Land als eine Wunde betrachten, die noch nicht verheilt ist, immer wieder aufbricht?« Das ist eine heikle Frage. Die Freunde zucken die Achseln. Sie haben jahrelang, verbissen und fruchtlos, dieses unendlich schwierige, vielschichtige Thema erörtert; nun sind sie es müde. »Hoffnungslos«, meint Colm.

Aber Deirdre, mir gegenüber, hält ihr Whiskeyglas vors Gesicht, schaut wie gebannt in die helle Flüssigkeit, als käme von dort her Weisheit und Erkenntnis. »Wer weiß, was kommen wird?« sagt sie. »Zu einer Zeit, in der Europa zusammenwächst, überall Grenzen fallen, kann doch das kleine Irland nicht mit der Wunde einer Trennungslinie weiterleben.«

Nebenan muß die Tür zur Straße aufgegangen sein, man hört plötzlich das tiefe Brummen der Busse von der O'Connell Street herüber, auch das Schreien der Möwen. Rede und Gegenrede laufen weiter. Vom Bürgerkrieg im Norden sind sie in jene Zeit geraten, in der ihre Väter noch gegen England, für Irlands Freiheit kämpften. Man erzählt von Verfolgten, denen damals die Flucht gelang: dramatische Schilderung eines Mannes, der in Frauenkleidern und Perücke entkam. So glänzend wird er beschrieben, daß ich ihn deutlich vor mir sehe, lang und dürr, wie viele hierzulande; unter dem wirren Frauenhaar sehr große graue Augen, schmale Nase, schmale Lippen, ein festes Kinn. Aus dem schwarzen Umschlagtuch ragen knochige Hände; die Füße sind riesengroß und stecken in Reitstiefeln. Er kann sie unter einem langen Rock nur ungenügend verbergen. So stolpert er in die Freiheit, ein halbes Kind noch. Was mag aus ihm geworden sein? Ich habe keine Zeit, darüber nachzudenken. Schon sind meine Freunde vom Fliehen in unseren Tagen auf die Fluchtburgen der frühen Zeit gekommen, auf riesige Ringmauern, die plötzlich auftauchten, als der Spiegel des Sees gesenkt wurde. So mühelos und souverän wechseln sie die Themen und spazieren durch die Jahrhunderte. Und nicht nur das. Es hat sich von einem anderen Tisch ein Mann zu uns gesellt, der dem Aussehen nach ein Bruder des verkleideten Flüchtlings sein könnte. Auch er ist dünn und lang, großäugig und schmalgesichtig. Er sitzt nur da und hört zu, trinkt auch viel, sagt aber fast nichts. Ich sehe ihn an diesem Tag zum ersten Mal. Ich weiß aber, daß er einen großen Namen hat als Sammler von Volksliedern und Märchen. Als er endlich zu sprechen anfängt, werden die anderen ringsum nach und nach still. Der da kann noch besser mit Worten zaubern als sie.

Es ist spät geworden, wir werden alle irgendwo zum Essen erwartet, aber keiner rührt sich. Der Wirt schaut herein, bringt ungefragt eine neue Runde, stellt vor jeden ein volles Glas. Sean muß diesmal zahlen nach den strengen Regeln des irischen Trinkens; er greift gedankenverloren in die Tasche, zieht einen Geldschein heraus, wirft ihn dem Wirt aufs nasse Tablett und nimmt dabei seine Augen nicht vom Gesicht des Erzählers. »Ja«, sagt der schließlich und bringt seine Geschichte zu einem plötzlichen und unerwarteten Ende, »so ist das bei uns in Irland. Wir sind ein sonderbares Volk auf einer seltsamen Insel.« Er greift in die Tasche und zieht eine silberglänzende Pfeife heraus, dünn wie die Finger eines Kindes, aber viel länger. Es ist eine *tin whistle*, eine Blechflöte; und niemand in Irland, sagt man mir, kann besser darauf spielen als der Mann, der bei uns am Tisch sitzt. Der dünne Silberton schwebt auf und ab in dem dunklen Raum: eine kleine Melodie, die nicht heiter ist, aber auch nicht traurig.

Es ist jetzt ganz still geworden. Drüben in der Bar müssen ein paar der Gäste auf Stühle gestiegen sein, ihre Köpfe erscheinen plötzlich über der hölzernen Trennwand. Die Melodie geht weiter, es ist so viel Zauber in ihr wie in den Worten war, denen sie nachzulaufen scheint. Es sind Töne, die Bilder beschwören, Erinnerungen wecken; an weiße Straßen und an Granitfelsen, die naß und silbern im Regen stehen, an Moor und dunkles Wasser und Heidekraut …

Irland. Wenn ich fortgehe, denke ich, wie soll ich von all dem erzählen? Der Flötenton bricht ab. Der Spieler scheint genau zu wissen, an was ich gedacht habe. »Nicht wahr«, sagt er und zitiert seinen Landsmann George Bernard Shaw, »ihr habt am Himmel keine solchen Farben, keine solchen Lockungen in den Fernen, keine solchen Traurigkeiten an den Abenden. Oh, das Träumen, das Träumen …« Sean schaut mich spöttisch an. »Vergiß über den Träumen die Realität nicht«, sagt er.

Wir stehen auf, einer nach dem anderen. Wir sind plötzlich hungrig und müde. Es gibt keinen feierlichen Abschied. Wir drängen, ein unruhiger Schwarm, durch die enge Tür der Bar ins Freie, in den hellen irischen Abend.

DURCH DIE ZEITEN

Druiden und Könige

Die irisch-keltische Sagenwelt ist bunt und köstlich, bevölkert von Göttern und Unterirdischen, Menschen und Heroen. Manches erinnert an Griechenland, doch ist die Hierarchie der altirischen Götter nicht so wohlgeordnet wie die des hellenischen Olymp. In frühesten Erzählungen stehen präzise Angaben neben phantastischen Behauptungen, voll der minuziösen Einzelheiten wie die Märchen der Kinder. So sind in Chroniken alle angeblichen Einwanderungen und gewaltsamen Landnahmen genau angegeben. Unter den Eroberern wird das Volk der Göttin Dana als das vornehmste geschildert: die Tuatha Dé Danaan, die groß von Gestalt und selbst göttergleich waren, gut und vieler Künste mächtig. Sie werden aber von der nächsten Welle der Einwanderer – angeführt von Mil oder Milesius – besiegt und unter die Erde verwiesen, wo sie, nun dem Reich der Geister zugehörig, in Hügeln wohnen, als *sidhe*, und sich gelegentlich ein schönes Menschenkind zur Frau holen. Die Erinnerung an die Tuatha Dé Danaan lebt im Geisterglauben des Volkes fort.

Die Wissenschaft hat inzwischen eine Folge von Besiedlungen – vorkeltischen und keltischen – bestätigt, die vom Kontinent, besonders von Spanien und Westfrankreich ausgingen. Man nimmt an, daß es sich nur bei den zuletzt Angekommenen, etwa 700 v. Chr., um Goidelen, Gälen, gehandelt habe.

Die Fülle früh-irischer Sagen ist längst geordnet worden. In einem ersten Kreis, dem »Mythological Cycle«, finden sich Nachklänge aus vorkeltischer Zeit, aus der »Morgendämmerung der westeuropäischen Zivilisation«. Der zweite Kreis der Sagen, »Red Branch Cycle« genannt, berichtet von den Ulaiden, einem nordirischen Stamm, dessen erster Held Cú Chulainn war. In

Poulnabrone Dolmen im Gebiet des Burren

diesen Geschichten mischen sich rüde und blutrünstige Episoden, die nach dem Geschmack junger Völker von Waffenlärm und Kriegsgeschrei erfüllt sind – »herunter mit seinem Kopf« –, mit zarten und freundlichen Bildern. Der dritte Sagenkreis berichtet von Finn Mac Cumhail und von seinem Sohn Oisin, Ossian. Finn ist Anführer einer Kampftruppe, der Schar der Fenier, auch Fianna genannt. Die Männer dieser Elite mußten nicht nur flink und geschickt sein und neun Feinden gleichzeitig gewachsen – es wurden auch höhere Tugenden von ihnen erwartet. Sie sind Rätselknüpfer und Rätsellöser, Dichter und Philosophen. »Zwei Drittel deiner Güte«, so heißt es in ihren Bestimmungen, »erweise den Frauen, den kleinen Kindern und den Poeten.« Hier sind die Ideale der Zeit der Ritter und Troubadoure vorweggenommen.

Wenn auch alle jene frühen Berichte nur ein Spiegelbild wirklichen Lebens zeigen, »inzwischen getrübt vom warmen Odem der Romantik ebenso wie vom kalten Hauch der Kritik«, wie Máire und Liam de Paor sagen, so ist es doch möglich, aus ihnen und anderen Zeugnissen ein Bild des vorchristlichen Lebens in Irland zu gewinnen.

Die Iren hatten keine Städte, nicht einmal Dörfer. Einzelne Gehöfte bestimmten das Bild. Grund und Boden gehörten der Großfamilie gemeinsam. Nur für die Toten baute man in Stein. Davon zeugen die Nekropolen im Boyne-Tal, aber auch Dolmen, Einzelgräber, denen man oft begegnet. Sie sind schon aus der Ferne zu erkennen, scheinen riesengroß über dem Land zu schweben. Eine schwere Deckplatte wird von aufrecht stehenden Steinen getragen. Kommt man näher, so verliert der Dolmen an Größe.

Um die Wohnbauten der frühen Zeit, die aus Holz oder aus Flechtwerk und Lehm errichtet waren, zog man hohe Erdwälle. So geschah es selbst bei den Burgen der Könige. Noch dreißig- bis vierzigtausend solcher Ringwälle, *rath* genannt, soll es in Irland geben, zumeist freilich als schwache Erhebung, nur dem geübten Auge erkennbar. Wurde ein solcher Wall in Seen oder Flüssen um eine Insel gelegt, so spricht man von einem *crannog*.

Die Iren waren ein Volk der kleinen Könige. Jeder ihrer Stämme, *tuath* genannt, wurde von einem solchen König regiert. Ihm schrieb man magische Kräfte zu. Er selbst stand wiederum unter dem magischen Zwang von *geasa*, Tabus. So konnte es ihm vorgeschrieben sein, die Mauern seiner Burg nur in einer Richtung zu umschreiten, dem Lauf der Sonne folgend. Solche geheimnisvollen und für uns unverständlichen Vorschriften, von denen immer mehrere den König und den Edlen banden, mußten seine Handlungen und seine Lebensweise stark beeinflussen. Mehrere Kleinkönige waren jeweils dem König einer Provinz tributpflichtig. Über allen stand der *ard-ri*, der Hochkönig auf Tara, Symbol der Macht und geistiger Führer, nicht Machthaber in unserem Sinn.

Ihre Gesetze – von den Engländern später *Brehon Law*, Recht der Richter, genannt und lange vergeblich bekämpft – waren weise. Kämpfe um Land und Vieh wurden zwar grausam geführt und das Leben eines Menschen, auch das eigene, galt nicht viel. Aber für die Pflege von Verwundeten zum Beispiel gab es Regeln, die an Menschlichkeit und Zartgefühl heutige Konventionen weit übertreffen.

Das Zeremoniell der frühen irischen Höfe war strenger als das der homerischen Helden. Die *aes dána*, die Weisen und Künstler, hatten ihren Platz zwischen den Adligen und den Kriegern, »denn ihre Kunst adelte sie«. In die Reihen der *aes dána* gehörten Richter und Heilkundige, Harfenspieler und Silberschmiede – und die Poeten. Die *filí* kamen aus den Schulen der Druiden, waren Magier und Wahrsager; die Barden hatten das Amt des Hofpoeten. Ein Dichter hatte überall freies Geleit, war willkommen, wo anderen der Zutritt verwehrt wurde. Gewissen Familien blieb es vorbehalten, ihre Söhne in die Schulen der Druiden oder der *filí* zu schicken. Alle Weisheiten und Erkenntnisse wurden dort mündlich übermittelt; das keltische Ogham-Alphabet, mit seinen geraden oder schrägen Kerben in Stein oder Holz, diente nur für Inschriften. Vor ihrer Lehrzeit bei den Druiden wurden die Knaben meist bei Pflegeeltern aufgezogen, fern der eigenen Familie. Diese Sitte wurde in Irland lange beibehalten.

Man kann sagen, daß diese Ordnungen auch in frühchristlicher Zeit unter veränderten Vorzeichen weiterlebten. Mönche haben einen großen Teil des heidnischen Sagengutes aufgeschrieben und damit für die Nachwelt bewahrt. Das erklärt manches, was in diesen frühirischen Erzählungen fremdartig oder offensichtlich östlichen Ursprungs ist. Die Mönche wußten aus

Jerpoint Abbey: Relief an einem Wandfries

den heiligen Schriften von der mittelmeerischen und kleinasiatischen Welt und freuten sich daran, etwa den Palast des irischen Hochkönigs so zu beschreiben, als sei er dem Tempel des Salomon ähnlich gewesen.

Auch die Geschichten von der Fianna des Finn wurden bis in die christliche Zeit Irlands weitergeführt. Finn Mac Cumhail ist zwar lange tot, und sein Sohn Oisin ins »Land der Ewig Jungen« geholt worden. Aber einer der Fenier, Caoilte, lebt noch und führt lange Gespräche mit dem heiligen Patrick. Caoilte soll von der alten Zeit und ihren Helden erzählen. Er ist selbst ein Stück jener vergangenen Welt: ein riesiger, furchterregender Mann, von Wolfshunden begleitet.

Als er seine Erzählung beendet hat, sagt Patrick: »Sieg und Segen für dich, Caoilte, deine Geschichten waren gut – und wo ist Brócan, unser Schreiber?« »Hier bin ich«, sagt Brócan. »Schreibe alles auf, was Caoilte gesagt hat!«

So ruhig und würdig begegneten sich die alten und die neuen Gedanken. So begann das christliche Irland, das Irland des Patrick. »Es wird ein Mann kommen« – das hatten die Druiden geweissagt – »mit kahlem Kopf und gebogenem Stab. Sein Mantel wird ein Loch für den Kopf haben. An seinem Tisch, der im Osten seines Hauses steht, wird er singen, und alle die Seinen werden antworten: ›fiat – fiat‹.«

Ein Strahl großen Lichts

Kein römischer Legionär hat irischen Boden betreten. Das Christentum kam nicht im Gefolge der Krieger. Der große Heilige und Missionar der »Grünen Insel« ist Patrick. Genaue Daten über die Zeit seines Wirkens sind nicht bekannt; man kann mit einiger Sicherheit die zweite Hälfte des 5. Jahrhunderts annehmen. Patrick selber beschreibt sein Leben in einer »Confessio«, in bäurisch-grobem Latein:

»Sohn eines Dekurionen im römischen Britannien;
von Iren bei einem Raubzug gefangen, als Hüter einer Herde sich wandelnd, vom Geist Gottes erfüllt;
Flucht in die Heimat nach sechs Jahren, schon bereit zur Bekehrung der Feinde, die Stimme Irlands im Traum hörend;
auf Wanderschaft in Gallien und Italien und auf den Inseln des Mittelmeeres, nachlernend, was er in Jugend und Knechtschaft versäumte;
zurück in Irland, als Bischof; mit großem Gefolge von Ort zu Ort ziehend, Königen Rede und Antwort stehend, ihnen gleich an Rang;
den ein Rechtsgelehrter berät, eine Leibwache schützt, ein Wagenlenker

führt; dem ein Schreiber schreibt, ein Glöckner läutet, Psalmisten singen;
der den Shamrock in der Hand trägt, irischen Klee;
an seinen drei Blättern, die ein Blatt sind, die Dreifaltigkeit deutend;
dessen Lehren die Iren willig, ja begierig aufnehmen;
der sagen kann: »Die Söhne und die Töchter der Könige sind Mönche und Bräute Christi geworden.«

So vollzieht sich die Wandlung zum Irland der Klöster: Neben die erste kleine Kapelle in der Wildnis wird eine zweite, dritte gesetzt – aus Lehm und Flechtwerk, mit Riedgras gedeckt. Rings im Kreise errichten die Mönche und Schüler ihre bienenkorbartigen Zellen. Der Clan, die frühere Großfamilie, ist oft der Kern einer solchen Siedlung, ihr König ist immer noch der Anführer; er ist Abt geworden. So wie man zuvor die Knaben aus edler Familie in die Schulen der Druiden schickte, so kommen sie jetzt in die Lehre der Geistlichen. Selbst die Dichter kommen und stimmen ein in die Lobpreisungen.

Die Jünger des Patrick und ihre Nachfolger wählten sich schön gelegene, einsame Orte. So zog Enda auf die größte der Aran Inseln; und bald sprach man vom »Aran der Heiligen«. Brigid gründete ihr Doppelkloster der Mönche und Nonnen in Kildare. Kevin ging in ein waldreiches Tal, nach Glendalough. Ciarán, Sohn eines Zimmermanns, gründete Clonmacnois am Shannon. Die einheimischen Schüler, später auch jene aus England und vom Kontinent, zog es in Scharen in die jungen Klosterstädte. Wie wir aus den harten Regeln wissen, erwartete sie ein Leben der Entsagung und Askese. Wo sonst war es Mönchen auferlegt, mit ausgebreiteten Armen zu beten, im *Crossfigill*, oder, in Bergbächen kniend, hundertfach ihre Gebete zu wiederholen? Solche Strenge der frommen Übungen, ein Bestürmen des Himmels in Ekstase, weist nach Osten, auf die Traditionen der syrischen und koptischen Klöster, der Säulenheiligen.

Manche der irischen Klosterschulen erlangten den Rang einer Universität. Aus einem von Kriegen heimgesuchten Europa flüchteten sich die Gelehrten auf die »Insel hinter einer Insel«, den letzten Hort des Friedens. Sie brachten ihre lateinischen und griechischen Lehrbücher mit, ihre Kenntnisse, ihre Kultur. Neben dem Gälischen wurde nun in den irischen Klöstern Lateinisch gesprochen. Man las Cicero, Horaz und Vergil. Erstaunliche Großzügigkeit im Geistigen: nicht nur die heidnischen Schriftsteller der Antike wurden gelesen, auch das keltische Sagengut durfte gesammelt und aufgeschrieben werden samt seinen Göttern und Heroen.

Die irischen Mönche sprachen vom »grünen, weißen und roten Martyrium«. Das Grüne: als Eremit leben. Das Weiße: die Heimat Irland verlassen um Christi willen. Das rote Martyrium, der Tod durch Gewalt, wurde ihnen nicht abverlangt.

Wem unter den Mönchen es nicht genug schien der Entsagung, ging als Eremit in die äußerste Einsamkeit, auf einen Felsen im Atlantik, in die Wüste des Wassers, wiederum dem Beispiel der Männer in der Thebais folgend. Andere Einsiedler versteckten sich in der Tiefe der Wälder, die damals Irland überzogen. »Sie gewannen die Natur lieb«:

»Rings umschließt mich Waldeshag,
der Amsel Lied schallt her zu mir,
und über meinem Pergament, dem linienreichen,
erklingt der Vögel trillender Gesang.

Vom Baumeswipfel ruft mit heller Stimme
in seinem grauen Mantel mir der Kuckuck zu.
Fürwahr – es schütze mich der Herr! –
schön schreibt sich's unterm Waldesdach.«

Das Schreiben und Illuminieren von Büchern war den Iren etwas Neues, nie Dagewesenes. Vom 7. Jahrhundert an entfaltete sich diese Kunst in den Schreibstuben der Klöster zu hoher Blüte. Das begann im »Cathach« des Columban mit einfachen Schnörkeln, mit umpunkteten Initialen. Später griffen die Künstler zu Farben, die sie aus fernen Ländern kommen ließen. Die Symbole der Evangelisten wurden vor ihre Bücher gesetzt, ganze Schmuckseiten in die Pergamente eingefügt. Schließlich brachen die Buchstaben selbst aus ihrer Form, wurde die Schrift ebenso Zierrat wie Mitteilung. Im schönsten dieser Bücher, dem »Book of Kells«, tummeln sich phantastische Wesen, ist jede Seite ein Juwel der glühenden Farben, des unvorstellbaren Detailreichtums. So gab die Insel jene kostbare Gabe, die sie einst empfangen hatte, die Kunst des Schreibens, vielfach zurück.

Book of Kells, folio 71 r

Metallarbeiten hatte es schon im heidnischen Irland gegeben. Nun, im Zeichen des Christentums, wandten die Künstler sich neuen Themen zu. Sie arbeiteten in Gold und Silber und setzten Edelsteine ein. Kunstwerke von fremdartiger, hoher Schönheit entstanden: Reliquienschreine und Kelche, Hüllen für Bücher, für die Glocken der Heiligen und ihre Bischofsstäbe.

Im Mittelpunkt der Klosteranlagen standen Hochkreuze, als Zeichen der Andacht, nicht für einen Toten. Schaft und Arme sind durch einen steinernen Ring verbunden und gestützt. Bei den frühen Kreuzen wurde der Stein mit Ornamenten dicht überzogen – Chiffren, die wir nicht deuten können. Manche Motive sind den kunstvollen Metallarbeiten jener Zeit verwandt. Später, etwa vom 9. Jahrhundert an, erzählen die Hochkreuze Geschichten der Bibel. Die Bilder sind in Rechtecken angeordnet und gereiht wie die Comic Strips unserer Tage. Am Baum der Erkenntnis sind die Äpfel wie Ketten aufgehängt. Christus wird getauft: An den Haaren hält man ihn übers Wasser. Oft sind Notsituationen dargestellt: Daniel in der Löwengrube, die Jünglinge im Feuerofen. Dann ist das Kreuz wie eine Anrufung: Herr, hilf! Bei den letzten Hochkreuzen, denen des 12. Jahrhunderts, sind die Arme geschrumpft; wichtig allein ist der Schaft, an dem einzelne Figuren groß und wunderlich ragen. Von allen Hochkreuzen kann angenommen werden, daß sie einmal bemalt waren und so vielfarbig leuchteten wie die Metallarbeiten jener Zeit und wie die Schmuckseiten der Handschriften.

Rundtürme sind allein in der irischen Baukunst zu finden. Sie sind hoch und schmal, Minaretten ähnlich. Etwa achtzig von ihnen sind ganz oder teilweise erhalten geblieben. Auch sie gehörten zum Klosterbezirk, als weithin sichtbares Zeichen. Sie ragen unvermittelt aus einem sonst türmearmen Land. Sie wurden vermutlich erst vom 9. Jahrhundert an gebaut, nach den ersten Einfällen der Wikinger, und dienten vor allem als Flucht- und Schutzort. So liegen die schmalen Eingangspforten der Rundtürme einige Meter hoch über dem Boden und sind nur über eine Leiter zu erreichen; auch im Inneren mußte man mit Hilfe von Leitern von einem Stockwerk zum nächsten steigen. Von den wenigen Fenstern sieht jedes in eine andere Richtung. Spitze Steindächer schlossen diese Bauwerke ab, die glatten Mauern blieben unverziert.

Solchen Schutz aufzugeben, sich dem Meer anzuvertrauen, ins Ungewisse hinauszufahren – das mußte den irischen Asketen, denen das rote Martyrium versagt blieb, als äußerste Möglichkeit des Opfers erscheinen. Es war ein zweifaches Entsagen. Es hieß ja die Heimat verlassen, mit der die Iren sich magisch verbunden fühlen wie kaum ein anderes Volk. Von solchen Fahrten in die »Einsamkeit der pfadlosen See« gibt es nur ungewisse Kunde. So weiß man nicht, wann und wie oft die Boote irischer Mönche Island erreichten; aber ihre Anwesenheit dort ist bezeugt, ebenso wie auf den Shetland-Inseln. Der »Navigatio Brendani«, einem phantastischen Bericht des Mittelalters, muß – wie man erst seit neuerer Zeit weiß – eine tatsächliche Reise zugrunde gelegen haben, die vermutlich bis an die Küsten Amerikas führte. Die Bucht von der die Fahrt ausging, heißt bis heute Brendan's Creek. Vom Seefahrer Brendan wird in diesem Buch noch mehrfach die Rede sein.

Anderen Iren waren Schottland, England, der Kontinent das Ziel ihres Abenteuers um Christi willen. Sie machten sich meist zu zwölft auf den Weg, nach der Zahl der Apostel, in Booten aus Weidengeflecht und Tierfellen. Ihre Ankunft erregte Staunen, wo immer sie hinkamen. Elende Heilige nannte man sie bei uns nach dem althochdeutschen Wort *elilenti*, fremdländisch. Sie trugen ihre Bücher in einem Ledersack um den Hals; jede

Handschrift war ihnen so teuer, als sei sie ein lebendes Wesen. Sie feierten das Osterfest zu einem andern Datum als die römische Kirche. Sie hatten auch eine andere Tonsur: ihr Haar war am Vorderkopf halbmondförmig geschoren, vom Hinterkopf fiel es ihnen in langen Strähnen auf die Schulter. Das waren Äußerlichkeiten. Sie seien »Mönche nicht nur der Kleidung, sondern dem Leben nach« – so rühmte man sie.

In diesen redegewaltigen Männern glühte der Geist wie einst in Patrick. Sie scheuten nicht vor dunklen Orten und tiefen Wäldern zurück, die noch als Reviere der alten Götter galten. Sie fürchteten auch die Könige nicht. Sie waren ja selbst Edle und Söhne von Königen. Sie predigten Buße wie Johannes der Täufer – ihre Bußbücher bezeugen es –, und sie waren unbeugsam, wenn es um das Heil der Seele ging. Dem Biographen des Columbanus entschlüpfte einmal das Wort vom Starrsinn des Heiligen. »Theuderic, der Hund«, soll er vom burgundischen König gesagt haben. Solche Ausbrüche irischen Jähzorns melden die Chronisten nicht selten.

Aber die Iren brachten auch zurück, was sie einst vom Kontinent empfingen: ein reiches Wissen und den freien Geist der Antike, der allein in ihrem Lande noch lebte. Manche unter ihnen waren nicht nur Gelehrte, sondern auch Künstler, Dichter zumeist. Das gilt vor allem von den beiden Größten unter ihnen.

1 *Kreuz des Muiredach, Monasterboice –*
»Hochkreuze umwandert man«

2 *Glendalough –*
»Die Eremiten suchten sich schön gelegene, einsame Orte«

3 *Glendalough –*
»... aber die Schüler folgten ihnen«

4 *Wicklow Mountains –*
»Versteck für Rebellen«

5 *Thomastown Castle bei Golden, Tipperary –*
»Das Herrenhaus ist verfallen, in Efeu erstickt«

Der eine, Columba, Colmcille, die »Taube der Kirche« genannt, ein Königssohn und ein Poet, verläßt 563 um einer schweren Schuld willen die Heimat. Er hat schon eine Reihe von Klöstern gegründet, auch die von Durrow und Derry. Er kommt auf die Insel Hy oder Iona vor Schottland, baut dort ein neues Kloster, vornehmstes Glied der ›familia Colmcille‹, zu der sich später die Häuser des Heiligen einen. Von Iona aus wird Schottland bekehrt, auch das nördliche England. Des Columba Einfluß und Ansehen hat bis ins 8. Jahrhundert nicht seinesgleichen.

Der zweite Columba, Columbanus, Schüler des strengen Comgall von Bangor, beginnt, nicht mehr jung, »sich nach der Pilgerschaft zu sehnen«. 590 soll er mit zwölf Gefährten den Boden des Frankenreiches betreten haben. Er kommt an den Hof von Burgund, zu König Childebert, darf in den Vogesen Klöster gründen, die von Annegray und Luxeuil, mißfällt aber dem Nachfolger des Childebert, Theuderic, muß Burgund verlassen, fährt den Rhein hinauf, kommt zum Bodensee, predigt den Sueben, muß weiterwandern, beendet sein Leben in Bobbio, dem letzten Kloster, das er gründet, auf italienischem Boden. Das sind nur karge Daten, die nichts darüber aussagen, welche Wirkung von diesem Manne ausging, wieviel Tochtergründungen wir seinen ersten Klöstern verdanken, wie viele seiner Schüler sein Wort und seine Regel weitertrugen. Es seien nur der Abt Eustasius von Luxeuil genannt, der als erster zu den Bayern zog – vielleicht nach Weltenburg –, oder Gallus, einer von den zwölfen des Columbanus, der, weil er krank war, am Bodensee zurückblieb und den heidnischen Alemannen predigte. Über seiner Einsiedelei wurden Kloster und Stadt St. Gallen erbaut.

Jahrhundertelang kamen die Iren: zuerst aus einem Land der geistigen Blüte, dann als Flüchtlinge vor den Wikingern, die ihre Insel heimsuchten. Sie standen schließlich im Ruf einer solchen Heiligkeit und Gelehrsamkeit, daß »Ire« ein Ehrentitel wurde, den mancher sich zulegte, der nicht von der Insel stammte und nie dort war. Daß Bonifatius von den »venientes Britones« spricht, von hergelaufenen Briten, nimmt ihnen nichts von ihrem Ruhm. Es muß allerdings zugegeben werden, daß ihre Missionsarbeit systemlos war. Sie säten nur, die Ernte brachten andere ein. So mag es gekommen sein, daß man bei uns die Iren fast vergessen hat. Die Franken zwar gedenken ihres Kilian,

auch des Kolonat und Totnan, seiner Begleiter. Aber wem ist es bekannt, daß Virgil, »der Geometer«, der erste Bischof von Salzburg, ein Ire war – und daß die Straße, die in diese Stadt führt, über einen »irischen Berg« geht, den Irschenberg, wo zwei heilige Männer, Marinus und Anianus, in der Einsamkeit lebten und starben? Wer weiß noch, daß zu einer späteren Zeit, an den Palastschulen und an den Höfen der Karolinger, Iren zu den ersten unter den Gelehrten gehörten – Männer wie Dicuil, Sedulius Scotus, Johannes Eriugena? Oder daß die Schottenklöster von Regensburg bis Wien und Kiew Gründungen der Iren sind, die sich »Scoti« nannten? Wer einmal anfängt, sich mit den irischen Männern Gottes zu beschäftigen, der wird ihren Spuren – und den Spuren ihrer Verehrung – immer wieder begegnen. »Ich glaube, wir dürfen nicht schweigen von der Insel Irland, die zwischen Spanien und Britannien liegt; denn von dort ist uns ein Strahl großen Lichtes gekommen.« So sagt ein Mönch von St. Gallen im 9. Jahrhundert.

Columbanus ist 615 in Bobbio gestorben. 1070 gründet Marianus Scotus, der eigentlich nur nach Rom pilgern wollte, sein Kloster in Regensburg. Um 1150 beruft Herzog Heinrich Jasomirgott die »Schottenmönche« nach Wien. Was aber ereignete sich in diesem Zeitraum in Irland selbst?

Irlands hohe Zeit geht zu Ende. Europa ist im Glauben gefestigt; man bedarf der »Insel der Heiligen« nicht mehr. Solange sie ein letzter Hort aller geistigen Güter war, war ihr auch ein äußerer Friede beschieden. Jetzt kommen die »Nordmänner« übers Meer, zuerst die Norweger, später auch Dänen. Sie zerstören die Klöster – Clonmacnois wurde vierzehnmal geplündert –, sie morden, stehlen die Reliquienschreine, auch die kostbar geschmückten Behälter der Glocken und der Bücher. In immer neuen Wellen kehren die Fremden zur Insel zurück, bauen Siedlungen, die ersten Städte auf irischem Boden: Dublin, Wexford, Waterford, auch Limerick, alle an Flußmündungen gelegen. Erst am Karfreitag des Jahres 1014 werden sie bei Clontarf vernichtend von den Iren geschlagen. Der Hochkönig, der sie be-

Rundturm von Turlough bei Castlebar in Mayo

siegt, heißt Brian Boru. Er fällt in der Schlacht, mit ihm sein Sohn und sein Enkel. Die Siedlungen der Fremden bleiben bestehen.

Von 1014 bis 1170 ist Irlands große Atempause. In einer Reihe von Synoden wird die irische Kirche reformiert, der von Rom angeglichen. Man ruft die Zisterzienser ins Land.

Die letzten keltischen Kunstwerke entstehen in Stein und Metall. Man baut. Es ist die Zeit der Tonnen- und Rippengewölbe, der schön geschmückten, oft vierfach verzierten Rundbogen, der steinernen Köpfe, die aus den Kirchenwänden starren und sich über den Portalen zu Friesen und Ornamenten geordnet finden. Bücher werden geschrieben – wie das der »Schwarzbraunen Kuh« –, in denen christliche Lehren und das Wissen der Heiden friedlich beieinanderstehen. Noch einmal und mit besonderer Sorgfalt wird notiert, was man aus der Frühzeit der Insel weiß: Chroniken und Sagen. Es ist, als ahne man, daß sich bald – und für lange Zeit – dunkle Schatten über Irland senken werden.

Geschichte im Schatten

Zu Beginn des zweiten nachchristlichen Jahrtausends kannte Irland keine staatliche Ordnung in unserem Sinn. Seine großen und kleinen Könige, seine Stämme dachten nur an ihre eigenen Interessen und Belange, so stolz sie auch auf eine gemeinsame große Vergangenheit sein mochten. Ein solches Gebiet mußte für alle Abenteurer, die Land und Macht suchten, eine gefährliche Anziehungskraft besitzen.

Einer der irischen Provinzkönige, im Kampf mit dem Hochkönig stehend, bittet Strongbow, einen englisch-normannischen Ritter, um Waffenhilfe und verspricht ihm dafür seine Tochter. Strongbow folgt seinem Ruf. Dieser Abenteurer ohne Land, der eigentlich Richard de Clare heißt, ist der erste von vielen, die im Laufe der Zeiten in Irland ihr Glück suchen – auf Kosten der Iren. Mit ihm und nach ihm kommen andere macht- und landhungrige Einzelgänger. Sie erobern durch List, Waffengewalt oder Einheirat Grund und Boden. Dem englischen König, Heinrich II., erscheint das bedrohlich; auch ihn lockt die Insel, die so nahe der eigenen liegt. 1170 kommt er nach Irland und läßt sich von seinen Baronen, aber auch von irischen Königen, den Treueid schwören. Die Iren glauben, nur einen neuen Hochkönig unverbindlich anerkannt zu haben – von Feudalrecht, von Lehenshoheit wissen sie nichts. Aber jahrhundertelang werden die Engländer ihren Anspruch auf Irland mit diesem Treueid begründen. Als seinen Stellvertreter auf irischem Boden setzt der König einen »Lord Lieutenant« ein. Der erste unter ihnen, Hugh de Lacy, tritt 1172 sein Amt an. Der letzte, Viscount FitzAlan of Derwent, verläßt Dublin Castle 1922.

750 Jahre Fremdherrschaft! Wer »zum Schloß« gehört, hat es gut, die anderen leiden. Als englische »Kolonie« verliert die Insel im Lauf der Jahrhunderte ihre alte Verbindung mit dem übrigen Europa, auch im Geistigen – Ereignisse von weltweiter Bedeutung wie die Kreuzzüge werden nicht mehr wahrgenommen. Diese *insularity* macht Irland den anderen europäischen Ländern immer unähnlicher.

Die neuen Herren umgeben ihr Gebiet, das zunächst nur im Osten liegt, zum Schutz vor den »barbarischen« Iren, mit hölzernen Barrikaden, *Pale* genannt. Das Leben im Pale ist unirisch-städtisch, es wird Englisch, zunächst auch Französisch gesprochen. Allein das Recht der englischen Krone gilt. Iren gibt es nur für untergeordnete Dienste in diesem Raum, dessen Grenzen sich allerdings häufig ändern, je nachdem, ob die Macht der Kolonisten zunimmt oder geschmälert wird. Vom Ende des 12. Jahrhunderts an werden die Palisaden durch steinerne Festungen verstärkt. Die mächtigste unter ihnen ist Trim im Boyne-Tal mit endlosen Mauern und wehrhaften Türmen.

Nun fassen die Fremden auch außerhalb des Pale Fuß, bauen sich Burgen und Türme, deren von Efeu übersponnenen Ruinen man heute noch häufig begegnet. Mit jedem neuen Vizekönig kommen Männer, die auf Landraub ausgehen. Und immer wieder verteilt ein englischer König Besitztümer irischer Familien. Dann ereignet sich Unerwartetes. In den neuen Herren geht nach ein oder zwei Generationen eine erstaunliche Wandlung vor: Sie werden irischer als die Iren. Sie sprechen die alte Sprache des Landes, vergessen teilweise ihr Englisch, schicken ihre Kinder in die Schulen der Dichter, halten sich einen Hofbarden. Einer von ihnen, der dritte Earl of Desmond, dichtet selber in irischer Sprache. In London beobachtet man diese Anglo-Iren mit Mißfallen, so als ahne man, daß Männer aus ihren Reihen in

späterer Zeit dem unterdrückten, entmündigten irischen Volk zu Hilfe kommen werden, wenn auch vergeblich.

1367 tritt das »Statut von Kilkenny« in Kraft. Es soll das Irisch-Werden der Kolonisten verhüten. Das Tragen irischer Kleidung, der Gebrauch der irischen Sprache wird ihnen ebenso verboten wie die Annahme irischer Sitten und Gebräuche. Mischehen sind unter Strafe gestellt. Das alte »Brehon Law« gilt nicht mehr. Das harte Strafgesetz kommt aber – wie alle folgenden, noch weitaus härteren – nie in seinem ganzen Ausmaß zur Anwendung. Es scheitert letzten Endes am beharrlichen Widerstand der alten und der neuen Iren.

Heinrich VIII. straft eine der mächtigsten anglo-irischen Familien, die Fitzgeralds, Grafen von Kildare, auf grausamste Weise für ihr Irisch-Sein: An einem Februartag des Jahres 1537 schleppt man fünf Brüder des Grafen nach Tyburn, dem Londoner Galgenplatz, zur Hinrichtung. Nur fünf Monate später geht der älteste Sohn des Hauses den gleichen schmachvollen Weg. Die anderen Großen Irlands beugen sich der Gewalt, immer den Galgen von Tyburn vor Augen. Sie überantworten ihren Grund und Boden dem englischen König – und erhalten ihn neu verliehen, aber nach dem Feudalrecht der Engländer. Im gleichen Jahr – 1541 – nimmt Heinrich den Titel eines Königs von Irland an. Damit nicht genug: die jungen Männer der großen Familien werden nach London geholt und dort in englischem Geist erzogen; fügen sie sich, so werden sie bevorzugt behandelt. In Irland werden alle alten Schriften, deren man habhaft werden kann, gesammelt und verbrannt. Die Iren sollen ihre Vergangenheit vergessen. Der von Heinrich VIII. geschaffenen protestantischen Staatskirche muß jeder den Zehnten entrichten, obwohl die Iren bei ihrem alten Glauben bleiben. Der »Suprematseid« wird ihnen abverlangt: wer ein bürgerliches oder militärisches Amt bekleiden will, muß den König als Oberhaupt der Kirche anerkennen und sich gegen die katholische Abendmahlslehre erklären. Katholiken können einen solchen Eid nicht schwören.

Im steinigen Westen: Inisheer, Aran Islands

Sechsmal versuchen die Iren in den folgenden Jahrhunderten, sich mit Gewalt gegen die englische Unterdrückung zu wehren; immer scheitern sie, oft durch Verrat. George Bernard Shaw sagt: »Irland bringt zwei Menschenarten in seltsamer Vollendung hervor: Heilige und Verräter.«

Ende des 16. Jahrhunderts gelingt es einem irischen Stammesführer, dem O'Neill, zum ersten Mal seit Brian Boru seine Landsleute für eine gemeinsame Sache zu begeistern. Die Spanier wollen den bedrängten Glaubensbrüdern zu Hilfe kommen. Daraufhin entsendet Königin Elisabeth I. ein größeres Truppenkontingent. In der Schlacht bei Kinsale werden die Iren besiegt, wiederum spielt Verrat eine entscheidende Rolle. 1607 verlassen Hugh O'Neill und sein Schwager O'Donnell Irland für immer. Diese *Flight of the Earls*, die Flucht der edelsten Gestalten unter den Iren, bedeutet das Ende der alten Ordnung. Der englische Landlord tritt an die Stelle des Stammesführers. Die Barden sind vogelfrei. Jene Iren, die zurückbleiben, werden nicht nur drakonisch bestraft, sondern England schickt auch neue Kolonisten, vor allem in die Provinz Ulster, schottische Protestanten. Mit dieser *plantation*, Bepflanzung nordirischen Gebietes, wurde ein Samen gesät, der erst in unseren Tagen blutig aufgegangen ist. 1649 erscheint Oliver Cromwell in Irland, nachdem die Iren sich in Aufständen gegen die *planters* zu wehren versucht hatten. Cromwells Antwort auf diese Herausforderung: morden, verbrennen, zerstören. Cromwell ist für die Iren der Inbegriff des Bösen. Unvergessen ist sein Ausspruch: »To hell or to Connacht.« Die katholischen Iren sollen in Zukunft nur noch in dieser, der ärmsten der vier Provinzen, im Westen leben. Das übrige Irland will man englischen Siedlern vorbehalten, auch jene mit Land belohnen, die sich an den Schlächtereien des Cromwellschen Rachezuges beteiligt haben.

Der Kampf um Englands Krone zwischen Jakob II. Stuart und Wilhelm von Oranien wird auf irischem Boden ausgetragen. 1690 siegt Wilhelm am Fluß Boyne. Noch heute feiern die protestantischen Nordiren an jedem 12. Juli diesen Sieg, den sie als den ihren betrachten, mit dem fanatischen Ton großer Trommeln. Die sogenannten »Orange-Männer« sind dann wie hypnotisiert von deren Klang.

Da es in diesem Irland nichts mehr für sie zu hoffen gibt, folgen die Söhne der alten Geschlechter dem Beispiel des O'Neill und des O'Donnell und wandern in Scharen aus. 1695 treten »Penal Laws«, die härtesten aller Strafgesetze, in Kraft. Katholiken dürfen kein Land mehr besitzen, es nur für einen bestimmten Zeitraum pachten. Alle höheren Berufe sind ihnen verschlossen. Heiraten mit Protestanten sind verboten. Sie dürfen keine Kirche und keinen Priester haben – am *Mass Rock*, dem Felsen, an dem die Messe gelesen wird, treffen sie sich heimlich. Auch Schulen sind ihnen nicht gestattet. »Heckenschulmeister« unterweisen die Kinder im Freien, an versteckten Orten. Kein Ire darf Waffen tragen oder ein Pferd besitzen, das mehr als fünf Pfund wert ist. So werden sie ihrer natürlichsten Rechte beraubt, Werkzeuge in der Hand ihres Landlords, der sie jederzeit durch eine *eviction* aus ihren armseligen Hütten vertreiben kann. Schlimmer noch: das Verbot, den eigenen Namen zu tragen. Nun ist aber für den Iren die Benennung eines Ortes oder eines Menschen zugleich magische Beschwörung. Ihm seinen Namen zu nehmen bedeutet, ihm damit einen Teil seiner Persönlichkeit zu rauben. So zwingt man das irische Volk zu einem Dasein, das mehr ein Dahinvegetieren ist als ein Leben.

Seit dem Ende des 17. Jahrhunderts bezeichnet man die Familien der anglo-irischen, meist protestantischen Großgrundbesitzer als *Ascendancy*. Laut Wörterbuch bedeutet das Wort: Herrschaft, Überlegenheit, großer Einfluß. Auch die Angehörigen dieser Kaste betrachten sich als Iren. Aber während frühere Siedler die Sprache und die Sitten des Landes annehmen, leben sie nun in einer Welt für sich und sprechen Englisch. An der Sprache zeigt sich, wer man ist: Wer Englisch spricht, fährt im Wagen, kommt hoch zu Roß, ist ein Herr. Wer Irisch spricht, steht – erstaunlicherweise neidlos – am Wegrand und grüßt. Ihre Schlösser und Landsitze nennen die Herren der Ascendancy »Große Häuser«, *big houses*. Dort, hinter sichtversperrenden Mauern, verbringen sie ihr fröhliches Leben, trinkfest und jagdeifrig, als Pferdekenner und Gartenliebhaber. Bei der Anlage ihrer Parks beweisen sie ebensoviel Geschmack wie beim Bau ihrer Stadthäuser im Dublin des 18. Jahrhunderts. Aber immer wieder gibt es Landlords, die nicht auf ihren Besitzungen leben, sondern sich lieber in London oder Bath amüsieren. Sie setzen

Verwalter ein, deren hartem Geschäftsgeist die Pächter hilflos ausgeliefert sind. Es heißt allgemein: »Ein abwesender Landlord ist schlimmer als ein schlechter Landlord.« Neben den schlechten seien die zahlreichen guten Landlords nicht vergessen, die sich in dieser Zeit und später, vor allem in den Jahren der großen Hungersnot, verzweifelt bemühen, das Los ihrer Pächter zu bessern. Als Hilfe für die Ärmsten der Armen ist auch Jonathan Swifts »Bescheidener Vorschlag« von 1729 zu verstehen – die grausamste Satire, die je auf einen Mißstand geschrieben wurde. Swift regt an, man solle zur Behebung des Elends einjährige irische Kinder als Braten zubereiten und verspeisen. Dabei gehört Swift, als Dekan der St. Patrick's Cathedral in Dublin, selber der herrschenden Klasse an.

Als sich in der zweiten Hälfte des 18. Jahrhunderts überall die freiheitlichen Geister regen, muß London allmählich die Strafgesetze von 1695 lockern, teilweise sogar aufheben. 1782 kann Henry Grattan wohlmeinende Männer der Ascendancy um sich scharen und mit ihnen ein Parlament bilden.

1798 kommt es erneut zum Aufstand. Anführer ist diesmal Wolfe Tone, der Ascendancy zugehörig, ein Mann der vornehmen Gesinnung und ein kühner Geist. Die Ideen der Französischen Revolution beeinflussen ihn stark; er träumt von einer irischen Republik. Als er einsehen muß, daß London gegenüber auf friedlichem Wege nichts zu erreichen ist, wird er zum Rebellen und zum Verschwörer. »Wolfe Tone«, sagte der Herzog von Wellington, »war ein erstaunlicher Mann. Unbekannt und ohne Empfehlung, nur mit hundert Guineen in der Tasche, ging er nach Paris, um die englische Herrschaft in Irland zu stürzen.« In Paris wird ihm Unterstützung zugesagt, aber zweimal scheitern französische Schiffe mit Hilfstruppen vor der irischen Küste. Wie immer finden sich Verräter. Wolfe Tone wird gefangengenommen und als Rebell zum Tod durch den Strang verurteilt. Er nimmt sich in seiner Zelle das Leben.

Die Erhebung von 1798 läßt die Engländer erkennen, daß das irische Volk ihnen gefährlich werden kann, wenn es von Männern der Ascendancy angeleitet und geführt wird. Lord Castlereagh, Vertreter des Lord Lieutenant und ein Feind der Iren, besticht die Abgeordneten des Parlaments, indem er ihnen Pensionen und Entschädigungen in unbekannter Höhe verspricht.

Zur Schande aller Beteiligten gelingt es, den Plan einer »Union« durchzubringen; dann löst sich das Parlament auf. 1801 wird Irland mit England zum »Vereinigten Königreich von Großbritannien und Irland« verbunden. Wolfe Tone und seine Freunde haben vergeblich gekämpft und sind umsonst gestorben.

Irland im 19. Jahrhundert: Alle wichtigen Entscheidungen fallen von nun an in London. Zwar sitzen irische Abgeordnete im britischen Unterhaus; aber sie vermögen kaum Einfluß zu nehmen. Das bestimmt viele Familien der Ascendancy, nach England zurückzukehren. Immer mehr »Große Häuser«, auch Stadtpalais in Dublin, stehen leer. Die goldenen Jahre der irischen Hauptstadt gehen zu Ende.

Damals, im Zeichen beginnender Dampfschiffahrt über die Irische See, wurde Irland als Reiseland entdeckt. Die Beschreibungen Thackerays und des Fürsten Pückler erschienen. Und wenn die Fremden auch nicht die Ursache irischen Elends kannten oder erkennen wollten, so beschrieben sie doch die Folgen, die sie sahen, mit großer Genauigkeit. Die »Eingeborenen« waren schon so weit hinabgesunken in ihr Elend, so von der eigenen Nichtigkeit überzeugt, daß sie sich der *quality*, den durchreisenden Herrschaften, nicht ungebeten zu nähern wagten und ein »*saving your presence*« in ihre Anrede einflochten, »wenn ich das in Eurer Gegenwart sagen darf«. Dann gingen sie zurück zu ihren Kartoffeläckern, in denen Disteln und Steine vorherrschten, in ihre oft fensterlosen Lehmhütten, die die Nässe eindringen ließen und nicht den Anspruch erhoben, die Kälte abzuhalten.

1828 wurde Daniel O'Connell von den Farmern von Clare zum Abgeordneten gewählt. Damit war ein erster Schritt aus Elend und Sklaverei getan. O'Connell war als Katholik gar nicht wählbar, die Ernennung mithin ungültig. Aber das Ereignis rief eine so ungeheure Aufregung hervor, daß London sich zum Einlenken gezwungen sah. Der Suprematseid wurde abgeschafft, den Katholiken beide Häuser des britischen Parlaments und fast alle Ämter zugänglich gemacht. O'Connell nannte man von da an den »Befreier«. Er hatte Geduld mit dem einfachen Volk, lehrte es, daß es nicht nötig sei, mit brutaler Gewalt vorzugehen, sondern daß man sein Ziel auch auf legalem Weg erreichen könne – durch passiven Widerstand zum Beispiel.

Aber als er begann, die Union mit England zu bekämpfen und zu deren Aufhebung, zum *Repeal* aufzurufen, in Massenversammlungen das Volk zu entflammen, wurde er, durch Verbot der größten aller Kundgebungen, mundtot gemacht.

Nie zuvor waren die Geschicke Irlands so vom politischen Klima in England abhängig. Waren die Liberalen an der Macht, konnten Reformen erhofft und langsam erreicht werden. Unter einer konservativen Regierung blieb alles, wie es war.

The Great Famine, die große Hungersnot der Jahre 1845 bis 1848 war die schwerste Katastrophe, die je ein europäisches Land in Friedenszeiten traf. 1840 hatte eine Mrs. Hall in ihrem Reisebuch vor einem solchen Unglück gewarnt. »Seit anderthalb Jahrhunderten«, schrieb sie, »ist die Kartoffel die einzige Speise des gemeinen Mannes. Man baut zwar auch Getreide an und hält sich eine Kuh oder ein Schwein, aber nur, um damit seine Pacht zu zahlen, also letzten Endes für den Export nach England. In abgelegeneren Teilen des Landes gibt es wahrscheinlich viele Menschen, die nie in ihrem Leben ein Stück Brot gegessen haben … Wenn aber die Kartoffelernte einmal mißrät, wird eine Katastrophe unabwendbar sein.«

Diese Warnung wurde nicht ernstgenommen. 1845 wurde die Ernte zum ersten Mal, 1846 in noch stärkerem Ausmaß durch Kartoffelfäule vernichtet. Auch die zwei folgenden Jahre brachten noch Mißernten. Eine Million Menschen starben. Das Furchtbare war, daß sie verhungern mußten, während vor ihren Augen weiterhin Getreide und Vieh fortgeschafft wurden, für den Export nach England. In den Hütten lagen die Sterbenden, zu Skeletten abgemagert, neben den Toten und warteten auf das Ende.

Die Hungerjahre hatten den Iren einen solchen Schock versetzt, daß sie blindlings flohen. Transporte des Jammers gingen nach Kanada und nach Australien, vor allem aber in die Vereinigten Staaten. Ungezählte starben noch auf der Überfahrt oder nach der Ankunft. So viele Iren wanderten in den folgenden Jahren und Jahrzehnten aus, daß die Bevölkerung der Insel von 8,3 Millionen im Jahre 1845 auf 4,3 Millionen im Jahre 1915 absank.

Die Auswanderer siedelten sich nicht in ländlichen Gebieten an, sondern in den Städten. Die Überzeugung, daß die Natur etwas Böses und Hungern auf dem Lande unvermeidbar sei, ließ sie in die Fabriken gehen. Das blieb auch so, als es die Jugend späterer Generationen weiterhin in die Fremde trieb, gleichgültig, ob es um Irland besser stand oder nicht. Sie hatten kein Vertrauen mehr, weder zum irischen Boden noch zu den eigenen Fähigkeiten. Erst wenn sie sich im fremden Land behaupten mußten, wuchsen den Iren jene Kräfte zu, die fähige Arbeiter und, in den Vereinigten Staaten, tüchtige Polizisten aus ihnen machten, später wohlhabende Bürger, einflußreiche Politiker, sogar Präsidenten ihres Landes: Kennedy und Reagan.

1879 gründete Michael Davitt eine »Landliga«. Die ländlichen Pächter hatten immer öfter versucht, sich mit Gewalt ihr Recht zu suchen. Nun wurden sie gelehrt, friedliche Mittel erfolgreich anzuwenden. Der erste Fall, der sie auf diese Weise siegreich sah, ist in gewissem Sinne weltberühmt geworden:

In der Grafschaft Mayo lebte der besonders hartherzige Verwalter eines Landlords, ein englischer Captain. Er kündigte einigen seiner Pächter, weil sie gewagt hatten, aus guten Gründen um Minderung der Pachtsumme zu bitten. Daraufhin fand sich plötzlich kein Mann mehr in der Gegend, der bereit gewesen wäre, für den Captain zu arbeiten. Der Hufschmied beschlug seine Pferde nicht mehr, der Kuhhirt lief fort, der Bäcker schickte kein Brot, die Hausangestellten erklärten, daß sie nicht länger bleiben könnten. »Die Leute sind dagegen.« Der Verwalter forderte Polizeischutz an und erhielt ihn auch. In englischen Zeitungen erschienen rührende Berichte über die Damen des Hauses, die, von Polizisten begleitet, aus dem Garten Gemüse holten. Der Polizeischutz wäre nicht nötig gewesen; niemand dachte daran, dem verhaßten Captain Gewalt anzutun. Er und seine Familie verließen Mayo noch im selben Jahr. Sie gingen zurück nach England. Der Name des Captain war Charles Cunningham Boycott …

Am Ende des vorigen Jahrhunderts fand Irland in Charles Stewart Parnell noch einmal einen großen Staatsmann, keinen demütigen Bittsteller, sondern einen stolzen Aristokraten, der die Rechte seines Volkes forderte. William Ewart Gladstone, sein englischer Gegenspieler, war zugleich sein Freund. Vielleicht wäre es einem so kühnen Geist wie Parnell gelungen, Irland schon damals in die Freiheit zu führen. Man nannte ihn den »ungekrönten König von Irland«. Das Volk verehrte ihn. Aber 1890 erfuhr die Öffentlichkeit anläßlich einer Scheidungsaffäre, daß eine Mrs. O'Shea seit Jahren Parnells Geliebte war. Klerus und prüde Viktorianer hetzten und schmähten. Selbst Gladstone ließ ihn fallen. Parnell mußte sich zurückziehen, ein gebrochener Mann. Er starb wenig später, mit 45 Jahren.

Taufe durch Tränen

Irland in unserem Jahrhundert: Osteraufstand und Bürgerkrieg, Zeit der weltfremden Märtyrer, der großmütigen Gesten, aber auch des Hasses, des Opfers und des Verrats. Irlands Rebellen sammeln sich im geheimen und in den Reihen der »Volunteers«. Manche unter ihnen haben in langer englischer Gefangenschaft das Reden verlernt. Frauen helfen mit: Countess Markiewicz, die »Majorin«, und Maud Gonne, die man als die schönste Frau Europas bezeichnete.

Der Osteraufstand von 1916: er wird ohne Hoffnung auf Erfolg begonnen, ein Opfergang der Träumer und Idealisten, einer sehr alten irischen Tradition folgend – er soll ein Zeichen setzen. Die meisten Iren sind ahnungslos, auf dem Weg zum Rennen, beim Spaziergang, außerhalb der Stadt über die Feiertage. Die Verschwörer, viel zu wenige, besetzen in Dublin das Hauptpostamt in der Sackville Street, der heutigen O'Connell Street. »*In the name of God and of the dead generations* ...«, so beginnt ihre Proklamation für ein freies Irland. Wer diese Worte unterzeichnete, wußte, daß er damit sein Todesurteil unterschrieb. Englische Truppen kamen aus allen Garnisonen des Landes, ein Kanonenboot fuhr den Liffey hinauf. Bomben in der Hauptstraße, Schüsse im Stephen's Green. Am Samstag nach Ostern war alles zu Ende. Etwa 1500 Freiwillige sollen 12000 englischen Soldaten gegenübergestanden haben. 90 der Aufständischen hat man zum Tod verurteilt. Aber nach der Hinrichtung der ersten fünfzehn wurden, angesichts weltweiter Empörung, die anderen zu Gefängnisstrafen begnadigt. Der erste, den man im Gefängnishof von Kilmainham erschoß, war Patrick Pearse, ein Mann der Ascendancy, Dichter und Rechtsanwalt. Als letzter starb Sean

MacDermott, der 1915 vorausgesagt hatte: »Wir werden uns nur eine Woche in Dublin behaupten können, aber wir werden Irland befreien.« Er behielt recht.

Noch waren Englands Gefängnisse mit Rebellen gefüllt. Es ging ihnen schlecht. Im Schatten des Ersten Weltkriegs wurden alle Verhandlungen vertagt. Juni 1917: Entlassung der Gefangenen des Osteraufstands. Einer von ihnen erhielt, als er Pentonville verließ, ein Telegramm; er sei als Kandidat der »Sinn Fein« aufgestellt, der Partei, die »wir allein, wir selbst« sich als Motto gewählt hatte. Der Ex-Gefangene, den man zum Tode verurteilt und dann begnadigt hatte, hieß Eamon de Valera.

1918 endet der Weltkrieg, der Kampf der Iren gegen die Engländer geht weiter: mit Überfällen und blutiger Rache, brennenden Schlössern und Schüssen aus dem Hinterhalt, tollkühnen Fluchtversuchen, Spionen und Gegenspionen. Irland wählt illegal: eine Regierung, die nicht regieren darf. Sechsunddreißig der Abgeordneten sind noch im Gefängnis, manche auf der Flucht. Trotzdem: als Partei haben die Sinn-Feiner gesiegt. Irisch wird zur Landessprache erklärt. Präsident soll de Valera sein, obwohl er von neuem im Gefängnis sitzt. Er wird fliehen können, nach Amerika entkommen. Eine schlimme Zeit: England schickt, um die Ordnung aufrechtzuerhalten, letzte Reserven, in zusammengestückelten Uniformen. Die Iren nennen diese verhaßten Gegner *Black and Tans.* Deren Taten – foltern und töten – fordern Rache heraus. Bei einem solchen blutigen Überfall auf englische Soldaten ist ein Achtzehnjähriger dabei. Auch für ihn muß die Todesstrafe gelten. Zweitausend seiner Landsleute beten vor den Gefängnistoren, während er hingerichtet wird. Die Iren werden ihn besingen *»Kevin Barry gave his young life in the cause of liberty …«* Sie haben auch ein Lied auf einen anderen: *»The ghost of Roger Casement is beating at the door …«* Das gilt jenem Mann, der umstritten ist, der in Deutschland Waffen besorgte, dessen Unternehmung aber fehlschlug.

Hungerstreiks. Terence MacSwiney, Bürgermeister von Cork, hungert hundertdreiundsiebzig Tage in einem englischen Gefängnis. Dann stirbt er. Viele sterben in diesem verzweifelten Kampf um die Freiheit.

Und endlich, 1921, Waffenstillstand, Verhandlungen. Am 6. Dezember 1921 wird ein Vertrag unterzeichnet. Der neue

Eamon de Valera, der spätere Präsident Irlands, zur Zeit des Bürgerkriegs

Irish Free State soll Dominion-Status haben. Die Abgeordneten müssen weiterhin der englischen Krone den Treueid schwören. Und – wichtigster Punkt – den sechs nordirischen Provinzen wird zugestanden, sich durch eine Abstimmung gegen die Zugehörigkeit zum Irish Free State zu entscheiden. So geschieht es mit traurigen Folgen, wie wir inzwischen wissen.

Noch wird kein Friede sein in Irland: ein tragischer Zwiespalt trennt die Freiheitskämpfer. »Der Vertrag ist das Beste, was wir erreichen konnten«, sagen die einen. Die anderen meinen: »Der Vertrag ist unannehmbar, so lange die sechs Grafschaften im Norden fehlen.« Zwischen den Anhängern dieser beiden Anschauungen kommt es zum Bürgerkrieg; überall flammen

Kämpfe auf, Bruder steht gegen Bruder. Das freie Irland wird unter Schmerzen geboren und mit Tränen getauft. Rückblikkend nennen die Iren diese Zeit *the Trouble* – als wir Schwierigkeiten hatten. Im Mai 1923 schweigen die Waffen.

Und viel später erst, 1949, erfolgt die endgültige Trennung von England: The Republic of Ireland ist ein selbständiger Staat. 1973 wird dieses Irland – ebenso wie Großbritannien – in die Europäische Gemeinschaft aufgenommen.

Hinter dem Blutvergießen der schweren Jahre stand ein geistiger Kampf. Es galt, sich auf all das zu besinnen, was einmal Irlands Größe ausmachte. In der »Gälischen Liga« fanden sich Männer wie Patrick Pearse und William Butler Yeats zusammen. An ihrer Spitze stand Dr. Douglas Hyde, ein protestantischer Pfarrerssohn aus Roscommon, ein Anglo-Ire also und doch bestimmt, erster Präsident eines freien Irland zu werden. Was Douglas Hyde und seine Freunde erträumten und erdachten, das wurde von den Männern des Osteraufstands freudig aufgenommen. Im Kampf um Irlands Freiheit wurde die Erinnerung an einstige Größe beschworen. Man kam an vielen Orten zusammen, um die Sprache der Vorfahren neu zu erlernen, eine mühevolle Arbeit.

Auch die »Gaelic Athletic Association« gehörte zu den geheimen Mächten jener Jahrzehnte. Wie zu Zeiten des Turnvaters Jahn in Deutschland sammelten sich in dieser Vereinigung die freiheitlichen Geister. So sehr hatten sie sich allem Irischen verschworen, daß sie nur die alten Spiele der Gälen gelten lassen wollten und einem fremdländischen Sport nicht einmal zusahen. Unter den Gründungsmitgliedern war ein Erzbischof; noch heute erinnert Croke Park, das riesige Stadion, an ihn. Und wenn hier zu den *Hurling Finals* die beiden besten Mannschaften des Landes antreten vor mehr als hunderttausend Zuschauern, dann pflegt ein hoher Geistlicher den Spielern den Segen zu erteilen, ehe er mit fast unwürdiger Eile den Platz verläßt, auf dem das schnellste Spiel ausgetragen wird, das der Rasensport kennt.

Schon die altirischen Helden haben Hurling gespielt, und Finn Mac Cumhail war Meister darin.

Alles, was einmal zu Irland gehörte, was durch Englands Strafgesetze vernichtet schien, das sollte nun zu neuem Ruhm erstehen. Es war nicht mehr todeswürdig, das irische Grün zu tragen. Man ehrte den, der Irisch sprach. Man hörte wieder die alten Weisen, den Klang der Fiedel und des Dudelsacks. Man besann sich auf die großen geistigen Traditionen und wählte die Harfe, das Zeichen der Barden, zum Symbol des neuen Staates.

> »Harfe, die du lange schlaflosen Augen den Schlaf bringst;
> süß, zart, trauernd, froh, kühlend, feierlich ...«

so sollte es wieder heißen wie im Gedicht des O'Dálaigh aus dem 14. Jahrhundert. Dachte man noch daran, daß englische Gesetze es verboten hatten, Barden und Harfenspieler gastlich aufzunehmen?

Das zarte und doch kräftige Zeichen der Harfe findet sich auf jeder amtlichen Verlautbarung, auf dem Briefpapier der Ministerien, ja, noch auf den Uniformknöpfen der Armee.

Irland sollte nicht mehr Irland heißen, so wie die Wikinger es einst als erste genannt hatten. Man holte einen Namen aus frühester Zeit: *Éire*. Aus Dublin wurde *Baile Átha Cliath* – schwer auszusprechen und bis heute ungebräuchlich.

Alle Straßenschilder wurden zweisprachig. Unter dem englischen Text steht in den strengen und fremden Lettern der alten Schrift ein zweiter, den nur manche der Vorübergehenden lesen können.

Vielen Orten im Lande gab man ihre schön klingenden und bedeutungsvollen alten Namen zurück. Für den, der Irisch versteht, zeigt jeder von ihnen das Bild einer Landschaft oder ein Stück Vergangenheit.

Ehrte man auch die Dichter wie einst? Zunächst leider nicht: Es wurde eine Zensur eingerichtet und ein Index aufgestellt, der viele bekannte Namen aufweist. Irische Poeten gingen mit ihren Werken in die Fremde. Sie sind in England und Amerika, ja auch bei uns bekannter als in ihrer sittenstrengen Heimat.

Und der Kampf um die alte Sprache? Noch lebte sie – aber nur in einsamen Regionen des Westens und des Nordens oder auf den Inseln draußen.

Die Iren machten es sich nicht leicht in ihrem Bemühen um das Irische. Man kann noch einmal von einem heroischen Kampf sprechen. Ist er vergeblich geführt worden? Die Gebiete der gälischen Sprache, *Gaeltacht* genannt, sind trotz allem kleiner geworden. Im übrigen Lande hört man das irische Englisch: lang vertraut, mühelos zu handhaben und überall verständlich. Irisch in Dublin ist eine Sprache im Elfenbeinturm, die bewunderungswürdige Anstrengung einer Elite.

Ende eines Traumas

Stephen's Green ist ein von gußeisernen Gittern umzäuntes Geviert im südlichen Dublin: Hecken, Grünflächen, Springbrunnen und Blumenbeete und ein von Enten bevölkerter kleiner See – nichts Außergewöhnliches. Als ich diesen Park vor mehr als drei Jahrzehnten zum ersten Mal besuchte, um die Mittagszeit, schienen Statuen und Denkmäler in der Anlage beinahe zahlreicher zu sein als die Besucher: barfüßige Kinder, in erstaunlich geräuschlose Spiele vertieft; zwischen den Hecken auf- und abschreitend ein wunderlicher Kauz. Einige Alte schließlich, die für zwei *Pennies* einen Liegestuhl gemietet hatten und sich schweigend um einen Springbrunnen scharten. Worauf warteten sie alle? Daß es regnete, nicht heftig, sondern leise, zögernd, erhöhte noch die Melancholie dieser Mittagsstunde. Die Zukunft dieser Menschen, dachte ich damals, schien ohne Hoffnung, die Vergangenheit dagegen noch eine schwere Last, fast greifbar gegenwärtig. »Constance Markiewicz« las ich auf einem Denkmal im Park, »Major der irischen Bürgerarmee, die 1916 hier für Irland stritt«. Die Gräfin war in Uniform dargestellt, mit strengem, nur durch einen Zug des Leidens gemilderten Gesicht. Hatte sie umsonst gekämpft?

Dreißig Jahre nach meinem ersten Besuch im Park. Mittagszeit, aber an einem ungewöhnlich warmen und sonnigen Spätfrühlingstag. Die Rasenflächen übersät mit jungen Leuten, in größeren und kleineren Gruppen bunt gemischt, nicht mehr nach Geschlechtern getrennt, wie das früher der Brauch war. Sie sind beim Picknick. Hier glaube ich, was man mir heute morgen gesagt hat: daß fast die Hälfte aller Dubliner zur Zeit jünger als 25 ist, und daß mehrere staatliche Organisationen in die Provinzen hinaus verlagert werden sollen, um das Heer der großenteils weiblichen Angestellten über das Land zu verteilen.

St. Stephen's Green: Mittagspause

Die Mädchen sind hübsch angezogen, die Männer alle korrekt gekleidet. *A friendly crowd*, eine freundliche Schar, weder lärmend noch liederlich. In den armen Nordvierteln der Stadt sieht es noch anders aus. Aber hier sehe ich bestätigt, was ich von mehr als einem Iren hörte: »Wir sind lange krank gewesen. Wenn wir auch die Freiheit errungen hatten, so lagen doch die Jahrhunderte der Unterdrückung wie ein Alptraum auf uns und lähmten uns. Der Prozeß der Heilung dauerte länger, als man zunächst annahm. Erst unsere Jugend hat dieses Trauma endgültig abgeschüttelt.«

Iren heute, so scheint mir, sind, besonders in den aufblühenden Städten, rascher, lebhafter und fröhlicher als früher; nicht mehr der Vergangenheit zugewandt, brütend, sondern einer Zukunft, die sie realistisch vor sich sehen. Dementsprechend mag Alkohol, der gerade und gefährliche irische Weg aus jeder Alltagsmisere, jetzt eine geringere Rolle spielen. Da, der wirtschaftlichen Lage entsprechend, Arbeitsplätze, vor allem gut bezahlte höhere Posten noch rar sind, sehen sich die jungen Leute ohne Selbstmitleid im Ausland um. »Früher«, sagen sie, »war dieses Fortgehen aus der Heimat ein bitterer Entschluß, oft eine Tragödie für die Betroffenen und ihre Familie. Meist erst im hohen Alter, wenn überhaupt, sahen die irischen Auswanderer ihre Heimat wieder. Wer heute eine Stellung im Ausland annimmt, kann sich schon nach kurzer Zeit einen Urlaub zu Hause leisten und tut das auch. Kein Problem mehr, seit es billige Flüge gibt.«

Die jungen Iren sagen auch: »Gewiß, wir hinken in unserer Entwicklung auf verschiedensten Gebieten hinter euch her. Aber hat das nicht auch seine Vorteile? Wir lernen aus euren Fehlern.«

Auch sportliche Siege setzten Zeichen. Nicht mehr das für uns eher exotisch anmutende *Hurling* steht noch im Vordergrund des Interesses, sondern der Fußball. Als 1988, bei den Europameisterschaften, die Mannschaft Irlands zum ersten Mal in die Endrunde kam, das englische Team schlug, gerieten die Iren daheim in einen Taumel der Begeisterung. »Wir haben uns international bewährt – wir gehören von nun an dazu.« Selbst weltfremde Gelehrte sprachen von »Gelsenkirchen« und »Stuttgart« und rühmten jene Fairneß, die schon eine Tugend der altirischen Sagenhelden gewesen sei.

Die westlichen Nachbarn jenseits des Atlantik, die Vereinigten Staaten, sind nicht mehr das große Vorbild. Zum ersten Mal seit der Frühzeit ihrer Geschichte sind die Iren Europäer geworden – und das ist nicht nur eine Folge ihrer Mitgliedschaft in der Europäischen Gemeinschaft, sondern in erster Linie ein geistiger Prozeß.

Noch vor wenigen Jahren wäre es undenkbar gewesen, daß eine relativ junge, fortschrittliche Frau zur Präsidentin dieses Landes gewählt würde. Es geschah – und war eine Sensation. Mary Robinson sagte bei ihrer Vereidigung am 3. Dezember 1990: »Gerechtigkeit, Frieden und Liebe werden mir am wichtigsten sein.« Neue Töne, die man auch bei den nordirischen Nachbarn nicht überhören wird.

AUF IRISCHEN STRASSEN

Am Flughafen in Dublin stand unser Leihwagen. Thomas setzte sich ans Steuer – auf der rechten Seite. »Ich habe nur einmal beim Schalten ins Leere gegriffen«, sagte er am nächsten Tag. Brigitta machte es sich hinter ihm bequem. Sie war für Fachbücher und Broschüren zuständig. Meine Aufgabe: Notizen fürs Buch zu machen, und von Ort zu Ort den Freunden nach irischer Art Geschichten zu erzählen, lebendige Vergangenheit. Zu jedem Gemäuer, jeder Landschaft der Insel gibt es eine *story;* manche sind traurig, wie sich denken läßt, aber nicht wenige komisch.

Eine Zeitlang fuhr auch Peter mit uns. Er entdeckte mit den Augen des Landwirts manches, was uns übrigen verborgen geblieben wäre. »Wo die Landwirtschaft anfängt«, sagte er zum Beispiel, »hört die Landschaft auf.« Mit Landwirtschaft bezeichnet Peter Äcker, nicht Weideland. Da in Irland so wenig Feldfrüchte angebaut werden, trifft man fast überall Natur an.

Es heißt: grünes Irland. Bei jeder Fahrt schlägt uns dieses Grün triumphierend entgegen. Weiden, Hügel, Büsche, Hekken: hundert Tönungen und doch nur die eine. Die Sonne kommt und läßt die Farben höher aufflammen. Wen wundert es, daß man zu Ehren eines solchen Triumphes Briefkästen und Busse grün anstreicht, Wegweiser mit dieser Farbe versieht, Stewardessen und Empfangsdamen so kleidet? Grün ist der *Shamrock*, das irische Kleeblatt, an dem der heilige Patrick den Iren das Geheimnis der Dreieinigkeit gedeutet haben soll. Das Zeichen des Shamrock finden wir überall wieder, auch an irischen Schiffen und Flugzeugen.

Grüne Insel – aber als wir weiter nach Westen fuhren, kamen wir auch in bräunliche Reviere, Moore – und schließlich in graue, die nur noch aus Steinen zu bestehen schienen. Aus losen Feldsteinen schön gefügte, niedere Mauern ersetzten dort die Hecken.

Auf Irlands großen Routen kann man, von Dublin aus, in erstaunlich kurzer Zeit Galway, Cork oder etwa Wexford erreichen. Wer von den großen Straßen abbiegt, in jene kurvenreichen, von Hecken gesäumten *bohereens* eintaucht, die oft grünen Tunnels gleichen, findet das alte Irland. Auf diesen Wegen, die sich so viel Zeit lassen, um an ihr Ziel zu gelangen, begegnet man, wie früher, allerlei Getier. Ein Pony geht spazieren; Schafe sehen dem Auto entrüstet entgegen; eine Kuh sucht am Straßenrand ihr Futter und ein Hund schläft am Meilenstein. Von Efeu ganz und gar überwachsene und eingesponnene Telefonmasten stehen wie bizarre Skulpturen am Wege.

Für alle irischen Straßen gilt, daß eine hohe Mauer plötzlich ins Bild springt, minutenlang neben dem Fahrenden entlangläuft, dann zurückschwingt zu einer säulengeschmückten Einfahrt, im gleichen Rhythmus wieder hinausschwingt, noch lange weiterläuft. In diesen riesigen Mauergevierten verbargen die anglo-irischen Landbesitzer ihre Weiden und Reitställe; Steinlöwen, die breite steinerne Treppen bewachten und Schlösser mit Türmen; auch exotische Gärten, Rasenplätze, fremdartige Bäume. Bäume waren kostbar und selten, ein Zeichen des Reichtums. Draußen, vor den Mauern, ist das Land vielfach baumlos geblieben. Die Tore und Einfahrten sind oft noch so prächtig wie einst. Sie führen heute in verwilderte Parklandschaften. Das Herrenhaus ist verfallen, in Efeu erstickt, oder zur Zeit der *Troubles* ausgebrannt. Es kann aber auch sein, daß die Wege jenseits der Einfahrt noch glatt sind und ohne Unkraut, daß sich Rhododendronbüsche darüberneigen und daß dahinter das *big house* versteckt steht, unversehrt, mit spiegelnden Fensterscheiben. »Gibt es Zeichen«, fragte Peter, »an denen man erkennen kann, wie es jenseits der Mauern aussieht?« Nein, es gibt keine.

Grün umrandete, gelegentlich auch braune Schilder an den Straßen weisen auf Sehenswürdigkeiten hin. Von diesen sind viele zum *National Monument* erklärt worden. Eine entsprechende Plakette ist am Objekt selber angebracht. Leider fehlen manchmal noch die für den Betrachter wichtigen historischen oder kunsthistorischen Angaben. Ein solches *monument* zu finden – eine Grabkammer vielleicht, einen Stein mit keltischem Flechtwerk oder eine Bienenkorbhütte – kann zum Abenteuer werden. Man folge der dünnen Spur im Gras, obwohl es kniehoch stehen kann und meist naß ist; die Berührung mit Brennesseln und Brombeerranken läßt sich nicht immer vermeiden.

Außerdem werfe man ab und zu einen Blick zum Himmel. Sollte eine helle, fast silberne Wolkenwand sich rasch nähern, dann hilft nur die Flucht ins Auto. Ein Schirm wäre ganz nutzlos, denn das ist kein Regen, der da kommt, sondern eine Wasserflut, die sich von allen Seiten ergießt. Meist genügt es, eine halbe Stunde im Auto zu warten, dann scheint die Sonne wieder, allerdings ist das Gras noch nasser als zuvor. Wenn man sich einmal an diese kleinen Mißhelligkeiten gewöhnt hat, dann erwacht der Jagdinstinkt; es macht immer größere Freude, etwas mit Mühe zu suchen, das zu finden sich lohnt.

Ein Wort der Warnung: Wer in diesem Lande Kirchenschätze und Deckenfresken erwartet, prunkvolle Rathäuser und gotische Madonnen, Turnierhöfe, goldene Altäre und geschnitzte Kanzeln, Uhrtürme und die Landschaften der Kuppeln, all die gewohnten Zutaten einer europäischen Bildungs- und Kunstreise, der fahre lieber nicht nach Irland. Er würde enttäuscht werden. Wie sollten solche Werke entstehen, wenn das Volk entmündigt war, in bitterster Armut dahinvegetierte? Wenn es kein Bürgertum in unserem Sinne gab? Ohne Geld kann man keine Dome bauen, ohne Leinwand und Farbe keine Bilder malen. Wie viel verdanken wir auf dem Kontinent dem Mäzenatentum der Könige und Fürsten. Gewiß, die anglo-irischen Herren bauten sich Schlösser, füllten sie mit Schätzen, die von einer Reise zum Kontinent stammen mochten. Sie überboten sich gegenseitig mit Burgartigem, Festungsähnlichem, mit der Länge ihrer sichtversperrenden Mauern. Aber sie liebten vor allem das Leben im Freien; Gärten waren ihnen wichtiger als Zimmer. Rasen ersetzten den Teppich, Bäume die Skulpturen. Die Natur als Kunstwerk. Viele dieser Schlösser und Parks können heute besichtigt werden.

Was findet man sonst? Eigentlich nur Steinernes: Steine mit rätselhaften Inschriften und hohe Kreuze und heilige Brunnen, steinumrandet. Ab und zu einen Rundturm. Oder die Spur einer Einsiedelei. Grabplatten und Ruinen früher Kirchen, kleiner und großer Abteien. Bröckelnde, vom Efeu gestützte quadratische Türme, noch aus normannischer Zeit. Lohnt sich das? werde ich manchmal gefragt. Ja, es lohnt. Diese Orte in der Stille haben, allein gelassen, den Geist einer frühen Zeit wunderbar bewahrt.

Kilfenora: Kapitell in der Kathedrale

Zweimal am Tag trafen wir die irischen Schulkinder. Um neun ziehen sie aus, um vier Uhr geht es spätestens heimwärts. Früher – es ist gar nicht so lange her – liefen sie barfuß; am Rücken schlugen ihre grauen Tuchsäckchen hin und her, denn sie sprangen und liefen fast den ganzen Weg. Heute kommen sie immer noch gruppenweise, aber zumeist auf Fahrrädern, die Älteren in hübschen Schuluniformen. Die weiter entfernt Wohnenden werden im gelben Bus transportiert. Ihr Zuhause ist heute zumeist ein Bungalow.

Diese Bungalows! Wie Pilze sind sie, im Zeichen eines bescheidenen Wohlstands, überall aus dem irischen Boden geschossen. Man findet sie, kilometerlang aufgereiht, an den Ausfallstraßen der Städte, oder draußen im Land, da wo Irland am schönsten ist, in Kerry oder Connemara. Meinen Freunden waren sie, wie wohl allen Touristen, eher ein Ärgernis. Ich habe versucht, ihnen dieses Phänomen zu erklären.

Für alle Iren gilt, mehr noch als für ihre englischen Nachbarn: »*My home is my castle*«. Aber da sie so lange unter den strengen Gesetzen der Eroberer lebten, ohne Hoffnung waren, blieb der Traum von einem guten Haus unerfüllt. Ärmlich, eng, ungenügend für ihre zahlreichen Bewohner, ohne jeden Komfort – so sah es in diesen oft noch strohgedeckten Hütten aus. Daß sie von außen malerisch wirkten, sich schön in die Landschaft fügten, steht auf einem anderen Blatt. Neidlos gingen die Bewohner solcher Anwesen an den *big houses* vorüber, an prachtvollen Einfahrten, an Fassaden, die mit Säulen und Arkaden geschmückt waren. Da sich die Iren nun endlich ihren Traum erfüllen können – wen wundert es, daß sie ein wenig von diesem Glanz auf ihre Behausungen übertragen möchten; daß auch sie, wie klein auch ihr Grundstück sein mag, auf Umfassungsmauern Wert legen, Löwen, Adler und anderes Wappengetier, vorgefertigt in Gips, auf die Eckpfosten setzen, vor allem aber Säulen und Bögen vor ihre Fassaden. Und wer nicht das Vorbild eines Großen Hauses kennt, richtet sich nach dem, was er im Fernsehprogramm sah. Die Southfork Farm aus der Dallas-Serie ist ein beliebtes Motiv, in Miniaturausgabe steht sie nun auf irischen Hügeln.

Je weiter wir nach Norden kamen, desto öfter mußten wir zur Landkarte greifen. Wegweiser wurden spärlicher; in Gaeltacht-Gebieten fehlte oft der englische Name des nächsten Ortes auf den Schildern. »Und wer«, fragte Thomas, »findet hier sein Vergnügen daran, Wegweiser in eine falsche Richtung zu drehen?« Ein ungelöstes Rätsel. Wir kamen auf diese Weise zu unerwarteten Abenteuern.

Wenn es Abend wurde, aber noch lange nicht dunkel, begannen wir Ausschau zu halten nach jenen im Wind schaukelnden Schildern mit der Aufschrift »B & B«, *Bed and Breakfast.* Unsere Nachtquartiere waren oft eine Überraschung, aber nie enttäuschend. Am nächsten Morgen saßen wir dann, vom Duft gebratenen Specks geweckt, vor einem umfangreichen Frühstück – unter den Photos der Hausleute als Hochzeitspaar, oder der Kinder am Tag der Erstkommunion – während in der Küche unsere Thermosflaschen schon mit kochendem Wasser gefüllt wurden. Ein neuer Tag der Entdeckungen konnte beginnen.

Boyne Valley
Wegweiser in die Vergangenheit

Unsichtbare Grenzen überziehen Irland: die der Grafschaften. Diese *Counties* sind keine auf dem Papier festgelegten Bezirke, sondern sehr alte, natürlich gewachsene, unverwechselbare Gebilde. Die Engländer gaben einigen von ihnen andere Namen, machten aus Laois »Queen's County« und aus Offaly »King's County«; längst gelten wieder die älteren Bezeichnungen.

Die Grafschaft Meath, nördlich von Dublin, ist Weideland. Der Fluß Boyne und seine Nebengewässer breiten sich wie ein Fächer aus, ostwärts dem Meer entgegen. Diese Landschaft wäre unbedeutend, wenn nicht eine Fülle von Sehenswürdigem – Hochkreuze und Klosterruinen, Begräbnisstätten der Vorzeit und Burgen des Mittelalters – sie zu einem Freiluftmuseum der irischen Geschichte machen würden. Überall an den Straßen sind die grünen Wegweiser aufgepflanzt, an manchen Orten gleich zwei oder mehr Schilder an einem Pfosten versammelt, in verschiedene Richtungen deutend. Peters Frage »wohin jetzt« konnte ich nur mit einem Achselzucken beantworten. Eine ordentliche Reihung der Besichtigungen ist hier kaum möglich. Wir jedenfalls sind kreuz und quer gefahren.

Die Umrisse der Burg TARA, die den stolzen Beinamen »der Könige« führte, lassen sich am besten erkennen, wenn man sie überfliegt. Von oben sieht das aus, als habe ein Kind sich eine Sandburg gebaut, mit dem Finger Kreise gezogen und kleine Wälle aufgehäuft; als brauche man nur mit der Hand darüberzuwischen, um das wenige auszulöschen, was die Zeiten bis heute überdauerte.

Tara liegt nur etwa 30 Kilometer von Dublin entfernt; die Straße hinauf ist schmal. Man gewinnt kaum an Höhe und sieht doch plötzlich nach Norden und Westen unendlich weit ins Land. Alleebäume sehen von hier oben wie dunkle Kugeln aus, zu Ketten gereiht. Hecken sind wie ein Gitter über die helleren Weiden gezogen.

Außer uns war niemand auf dem Hügel, den eine häßliche Patricks-Statue verunstaltet und auf dem nur Erdrücken und Wälle zu sehen sind, die niemand beachten würde, wenn nicht

Schilder auf ihre vermutete Bedeutung hinwiesen. »Haus des Cormac« steht da, oder »Banketthalle«. Trotzdem: wer von der Größe und Bedeutung Taras weiß, kann nicht gleichgültig auf dieser kahlen und windigen Höhe stehen.

Hier war in früher Zeit das Herz Irlands, der Sitz des Hochkönigs. Alle drei Jahre wurde *Feis Teomhair* abgehalten, die große Versammlung. Auf den fünf Straßen, die von allen Teilen des Landes nach Tara führten, kamen dann die Adligen und die Dichter, die Druiden und die Krieger der Fianna. Der *ard-ollamh*, der Historiker des Hochkönigs, notierte den Gang der Ereignisse in seinem Gedächtnis, und die anderen Weisen taten es ihm nach. Taras Hallen sollen damals sehr hoch gewesen sein, seine hölzernen Säulen glattpoliert und mit seltsamen Symbolen geschmückt, die Gerätschaften aus Gold und Bronze. Die Sitzordnung in der Banketthalle wurde nach mündlichen Überlieferungen in einem Manuskript des 12. Jahrhunderts notiert und blieb uns so erhalten. In diesem Plan ist mit großer Genauigkeit eingetragen, wie die Gäste des Hochkönigs nach ihrem Rang und Beruf bei Tische saßen – in dem größten Gebäude, das es damals auf den westlichen Inseln gab.

Der Tür nahe und am nördlichen Ende der Halle waren des Königs Narren plaziert, seine Possenreißer und Jongleure; ihnen gegenüber die Zauberer. Und weiter, in zweiundvierzig getrennten Abteilen: die Dichter – von der sechsten Ordnung an bis hinauf zur zweiten und ersten. Die Goldschmiede, Geschichtsschreiber, Baumeister, die Richter und Lehrer, die Wahrsager und die Druiden. Die Heilkundigen saßen in unmittelbarer Nähe des Hochkönigs und der Königin. Am andern Ende der Halle schließlich fanden sich die Wagenlenker bei den Schachspielern, den Trommlern und Flötisten. Auch die Meister der Harfe sind erwähnt, die bei jedem Festmahl vortraten und – wenn die Barden das Lob ihres Herrn gesungen hatten, die Druiden ihre Beschwörungen – eine der drei Weisen spielten, die ihren Ruhm ausmachten: Lachweisen, Weisen der Trauer und Schlafweisen. Alles Leben auf Tara, so heißt es, bewegte sich zum Klang der Musik.

Hier, auf dem windigen Hügel, begann ich zu erzählen. In der großen Banketthalle sind sich Diarmaid und Grainne begegnet, und so fängt ihre Geschichte an:

Grainne ist die schöne Tochter des Hochkönigs Cormac McArt. Der Vater hat ihr Finn Mac Cumhail zum Mann bestimmt, den Anführer der Fianna. Am Abend der Brautwerbung sitzen sie beim Mahl in der Banketthalle: Finn, ein alternder Soldat des Glücks, und seine Fenier; unter ihnen Diarmaid, »den alle Frauen lieben«. »Finn hat graue Haare«, stellt Grainne fest. Aber von Diarmaid sagt sie: »Für ihn gäbe ich die ganze Welt, und es wäre trotzdem ein ungleicher Handel.« Sie läßt den Männern an der Tafel einen Trunk reichen, der alle in Schlaf versetzt. Nur Diarmaid bleibt nach ihrem Willen wach. Sie zwingt ihn mit magischen Befehlen, *geasa*, daß er noch in dieser Nacht mit ihr fortzieht, ehe die anderen erwachen. Einer *geas* kann man nicht widersprechen. Diarmaid und Grainne verlassen Tara, das Jahr ihrer Flucht beginnt.

»Und wie ging die Geschichte weiter?« fragte Brigitta. »Ich werde sie in Fortsetzungen erzählen. Immer dort, wo sie sich der Sage nach zugetragen haben soll.«

In Zeiten des Aufbegehrens symbolisierte Tara den unterjochten Iren immer noch die große Vergangenheit. Am 15. August 1843 rief Daniel O'Connell hier zur Aufhebung der Union mit England auf: »An diesem historischen Ort habe ich eine heilige Pflicht zu erfüllen. Ich erhebe Anklage gegen die ungerechtfertigte und ungerechte Union ...« Hunderttausende sollen ihm damals zugehört haben. Aber auch seine Bemühungen waren vergeblich.

Ein gleichmäßig runder Hügel von mehr als achtzig Metern Durchmesser, grasüberwachsen, am Fuße durch eine Mauer aus weißen Quarzitsteinen geschützt: NEWGRANGE. Die Begräbnisstätte über dem Fluß Boyne gilt, zusammen mit den nahe gelegenen Anlagen von KNOWTH and DOWTH, als eine der eindrucksvollsten Nekropolen Europas. Zwölf Felsblöcke stehen wie Wächter ringsum. Sie tragen nach keltischer Art Doppelspiralen, Rauten und Schlangenlinien: keine Verzierungen, sondern Symbole und Zauber.

Bis zum Ende des 19. Jahrhunderts war Newgrange Viehweide. Die Herden richteten schweren Schaden an. Lloyd Praeger, damals Präsident der Royal Irish Academy, an den Ausgrabungen maßgeblich beteiligt, hat den damaligen Zustand geschildert: »Wir mußten zwei Meter tief durch Trümmer graben, ehe wir zum eigentlichen Bauwerk vorstießen. Uns wurde klar, daß die weißen Quarzite der äußeren Umrandung, wie auch rundgeschliffene Steine im Inneren rituelle Bedeutung hatten und von weither gebracht worden waren.«

Ich gestand den Freunden, daß mir Newgrange heute zu ordentlich und aufgeräumt, mit seinem Ausstellungsgebäude und seinen Parkplätzen zu perfekt sei. Aber das ist nun einmal das Los touristischer Anziehungspunkte. Erst wenn man in kleiner Gruppe, im Glücksfall allein, weit in den Hügel eingedrungen ist, beginnt die Magie der Steine. Riesige Platten ziehen ins Innere, formen einen Gang; andere schieben sich übereinander, bilden eine sechs Meter hohe Grabkammer. Auch diese Steine sind mit Zeichen versehen. Spiralen drehen sich auf ihrer Oberfläche, steinerne Wirbel. Nur am Tag der Wintersonnenwende dringen die Sonnenstrahlen bis zur großen Grabkammer vor, tauchen den Raum in goldenes Licht. »Mich schauderte und gleichzeitig war ich unerklärlich glücklich«, sagte eine irische Freundin, die diesen Augenblick miterleben durfte.

Am Hügel von SLANE, über dem Boyne Valley, hat Patrick das erste Osterfeuer auf irischem Boden entzündet. Der Hochkönig auf Tara konnte aus großer Entfernung das auflodernde Signal, Symbol einer Zeitwende, sehen und geriet in Zorn: auf jenem Hügel drüben wurden die alten Götter beleidigt. Später begegnete er dem Heiligen persönlich und führte lange Gespräche mit ihm. Er ließ sich nicht bekehren, aber er erlaubte seinen Töchtern die Taufe. Ethne und Fedelm fragten St. Patrick: »Wer ist Gott und wo ist Gott, woher ist Gott und wo seine Wohnstatt? Wie kann man ihn sehen, lieben, finden?« Christus wurde ihr großer Druide.

Der Hügel von Slane ist ein sehr schöner, beinahe geheimnisvoller Ort, von dem man aus, wie auf Tara, weit hinaus ins grüne Land sieht.

MONASTERBOICE: zwei Hochkreuze des 10. Jahrhunderts, ein Rundturm, Überreste zweier Kirchen und eines weiteren Kreuzes, im Friedhofsgeviert nahe beieinander stehend. Hier sahen meine Freunde zum ersten Mal, daß solch bedeutende Kunstwerke von Gräbern weit späterer Zeit eng umlagert zu sein pflegen, von einer Schar im Umriß ähnlicher, aber wertloser Kreuze begleitet. Wer an einem heiligen Ort in der Erde liegt – so meinten die Iren, und manche meinen es noch – kommt leichter in den Himmel. Das »Kreuz des Muiredach« ragt mehr als fünf Meter hoch, das »Tall Cross« oder Westkreuz mißt sogar noch um fast einen Meter mehr. Beide sind, trotz starker Spuren der Verwitterung, von einer fast erschreckenden Vollkommenheit. In makellose Rechtecke sind die Figuren der Bildergeschichten gesetzt. Sie sollten dem des Lesens unkundigen Betrachter die Passion Christi, aber auch die Güte Gottes nahebringen. Die oberen Enden beider Kreuze sind wie ein kleiner steinerner Schrein gestaltet und ebenfalls figurengeschmückt. Hier, in Monasterboice, kann ich mir am ehesten vorstellen, daß die irischen Kreuze einmal in bunten Farben geleuchtet haben sollen.

Hochkreuze umwandert man. Je nach dem Stand der Sonne lassen sich plötzlich Details enträtseln. Die kleine arme Seele in St. Michaels Waage des Jüngsten Gerichts klammert sich an den Arm des Erzengels. Am Sockel von Muiredachs Kreuz kauern lebensecht zwei Katzen, so wie man sie aus dem »Book of Kells« kennt.

Unter grauem Himmel verstummen die Kreuze. Bei Regen glänzt der Stein, wird wieder lebendig. Vom Kloster des heiligen Boitha, dessen Mittelpunkt die Kreuze einmal waren, blieb sonst keine Spur. Eine umfangreiche Bibliothek verbrannte 1097 im Rundturm.

Nur wenige Meilen von Monasterboice entfernt: eine andere Welt. Der Ire Malachias, ein Freund des heiligen Bernhard von Clairvaux, gründete hier, 1142, das erste Kloster der Zisterzienser auf der Insel: MELLIFONT. In erstaunlich rascher Folge entstanden zahlreiche Tochterhäuser. Im Zeichen einer irischen Kirchenreform nach kontinentalem Vorbild war es ein Neuanfang ohnegleichen, ein Aufschwung im Geiste.

Mellifont, »Honigquelle«, ist ein lieblicher Ort, zu dem sein Name paßt. Weißdorn blüht überschäumend. Der Grundriß der Gebäude, in dem alle Klöster dieses Ordens übereinstimmen, läßt sich noch an den Steinen ablesen. Man sieht: die Zeit der kleinen Bethäuser, dunkler Gefäße des Glaubens, war vorüber; nun wurden auch in Irland, wie bei uns, große Kirchen gebaut.

Einige Pfeiler des ehemaligen Kreuzgangs sind erhalten und das Fragment eines achteckigen Lavabo, des in diesen Klöstern üblichen Brunnen- und Waschhauses.

Die kleine Stadt KELLS heißt mit ihrem irischen Namen Ceannanus Mor. Das bedeutet: große Residenz. Die Klostersiedlung entstand schon im 6. Jahrhundert.

Im Jahre 806 überfielen Wikinger das Kloster des Columba auf der schottischen Insel Iona. Sie erschlugen den Abt und 86 Mönche, plünderten die reichen Kirchenschätze. Einige Künstler des berühmten Scriptoriums konnten übers Meer fliehen und nach Kells gelangen. Sie nahmen das Wertvollste mit, das es zu retten galt: die bereits vollendeten und die angefangenen Pergamentblätter eines Evangelienbuches; auch ihre kostbaren, aus fernen Ländern stammenden Farben. Sie brachten ihre kühne Phantasie mit, ihren nie versiegenden Ideenreichtum, höchste Kunstfertigkeit. Man nimmt an, daß vor allem zwei Maler am Werke waren, der eine ein Ire oder Schotte, der andere vielleicht ein Südländer, dem die Kunst des Mittelmeerraumes vertraut war. Das sind Mutmaßungen. Sicher ist, daß es junge Männer gewesen sein müssen, denen diese Perfektion der minuziösen Details gelang, die wir heute nur mit einer starken Lupe entdekken können. War das menschliche Auge damals stärker, oder konnte es, von einem in Meditation und Gebet versunkenen Maler, wie ein Lichtstrahl verwendet werden?

In der protestantischen Kirche auf dem Friedhof kann man eine Faksimile-Ausgabe dieses »Book of Kells« in Ruhe betrachten. Man erfährt, daß das Original im Jahre 1002 entwendet, aber wenig später unversehrt, nur des goldenen Einbands beraubt, im Moor wiedergefunden wurde.

In der Kirche ist auch eine sehr anschauliche Darstellung und Erklärung irischer Hochkreuze zu finden. Draußen, auf dem Friedhof verstreut, stehen unter einem Rundturm die Originale. Das »Kreuz des Patrick und Columba«, dem Turm am nächsten, zeigt die schönsten Motive. Wenn diesen Kunstwerken auch eine andere Zeit zugemessen ist als den Menschen, die zwischen ihnen ruhen – auch sie werden einmal nicht mehr sein. Von den Figuren und Ornamenten, mit denen sie wie mit einem Netz überzogen sind, sind oft nur noch Schatten erkennbar.

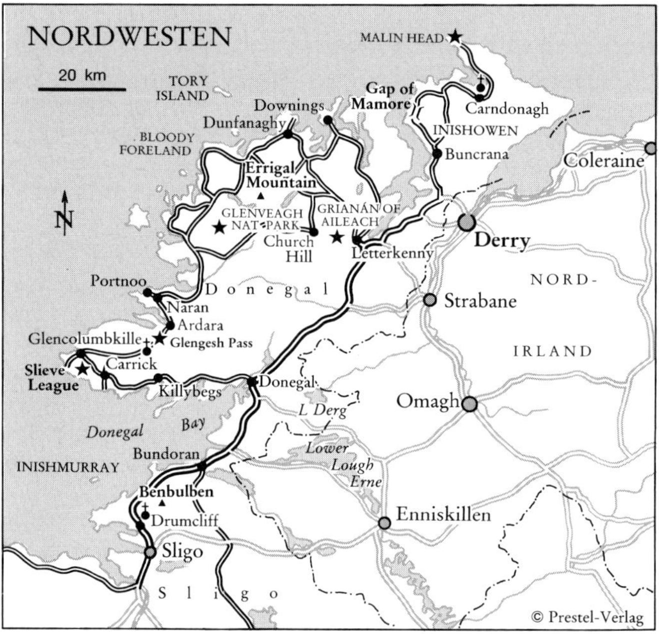

An einem Kreuz neben der Kirche sind zwei Kriegsknechte nicht viel mehr als Schemen; aber der Gekreuzigte zwischen ihnen ist deutlich zu erkennen. Seine Arme dehnen sich überweit und steif. Darüber ist das Kreuz unvollendet, als gäbe es nun nichts Wichtiges mehr zu sagen.

In der Nähe des Friedhofs wird noch ein kleines Gebäude gezeigt, dem man den Namen »St. Colmcilles Haus« gegeben hat. Bei dieser sehr alten Kirche aus unbehauenen Steinen sind die Mauern über zwei Stockwerke hochgezogen und schieben sich dann zum steinernen Dach des dunklen Bethauses zusammen. Unter dem First, nur über eine steile Leiter mit vielen Sprossen erreichbar, sind einige enge Gelasse entstanden, Zellen der Mönche, Schutzräume vor Feinden.

Das vierte der Hochkreuze von Kells steht mitten an einer belebten Kreuzung, am Marktplatz. In einer dunklen Stunde dieser Stadt hat man es als Galgen verwendet.

Donegal – Einsamkeiten

Wir kamen in ein Bergland am Meer. Die Gipfel staken in Nebel und Regenwolken, die Schafe hatten schwarze Nasen und der Ginster blühte gelb und leuchtend. In Donegal zieht ältestes Gestein, Granit, Quarzit, in Auffaltungen von Nordosten nach Südwesten. Wenn nach einem schweren Schauer die Sonne auftaucht, beginnen an allen Hängen die nassen Felsblöcke silbern zu glänzen, als sei dort ein Riesenspiegel zerbrochen. Keine Landschaft, die mit Menschenmaß zu erfassen ist. Hügel und Täler, See und Fels, Meer und Moor haben sich zu einer so beglückenden Vielfalt zusammengefunden wie vielleicht in keiner anderen Gegend Irlands. Als wir zum ersten Mal aus dem Auto stiegen, aufatmend, fuhr uns ein warmer Wind ins Gesicht. Peter hatte sich diesen Landstrich kälter vorgestellt. Der Einfluß des Golfstroms ist hier noch stark; die Sommertemperaturen liegen nur wenige Grade unter denen von Kerry.

Wir wohnten bei »Arnolds« in DUNFANAGHY am Horn Head, in einem jener freundlichen Hotels, die auf eine lange Familientradition zurückblicken, langsam gewachsen sind und heute noch dem dankbaren Gast köstliches Porridge und *kippers*, geräucherte heiße Heringe, zum Frühstück anbieten. Bei Flut hatten wir das Meer vor unseren Fenstern, bei Ebbe braunen Schlick. Jenseits lag HORN HEAD, eine der schönsten Klippenlandschaften Irlands, die Felsen zum Meer hin 200 Meter steil abstürzend, Quarzit mit einem dunklen Band von Diorit durchzogen. Alle Vorsprünge sind von Papageitauchern, Tordalks und Dreizehenmöwen besetzt. Man sollte sich ein Boot beschaffen und unter dem Geschrei der Vögel am Fuß der Klippen entlangfahren.

Eine andere Sehenswürdigkeit nahe Dunfanaghy ist DOE CASTLE. Die feste Burg am Ufer eines Meeresarmes wurde von einem MacSweeney erbaut. Er war einer der wenigen, die sich beim Untergang der spanischen Armada, 1588, gegenüber Schiffbrüchigen menschlich verhielt. Die englische Königin Elisabeth hatte Befehl erteilt, jene Überlebenden, die sich an der West- und Nordküste Irlands ans Ufer retten konnten, ohne Ansehen der Person umzubringen. Zur Zeit der *plantation* durch Ulster-Protestanten im 17. Jahrhundert verlor die Familie ihr

Schloß, aber ein Nachfahre konnte es zurückgewinnen. Er stand auf der Seite des katholischen Königs Jakob II. Die lange Tradition dieses Clans brach erst in unseren Tagen ab. Eine Steintafel am Gemäuer erinnert daran:

»Zum Andenken an Owen MacSweeney, 2. päpstlicher Marquis,
verstorben 1986, und an seinen einzigen Sohn, verstorben 1985.
Stolze Nachfahren des alten und edlen Hauses von Doe.
Ihre Seelen sind bei Gott.«

Abends fuhren wir mit dem Auto zur äußersten Spitze des Horn Head. Das Wasser lag still und opalblaß. Aber auf die Felsen der Halbinsel senkten sich Wolken, zogen als düsterer Nebel durch die Hochtäler, löschten die Sonne aus. Nur weit draußen, über dem Meer, blieb der Himmel hell. Nach neun Uhr, als wir schon heimkehren wollten, kam die Sonne noch einmal als orangeroter Feuerball zum Vorschein, unter der schwärzesten aller Wolken.

Am nächsten Morgen saß Thomas mit gerunzelter Stirn über der Landkarte. »Donegal ist so umfangreich«, sagte er. »Wo packen wir's an?« »Im äußersten Nordosten der Grafschaft.« So fuhren wir zur INISHOWEN PENINSULA. Nahe dem Ferienort Buncrana liegt FAHAN. Im Friedhof Gras und Nesseln, aber ein schmaler gekiester Pfad führt zum Stein aus dem 7. Jahrhundert. Mura, ein Schüler des Colmcille, gründete hier ein Kloster, war erster Abt. Sein Krummstab und der Schrein seiner Glocke werden in Dublin im Nationalmuseum aufgehoben. In Fahan blieb nur der Stein. Ineinandergeflochtene Bänder bilden auf ihm ein Kreuz, es überragt zwei kleine, ihm zugewandte Gestalten. Auf den Schmalseiten der Platte griechische Buchstaben. »Ehre sei dem Vater …« soll da stehen, aber der Text ist kaum noch zu entziffern. Die große Gelehrsamkeit der frühchristlichen irischen Mönche kam mir in den Sinn.

Jenseits von Buncrana muß man nach dem Schild *Gap of Mamore* Ausschau halten. Hier verirrt man sich leicht. »Gap« heißt, laut Wörterbuch, Öffnung, Kluft, Riß oder Loch. Wenn auf einem irischen Wegweiser Gap steht, so lohnt sich der Umweg immer. Unsere Paßstraße, GAP OF MAMORE, führte steil wie eine Leiter und völlig gerade bergan. »Eine Steigung von beinahe

Stein von Fahan

dreißig Prozent.« Bergschafe hatten sich auf dem warmen Asphalt niedergelassen; sie erhoben sich erst dann langsam und unwillig, wenn unser Wagen schon fast an ihre Nasen stieß, und gingen würdig fort, Wollknäuel auf schwarzen Steckenbeinen. Auf der Höhe hielten wir an. Hinter uns in der Tiefe verbarg sich das Land in milchigem Dunst. Aber vor uns lag Bläue und

Standstein beim Kreuz von Carndonagh

blendete uns – Bläue des Himmels und des Meeres. Erst als wir ein Stück weit bergab gelaufen waren – gelaufen, nicht gegangen – kam zwischen den Hängen ein schmales grünes Vorland in Sicht, mit kleinen bestellten Feldern und den weißen Halbmonden seiner Sandstrände.

Von Westen her segelten freie regenträchtige Wolken heran, begossen in kurzen Abständen uns und das Land. Wir nahmen es hin. Bei CARNDONAGH, an der Straße, fanden wir wiederum einen Stein des 7. oder 8. Jahrhunderts, die Kreuzform nun schon im Umriß erkennbar. Eine Gestalt breitet die Arme weit, andere Figuren umgeben sie. Zu ihren Häupten überzieht keltisches Flechtwerk den Stein. Die bewegten Linien dieser Ornamente sind, wie ich gestehen muß, meinem Herzen näher als jene perfekten, fast starren Rechtecke auf den Hochkreuzen späterer Jahrhunderte. Zwei kleine Standsteine begleiten das Kreuz von Carndonagh, andere stehen im nahen Friedhof. Überall Bilder, klein, primitiv, aber seltsam anrührend: ein Mann mit Schwert und Schild, ein Vogel. David mit seiner Harfe. Ein Mönch trägt zwei Glocken. Aber die Nähe von Asphalt und Auto nimmt ihnen ein wenig von ihrem Zauber.

In Carndonagh war Markt. Nur Männer zu sehen, mit Gummistiefeln, alten Regenmänteln, Sportmützen. »Die gefallen mir«, sagte Peter. »So wirst du sie überall in Irland antreffen.« An diesem Tag wurde wenig Vieh gehandelt, das vielstimmige Muhen und Grunzen und Wiehern fehlte. Plötzlich merkte man, wie leise Iren miteinander reden. Man könnte fast sagen: sie flüstern. Der warme Wind trug keinen Wortschwall von einer Ecke des Platzes zur anderen, unter den tropfenden Planen der Buden standen die Männer in ruhigen Gruppen. Wenn der Regen zunahm, zogen sie wohl den Mantel über den Kopf und duckten sich; ließ er nach, so hockten sie auf den Simsen der kleinen Schaufenster ringsum.

Am MALIN HEAD schien wieder die Sonne. Nördlichster Punkt Irlands: aber gerade hier leuchteten uns Blumen entgegen, an jeder geschützten Stelle, in kleinen Mulden, in Felsspalten über der Brandung. Prunellen, Gänseblumen, gelber Hornklee. Was sich nicht versteckt, wird flach geschoren wie ein abgetretener Teppich. Von einem alten Wachtturm aus gingen wir westwärts, am Rand der Steilküste. HELL'S HOLE war nicht leicht zu finden, eine tiefe Spalte, in die bei Flut das Wasser schäumend abstürzt, in der Tiefe donnernd fortgesaugt wird. In den Felswänden dieses Höllenschlundes war es warm wie in einem Treibhaus, leichter Nebel zog herauf und Blumenduft. Die Pflanzen mußten tief im Gestein wurzeln und wachsen, man sah sie nicht. »Schau, was ich gefunden habe«, sagte Brigitta und hielt mir ein Stück weißen Quarzits hin, von rötlichen Adern durchzogen.

Zeit für eine späte Mittagspause. Wir hatten an diesem Tag nicht vorgesorgt, fanden aber bald, was wir suchten, ein Pub an der Straße, gleichzeitig Laden für alles. *»Himself«* stand hinter dem Tresen, *»Herself«* bediente nebenan. Zwischen beiden Räumen war ein unauffälliges Kommen und Gehen. Der schwärzliche Tee wurde uns nicht wie sonst üblich in einer umfangreichen Blechkanne serviert, sondern tassenweise. »Sieht aus wie schlechter Kaffee«, sagte Brigitta. »Weiß man«, fragte Peter, »seit wann Iren Tee trinken?« Ich wußte es nicht. Aber ich konnte, während wir unser Sandwich verspeisten, mit einer passenden Geschichte aufwarten:

Ein Kätner fuhr zum Markt und sah, daß dort etwas Neues angepriesen wurde, Tee. Er kaufte ein Pfund. Als er heimkam, schaute seine Frau aus der Tür. »Was hast du mitgebracht?« Der Mann reichte ihr seine Pakete vom Wagen herunter. »Es ist auch von dem neuartigen Zeug, dem Tee, dabei«, sagte er. »Kannst du mir den kochen, bis ich im Stall fertig bin?« »Das kann ich wohl«, sagte die Frau. Sie ging in die Küche zurück, füllte Wasser in den großen schwarzen Topf und hing ihn übers Torffeuer. Als das Wasser kochte, warf sie das Pfund Tee hinein, rührte gut um und ließ den Sud noch eine Weile über der Flamme. Dann holte sie ihre irdene Schüssel, legte ein Sieb aus Weidengeflecht darüber und leerte den Inhalt des Topfes darauf aus. Die häßliche dunkle Brühe, die durch das Sieb in die Schüssel lief, schüttete sie zur Tür hinaus in den Hof. Die Teeblätter gab sie auf zwei Teller, machte je eine Mulde in die schwärzlichen Haufen und legte ein gutes Stück Butter hinein. Gerade da kam der Mann aus dem Stall, er war müde und durstig. »Ist der Tee fertig?« »Ja«, sagte die Frau.

Haus in Donegal

»Danke für die Geschichte«, sagte Peter, »mein Tee hat mir trotzdem geschmeckt«. »Weil wir dir Milch und Zucker hineingetan haben«, meinte Brigitta, »das gehört hier einfach dazu. Für mich war es auch neu.«

Zwei Meeresbuchten begrenzen die Inishowen Peninsula und dringen tief ins Land ein. Wir hatten diese Fjorde zu Füßen, als wir zum GRIANAN OF AILEACH hinaufgefahren waren: Lough Swilly als blaue Rune, Lough Foyle ein weites Gewässer in der Ferne. Grianan bedeutet Sonnenhaus. Der Bau soll vom 5. bis zum 12. Jahrhundert ein Sitz der Könige von Ulster gewesen sein. Die kreisrunde fensterlose Steinmauer wölbt sich leicht nach außen. Seit ihrer Renovierung im vorigen Jahrhundert ist sie wieder mehr als fünf Meter hoch, ohne Mörtel geschichtet, an ihrem Fuß fünf Meter breit. Sie umschließt einen Innenraum von etwa fünfundzwanzig Metern Durchmesser. Der Grianan of Aileach ist von weit her zu sehen, als geduckt lauernder dunkler Buckel auf der höchsten Erhebung ringsum.

Wir konnten mit dem Wagen hinauffahren, hatten nur noch ein paar Schritte durch Gras und Kräuter zu gehen; dann standen wir vor der Mauer, die sich auf den Betrachter bedrohlich zu neigen scheint. Wie ein riesiges Gefäß, dachte ich mir, das mehr als tausend Jahre in sich aufbewahrt hat. Das niedere Tor war nicht abgeschlossen, ein Eisengitter öffnete sich quietschend. Und dann? Ein freundliches und harmloses Wiesenrund lag vor uns. Die Mauer darüber in drei Rängen gestaffelt. Ich hatte mich geirrt; hier wurde die Zeit nicht aufgespeichert, sie war entwichen. Kein Hauch früherer Größe war zu spüren, nur der Frieden eines besonnten Hauses, von dessen Rampe aus wir beglückt in die Weite sahen. Draußen sangen die Lerchen. Zur Rechten entdeckten wir hinter Hügelketten den Rauch aus tausend Kaminen von Derry. Dort war schon Nordirland.

Am Fuß des Hügels, der den Grianan trägt, ist eine moderne Kirche in ihrer Rundform ein Echo des Bauwerks oben. Die Glaspyramide auf dem geschwungenen Zeltdach lenkt einen Lichtstrahl schräg auf den Altar. »Eine der schönsten Kirchen, die ich in Irland gesehen habe«, wird Brigitta später sagen. Die Architekten MacCormick und Madden haben zu Recht einen Preis erhalten.

Bei uns hatten sich inzwischen zwei Parteien gebildet: Freunde der Küstenstraßen und Liebhaber einsamer Bergwege. Meer und Strand erwiesen sich am nächsten Tag als stärkere Magneten. Wir folgten einem Schild mit der Aufschrift *Atlantic Drive*. Diese Straße an der ROSGUILL PENINSULA kehrt zu ihrem Ausgangspunkt zurück, liegt nur wie ein heiterer Schnörkel zwischen Meer und Berg. ROSAPENNA ist durch seinen Golfplatz berühmt und durch schöne Sandstrände. Am Postamt von DOWNINGS über dem Hafen treffen Einheimische und Gäste zusammen. Brigitta ging hinein, um Briefmarken zu kaufen und blieb lange aus. Wir anderen sahen inzwischen aufs Meer. Wo sich die Wellen dem Strand näherten, wechselte die Farbe des Wassers von Graublau zu einem leuchtenden und hellen Grün; nur ein schmaler Saum schäumte weiß. Brigitta kam mit verblüffter Mitteilung zurück: »Da drin im Postamt hätte ich auch Gemüse, Socken und einen Teekessel kaufen können.«

Nun ging es doch landeinwärts, in Richtung GLENVEAGH. Später an diesem sonnigen Tag saßen wir auf einer italienischen Terrasse. Magnolien wuchsen in großen Kübeln; ein antiker Gott hielt mit einem steinernen Adler Zwiegespräche. Hummeln torkelten vorbei, überall blühte und duftete es. Ein Kopf auf einem Sockel hatte einmal Bockshörner getragen, jetzt waren nur noch die Löcher im Stein da. Bacchus lächelte. Die Vögel im Gezweig exotischer Bäume gaben ihm und uns ein Konzert. Man hörte auch das Schnipp-Schnapp einer Gartenschere, da wurde eine Zierhecke gestutzt. Nein, wir waren nicht in Italien, unter uns lag nicht der Lago Maggiore, sondern ein von kahlen Hängen gesäumter See, LOUGH VEAGH. Jenseits der Parkumzäunung beginnt hier wieder die Einsamkeit der Natur: Im Moor wird Torf gestochen, zum Trocknen aufgestellt. Da draußen brennt ein kleines Feuer, über dem eine Blechkanne auf den Tee wartet. Ein einziges Haus weit und breit. Pfade werden vor allem von Schafen begangen; sie führen in andere winddurchfegte Täler dieser Wildnis, hinüber ins POISONED GLEN, wo Wolfsmilch gedeiht, und bis zur weiß leuchtenden Pyramide des Mount Errigal. Wenn es hier Abend wird, beginnen die Berge ringsum, die einzeln stehen, in den buntesten Farben zu leuchten, Moorhühner erschrecken den Wanderer mit ihrem gespenstischen »go back, go back«.

Bis zur Mitte des vorigen Jahrhunderts waren auch die Ufer des Lough Veagh so wild und einsam. Dann kaufte John George Adair das Gelände, vertrieb im kalten April des Jahres 1861 alle seine 254 Kleinpächter und ihre Familien, und ließ sich auf einem Felsvorsprung ein Schloß im Pseudo-Tudorstil erbauen. Er begann die Wildnis zu zähmen. Seine Frau, die als gütig geschildert wird, überlebte ihn um 36 Jahre. Doch die heutige Schönheit des Parks und seiner Gärten ist einem amerikanischen Wohltäter zu danken. Henry McIlhenny war wohlhabend und gebildet, Kurator eines Museums, Sammler und ein Freund der Musen. Er, seine Frau und seine Gärtner schufen von 1937 an, in vierzig Jahren, das heutige Glenveagh. Dann übernahm der irische Staat den 10000 Hektar großen Besitz. McIlhenny verschenkte sein Schloß und seine Gärten, seine Treibhäuser und den *Walled Garden*, wo Gemüse und Blumen an windgeschützten Stelle gezüchtet werden, seine seltenen Bäume und die größte Hochwildherde des Landes. So entstand der dritte irische Nationalpark. Kleinbusse fahren die Besucher von den Empfangsräumen aus, von Videoshow und Restaurant, bis zum Schloß und seinen Gärten.

Der MOUNT ERRIGAL, Irlands schönster Berg, ist wie ein Zukkerhut geformt und glatt. Er glänzt weithin in weißlichen Quarzitstreifen und Flecken. In einem der unwegsamen Hochtäler zu seinen Füßen kamen mir Diarmaid und Grainne wieder in den Sinn, die ein Jahr lang vor dem Zorn des Verschmähten, Finn, auf der Flucht waren.

»Hütet Euch vor Finn«, hatte ein weiser Mann ihnen geraten, ehe sie Tara verließen. »Zweierlei ist schwer zu zügeln: Hunger und Eifersucht.« Sie dürfen sich in keiner Höhle verstecken, wenn sie nur einen einzigen Eingang hat. Wo sie ihr Mahl kochen, essen sie es nicht. Wo sie essen, legen sie sich nicht zum Schlaf nieder. Wo sie schlafen, bleiben sie nicht bis zum Morgen. Diarmaid läßt an jedem Lagerplatz ein Stück ungekochten Fisch zurück, zum Zeichen, daß er Grainne nicht angerührt hat. Einmal waten sie durch einen schäumenden Bach, das Wasser benetzt Grainnes Schenkel. Sie sagt: »Wasser, du bist mutiger als Diarmaid.« Diarmaid dreht sich um und fragt: »Was sagtest du, Grainne?« »Es ist nicht wichtig.« Aber Diarmaid hat doch verstanden, was Grainne ihm sagen wollte. Von da an leben sie wie Mann und Frau zusammen.

Bei CHURCH HILL und den Seen seiner Umgebung ändert sich die Landschaft, sie wird parkähnlich. Große und prächtige Laubbäume stehen einzeln. Sie haben viel Raum um sich, so wie drüben die Berge im Moorland. Hier ist die Heimat des Columba, der »Taube«. Colmcille wurde am LOUGH GARTAN geboren. Sogar das genaue Datum ist bekannt: der 7. Dezember 521.

Er entstammte, wie wir wissen, königlichem Hause. Das prägte nicht nur von Jugend an seinen Charakter, sondern gab seinen Worten und Taten in den Augen der Zeitgenossen ein besonderes Gewicht. Die Leute von Donegal haben ihren Heiligen nie vergessen, auch wenn er in späteren Lebensjahren im freiwilligen Exil lebte. Sie kamen bis in unsere Tage hierher, zu einem rauhen Felsbett über dem See Gartan, dem Ort seiner Geburt. Wenn man sich eine Nacht lang auf diesen *Slab of Loneliness* lege, hieß es, so schütze das den Auswanderer vor Heimweh.

Der steinige Weg von der Straße herauf war nicht bezeichnet. Wir standen allein auf der Anhöhe. Auch an einem Wiesenhang weiter nördlich, auf dem Colmcille sein erstes Kloster erbaute, waren wir fast allein. Eine Frau versuchte, Wasser aus dem heiligen Brunnen zu schöpfen, aber es gelang nicht recht, er war beinahe ausgetrocknet. Kloster – welch ein großer Name für die Ruinen kleiner Kapitelle, für nur kniehohe, krumme, blankgewaschene und abgeschliffene Überreste von Kreuzen, die einmal Grenzsteine der geweihten Zone waren. Und trotzdem glaubt man noch die Anwesenheit der Mönche zu spüren – so stark im Geist und ausdauernd im Gebet müssen sie gewesen sein.

Für alle, die hier keine Kenntnisse der frühen Zeit mitbringen, aber mehr wissen möchten, wurde vor einigen Jahren am anderen Ufer des Lough Gartan ein »Colmcille Heritage Center« errichtet. Brigitta ging wißbegierig in das einfache Steinhaus, kam zufrieden zurück: »Da wird alles ausführlich erklärt und man bekommt freundlich Auskunft.«

Von Church Hill westwärts nach Doochary: eine Paßstraße durchs Moor. Die nahen Berge standen rund und dunkel da, die fernen schienen als helle Wolken darüberzuschweben. Das Tal war weit und kahl. »Solche Baumlosigkeit kennt man bei uns nur in größeren Höhen«, sagte Peter. Dann ließ die unverhüllte

Schönheit dieser kargen und klaren Landschaft unser Gespräch verstummen. Hütten mit zerbrochenen Fenstern tauchten auf, ihre Dächer eingesunken. Wer hatte es übers Herz gebracht, dachte ich mir, von hier fortzugehen, den Schutz der weißen Mauern und des Strohdachs zu verlassen, die Tür hinter sich zu schließen, das Gesicht nach Westen zu wenden, sich nicht umzudrehen? Aber wenig später standen neue Häuser am Wege. Vielleicht sind die ehemaligen Bewohner doch zurückgekehrt, oder neue haben sich angesiedelt.

Unser nächstes Ziel sollte, indem wir noch einmal nach Norden abbogen, das BLOODY FORELAND sein. Es begann zu regnen. Die Wolken öffneten sich. Eine Sturzflut löschte alle Grenzen aus zwischen Hang, Himmel und Straße. Wir flüchteten in das nächste Gasthaus; da mußten wir bleiben. Wer bei solchem Wetter hinausschaut, glaubt sich auf den Grund des Meeres versetzt. Ein Torffeuer ist ein geringer Trost, jede Regenbö klatscht wie ein nasses Tuch gegen die Mauern. Und niemals, denkt man, wird ein solches Unwetter wieder aufhören.

Aber siehe, am Nachmittag, so gegen fünf Uhr, horcht man plötzlich auf: draußen ist es ruhig geworden. Im Westen ist sogar schon ein heller Streifen zu entdecken, da, wo das Wetter herkommt, von jenseits des Wassers – aus Amerika, wie die Leute der Einfachheit halber sagen. Je dunkler die Wolken gehangen haben, desto stärker beginnen nun die Farben zu leuchten. Das Licht ist noch um neun Uhr abends hell und blendend. Esel und weidende Kühe stehen riesig vor dem Himmel. Ein Fahrrad ist an die Hauswand gelehnt; mit dem Sinken der Sonne scheint sein Schatten hochzuklettern an der Mauer wie eine langbeinige Spinne. Bloody Foreland heißt dieses Stück der Küste, und wirklich: als die Sonne untergeht, beginnt das Wasser, beginnen die Kliffs sich rot zu färben. TORY ISLAND draußen schwimmt in rosigem Schein, seine Felszacken und Zinnen sind immer deutlicher zu erkennen, das glühende Bild einer Trauminsel, das uns nach einem Regentag vor die staunenden Augen gezaubert wird.

Crannog: Vorzeitfort im Doon Lough bei Naran

Die hellen Haldmondstrände von NARAN-PORTNOO locken vor allem irische Urlauber. Etwa zwei Meilen von diesem Badeort entfernt, landeinwärts, liegt DOON LOUGH wie ein grün leuchtendes Auge. Das Geheimnis dieses schwer erreichbaren Sees ist sein Crannog, ein Vorzeitfort, wie wir es am Grianan of Aileach sahen, aber noch sicherer, da es rings von Wasser umgeben ist. Wir mieteten ein Boot beim einzigen Haus weit und breit und fuhren hinüber. Das Wasser sah nun schwarz und trüb aus, blitzte nur manchmal noch grünlich. Der Kuckuck rief aus den Büschen am Ufer – das tat er schon bei einem früheren Besuch. Die Mauern der Ringburg stiegen immer höher auf, je näher wir kamen. Ein feuchter Pfad führte rings um das Gebäude. Das Innere der Burg wirkte hier nicht friedlich, eher bedrohlich. Im Inneren der Mauer war Platz für einen überdeckten Gang. Ich maß hier 135 Schritte, am Grianan of Aileach waren es 125. Der See lag völlig einsam, das Meer war nicht zu sehen. Die Bergkette der Slievetooey war im Süden erkennbar, eine blaue Mauer. »Conor O'Boyle, Tanist of Boylagh, was slain here by one of the rival O'Boyle factions in 1530.« Also ein Mord ist hier geschehen. Ein *Tanist* hieß in Irland, wer zum Nachfolger des Oberhauptes eines Clans bestimmt war. Mehr wußte ich auch nicht.

Ebenfalls landeinwärts von Naran, bei der Kirche von KILCLOONEY MORE, sieht man draußen im Moor das phantastische Gebilde eines Dolmens schweben. Für mich ist er der schönste von allen, der Deckstein in ein Delphinmaul oder ein Vogelwesen auslaufend. Als könne das tonnenschwere Steingebilde sich im nächsten Augenblick in die Luft erheben. »Eine Concorde«, meinte Thomas. Wir wanderten im Gänsemarsch hinaus, an Kirche und Friedhof vorbei, auf gut begehbarem Pfad.

In ARDARA hörte ich das leise Klopfen, den Mollton alter Webstühle. Sie standen in einem hölzernen Raum; über Holztreppen stieg man zu ihnen hinauf. Hier entstand in einer kleinen Werkstatt, wie in vielen Orten dieser Gegend, irischer Tweed.

Die Wände waren so altersbraun wie die Weberschiffchen und die Spulen mit den vielfarbigen Wollfäden. Wenn die Weber mit uns redeten, so hielt das den Gang ihrer Hände nicht auf, ihre Stimmen mischten sich mit denen der Webstühle, ihre Worte kamen langsam wie im Takt. Wir waren uns einig, daß

Dolmen von Kilclooney More bei Naran

die Farben, die unter ihren Fingern zusammenliefen, ohne Muster, aber doch nach geheimer Ordnung, sich alle draußen wiederfinden lassen: das Hügelbraun, das Rauchblau ferner Bergzüge, das blasse Grün eines Mooses, das hier die Steine überzieht, das Gelb einer Ginsterblüte, auch das Rot, das abends am Himmel stehen kann. Am schönsten aber schien mir jene Farbe, die der eines Moorsees gleicht, auf den die Sonne scheint, über den ein Windstoß fährt – ein schwer zu beschreibender beinahe purpurner Ton.

Wir waren kurz hinter Ardara abgebogen zum Glengesh-Paß, auf einer jener irischen Straßen, die steile kahle Hänge ohne Umweg oder Abschweifung überklettern. Nun standen wir im weiten und einsamen Tal von GLENCOLUMBKILLE neben der protestantischen Kirche, bei der die alte Wallfahrt, Turas Colmcille, ihren Anfang nimmt.

»Einen Stein ausschmücken und verehren – ist das nicht eher heidnisch als christlich?« fragt Brigitta. Der Stein steckte in einer kleinen Felserhebung, er war schmal, mit kreuzförmigen Ornamenten schön verziert. Vermutlich war er tatsächlich einst Zeichen eines heidnischen Kults; aber damals wie heute verehrte man nicht ihn, sondern die Kraft, die er symbolisierte. Colmcille, von dem man weiß, daß er sich gern in dieses Donegal-Tal zurückzog, soll den Stein »getauft« haben.

Iren hatten und haben teilweise noch heute eine fast magische Beziehung zu Steinen. Ihnen erscheint es ganz selbstverständlich, daß man manche unter ihnen im Uhrzeigersinn drei- oder siebenmal betend umschreiten soll; daß man sich auf sie legt, falls sie flach sind; daß man, an anderen, den Finger durch ein rundes Loch der »Himmelsplatte« steckt, oder hindurchschaut. »Und wer im Stand der Gnade ist, soll das Paradies sehen.« Der erste Tag der Wallfahrt von Glencolumbkille ist der 9. Juni. Sie dauert bis zum 15. August.

Man sollte bei Dunkelheit unterwegs sein, barfuß, schweigend: zum »Bett des Colmcille« auf einer Anhöhe, im Geviert einer umzäunten Schafweide, zu seinem Brunnen, der noch höher liegt. Man sieht auf dem Weg das ganze Tal unter sich ausgebreitet, aber nicht aufs Meer hinaus. Drei Meilen, fünfzehn Stationen. Eine Strecke des Abstiegs, zurück ins Tal, trägt den hübschen Namen *Mullach na Cainte*, Abhang der Unterhaltung – hier darf gesprochen werden. Ich habe, früher einmal, Kinder beobachtet, die in der späten Dämmerung eines Juniabends auf dem Weg waren. Die Mädchen tappten ängstlich vorwärts, die Buben liefen mühelos hinterdrein; ihre schweren Schuhe hielten sie rechts und links mit gespreizten Armen; die weiten Jacken, die sie für den feierlichen Gang von einem älteren Bruder entliehen haben mochten, rutschten ihnen über die Hände – sobald sie andächtig stehenblieben, glaubte man, kleine Vogelscheuchen zu erblicken.

Damals lag das Tal mit seinen armen Moorgründen fast verlassen. Daß es zu neuem Leben erwachte, ist das Werk eines bemerkenswerten Mannes, Father James McDyer. Er rief zunächst unter der gälisch sprechenden Bevölkerung eine Kooperative ins Leben. Dann entstand eine Siedlung von kleinen Ferienhäusern und ein Museumsdorf, in dem Cottages einer vergangenen Zeit liebevoll nachgebaut wurden. Da stimmt jedes Detail. Im Schulzimmer des Museumsdorfes kann man sich in die engen Bänke zwängen und zurückdenken an eine Zeit, in der im Winter jedes Kind ein paar Stücke Torf mit zum Unterricht brachte. Der unverwechselbare Geruch von Torffeuern liegt heute wieder über dem Tal. Father McDyer starb 1987.

Am Abend standen wir zwischen den Klippen und Steilwänden und Sandstränden von MALIN HEAD, ließen uns von der untergehenden Sonne anleuchten und gingen dann, müde, in unserer Spur im Sand zurück, dem einzigen Lebenszeichen weit und breit.

Als ich zum ersten Mal zum BUNGLASS POINT hinauffuhr, gab es noch keinen Wegweiser zu dieser Aussicht, die eine der schönsten von ganz Irland ist. Inzwischen wird die Straße ausgebaut und bald leider auch für Busse befahrbar sein. Das Schild, vor dem wir anhielten, »Wegen Arbeiten gesperrt«, schien solches anzukündigen. Wir mußten also zu Fuß gehen, taten es aber gerne. Einen solchen Augenblick des überwältigten Schauens erlebt man, meinten wir, noch intensiver, wenn man ihn sich mit Mühe erobert hat. Hinter jedem steilen Anstieg, wenn wir uns schon am Ziel glaubten, tauchte der nächste auf. Dann standen wir über den Klippen, die fast vierhundert Meter tief zum Atlantik stürzen und einen offenen Kessel bilden, einen Kessel voll Meer. Jenseits stiegen die Wände des SLIEVE LEAGUE aus dem Wasser; darüber, über der nackten Flanke des Berges, türmten sich graue Geröllhalden, zog sich ein gezackter Grat. Den Gipfel des Slieve League sieht man von hier aus nicht. Wer ihn besteigen will, klettert die Halden hinauf, überschreitet den

Grat. Welch ein Weg: die Unendlichkeit des Meeres zur einen Seite, einsame Moore zur anderen, wie vom Flugzeug aus gesehen. Man muß gut ausgerüstet und schwindelfrei sein für diese Strecke. Ein schmaler Übergang heißt ONE MAN'S PASS, der Weg nur für einen.

Bunglass Point: Möwen flogen tief unter uns, wir sahen, selber aus der Perspektive eines Vogels, hinab auf ihr Gleiten und Schwingen, ihr plötzliches Fortschießen. Die See, aus so großer Höhe betrachtet, zeigte ihr langsames Atmen. Die Brandung war nur ein weißer Saum an der Kesselwand. Das Rauschen der Wellen vernahmen wir erst dann, wenn wir sie schon zurückfluten sahen. »Hier im Schlafsack über Nacht bleiben«, sagte Thomas. Aber Brigitta meinte: »Oder an einem Sturmtag kommen, wenn das Wasser im Kessel zu kochen beginnt, die Brandung hinaufschlägt.« Mir gefiel auch dieser schläfrige Tag. Wir waren und blieben allein – vielleicht nur dank des Schildes unten im Tal? Weit draußen lag das Meer völlig glatt, in mildem Blau. Dunst hatte den Horizont ausgelöscht. Die Sonne war von einem breiten Ring in den Farben des Regenbogens umgeben.

In der kleinen Ortschaft CARRICK, da, wo wir zum Slieve League abgebogen waren, besorgte Thomas auf dem Rückweg *fish and chips.* Sie waren frisch und heiß, wenn auch nicht, wie die Tradition es eigentlich verlangt, in Zeitungspapier eingeschlagen; die Druckerschwärze soll ihnen erst die rechte Würze verleihen. Wir waren trotzdem zufrieden mit unserer Mahlzeit.

Der Hafen von KILLYBEGS, früher ein malerischer, aber fast verlassener Platz, ist dank der Unterstützung aus einem Regionalfonds der Europäischen Gemeinschaft zu neuem Leben erwacht. Die Boote sind mit Peilgeräten ausgerüstet, mit Ultraschallsensoren zum Aufspüren von Fischschwärmen. Die Fänge werden direkt vor Ort verarbeitet. Peter und Thomas waren beeindruckt, aber Brigitta rümpfte die Nase. Es roch eben nach Fisch.

Im Hafen von Killybegs

SO.297
LÁR EABA

Mittelpunkt der Stadt DONEGAL ist ein vielumfahrener Platz, The Diamond, und wiederum in dessen Mitte steht ein Denkmal. Der Obelisk erinnert an vier Franziskaner, die von 1630 bis 1636 hier in der Nähe ihre »Annalen« schrieben, eine Geschichte Irlands bis 1615 – und zwar vom Beginn der Welt an! Man kann an diese Kompilation nicht ohne Rührung denken; sie ist, besonders in ihren Anfängen, so märchenhaft wie eine irische Sage. Aber sie hat den Historikern des Landes auch immer wieder wertvolle Hinweise und Aufschlüsse gegeben, so daß die Four Masters verdienen, mit ihren Namen genannt zu werden: Michael und Peregrine O'Clery, Peregrine Duignan und Fearfeasa O'Mulconry.

Wir kauften am Diamond ein, auch Spezialkarten, die uns noch fehlten, und warfen einen Blick auf die alte Burg der O'Donnells, die einmal Herren dieses Landes waren. Im 17. Jahrhundert, als ein anderer Wind wehte und Sir Basil Brooke, ein Engländer, die Stadt nach der *plantation* in Besitz nahm, ließ er dem *Castle* einen Bau im Stil der Zeit anfügen.

Südwärts. Die Landschaft änderte ihr Gesicht. Sie kam uns bucklig entgegen, als habe ein Riesenkind Kuchen gebacken, grüne Kuchen, über die niedere Hecken liefen. Auf unserer Straße wurden wir von starkem Verkehr überrascht. Das war ungewohnt, aber erklärlich. Nordirland mit seinen sechs Grafschaften dringt hier beinahe bis ans Meer vor; zur Republik gehört nur ein schmaler Streifen an der Küste mit dieser Überlandroute. Wir blieben in Nähe des Meeres. Aber ich wußte, daß landeinwärts, unweit der Grenze, die Gegend einsam wie eine Wüste ist. Dort drüben liegt LOUGH DERG, ein Wallfahrtsort: Der See wie ein dunkler Spiegel und in ihm die Insel, überbaut und überwuchert von den grauen Gebäuden der Kirche und der Hospize, die über dem Wasser zu schweben scheinen wie eine fromme Fata Morgana. Im Weiterfahren erzählte ich den anderen von der einst härtesten Wallfahrt der Christenheit.

Pilgerzeit ist zwischen dem 15. Juni und dem 1. August. Wer auszieht zu dieser schweren Bußübung, fährt um die Mittagszeit im schwankenden Autobus hinunter zum Ufer des Sees, betäubt von langer Reise, von einem Fasten, das um Mitternacht begonnen hat. Zur gleichen Zeit pflegen Boote von der Insel zurückzukommen; riesige, unförmige und dunkle Kähne, in denen jeweils etwa fünfzig Menschen sind. Ich war einmal Zeuge dieses Augenblicks und sah denen zu, die aus den Booten stiegen. Ich suchte in ihren Gesichtern, ob da eine Spur dessen sei, was sie gerade erlebt hatten, ein Widerschein von den Tagen und Nächten des Wachens und Betens. Ich konnte nichts davon finden. Die Menge der Kommenden und Gehenden strömte an mir vorbei, gemischt wie etwa auf einem Bahnhof zu verkehrsreicher Stunde. Von andachtsvoller oder weihevoller Stimmung war hier am Ufer nichts zu bemerken, eher eine nervöse Fröhlichkeit, wie vor einem Examen oder einem schweren sportlichen Wettkampf. Die Fährleute sahen jedem, dem sie ins Boot halfen, wie prüfend ins Gesicht; immer wieder hörte ich das *welcome back*, mit dem die Iren den begrüßen, der wiederkehrt.

Mitgenommen zur Insel wird nur, wer Pilger ist und bereit, drei Tage lang die strengen Regeln der Wallfahrt auf sich zu nehmen. Wir hinausfährt, der findet, eng beieinander, eine Reihe von eher häßlichen und zeitlosen Bauten, denen man nicht ansieht, daß der Zulauf zu diesem Ort, der als heilig gilt, schon im 6.Jahrhundert begann und trotz Not und Verfolgung ungebrochen durch fünfzehn Jahrhunderte weiterging bis auf den heutigen Tag.

Wenn der Pilger die Insel betritt, zieht er Schuhe und Strümpfe aus und geht von nun an barfuß. Noch am ersten Tag sind ihm drei »Stationen« vorgeschrieben. Anfang und Ende jeder Station ist die Basilika des heiligen Patrick; achteckig, kahl und streng, mit spitzem grünem Dach, gleicht sie einer riesigen Laterne. Die Basilika überragt alles; sie kann zweitausend Menschen in ihren grauen Mauern aufnehmen, sie ist auf 124 Pfeilern weit hinaus in den See gebaut. Und doch ist sie unwichtig, ja bedeutungslos neben zwei unscheinbaren kleinen Kreuzen und einer felsigen Erhebung in der Mitte der Insel.

Das erste Kreuz, roh aus Eisen geformt, in einem Steinstumpf steckend, trägt St. Patricks Namen. Das zweite, das Brigittenkreuz, ist in einen uralten Stein gemeißelt, den man in die Außenwand der Basilika gemauert hat. Auf der felsigen Erhebung findet der Wallfahrtsort sechs unebene Mulden, »Betten« genannt und nicht viel größer als solche, jede von einem Ring von Steinen umgeben, Überreste früher Bienenkorbzellen. Für die Iren ist dieser seltsame Ort ein Unterpfand ihrer Glaubensgeschichte, sichtbarer Beweis über die Jahrhunderte hinweg für die einsamen Bet- und Bußübungen ihrer frühen Heiligen. Und wie jene wollen die Pilger unserer Zeit eine Nacht durchwachen, strenges Fasten einhalten, beten.

Lough Derg ist ein Ort der persönlichen Buße. Es werden keine Wunder gemeldet und keine Heilungen. Bei dieser Wallfahrt fehlen die Neugierigen am Wegrand und die Pseudo-Pilger, die für ein paar Stunden kommen, um ein wenig Segen mitzunehmen. Auch die Devotionalienhändler und die Photographen fehlen. Wer nach Lough Derg kommt, meint es ernst.

Etwa 30000 Menschen kommen in jedem Sommer auf die Insel. Drei Tage lang unausweichlich Teil einer Menge, in ihr gefangen zu sein – das scheint mir heute die härteste Buße. Die meisten Iren machen die Wallfahrt mehr als einmal, und sie sagen übereinstimmend, daß es von Mal zu Mal schwerer sei.

Zur Geschichte von Lough Derg: In der »Legenda Aurea« des Jacobus de Voragine heißt es, St. Patrick habe, als er auf der Insel weilte und sich in einer Höhle aufhielt, vor zweifelnden Zuhörern einen Kreis in den Boden gezogen, worauf dieser sich zum Abgrund geöffnet und einem Blick ins Fegfeuer gewährt habe. – Ein Aufenthalt des Heiligen am Lough Derg ist nach irischen Quellen bezeugt. Die Wallfahrt zur Insel begann bald nach seinem Tod. Vom 12. Jahrhundert an nahmen Augustiner die Pilger in ihre Obhut. Damals waren die Bedingungen weit härter als heute. Der reuige Sünder mußte nach zwei Fastenwochen nächtens aufgebahrt in der Kirche liegen; eine Totenmesse wurde über ihm gesungen zum Zeichen, daß das alte Ich abgestorben sei. Dann blieb er 24 Stunden lang in »Patricks Höhle« eingeschlossen. Ein solches Übermaß an Askese muß den Pilger in gefährliche Nähe von Wahnvorstellungen gebracht haben. Ein »fahrender Ritter und großer Sünder mit Namen Owen« glaubte, als er 1147 Lough Derg besuchte, alle Zonen des Fegfeuers zu durchschreiten und seine Schrecken zu verspüren. Sein Bericht gelangte auf Umwegen auf den Kontinent, und damit begann das seltsamste Kapitel der Wallfahrt. Den wundersüchtigen Menschen einer verwirrten Zeit erschien es wie eine Offenbarung, daß am Ende der bekannten Welt ein Ort sein sollte, an dem über das jenseitige Leben Gewißheit zu erlangen sei. Wem die Last seiner Sünden keine Ruhe ließ, wer Abenteuer suchte oder reich genug war, um unter dem Schutz zahlreicher Gefolgsleute auf langer Reise feindliche Gebiete zu durchqueren, der machte sich auf den Weg nach Irland, zu Patrick's Purgatory. Und jeder sah, was er sehen wollte. Der Bericht von Owen, dem »bleichen Ritter«, lief wie ein Lauffeuer von Land zu Land, wurde in zahlreiche Sprachen übersetzt. Auch die Dichter bemächtigten sich des Themas. Ob Dante Kenntnis von St. Patrick's Purgatory hatte, bleibt ungewiß, obwohl sein »Inferno« vielfach an eine Pilgerreise durch alle mittelalterlichen Berichte von der Patrickshöhle erinnert. Aber sein Landsmann Ariost erzählt im »Orlando Furioso« vom »wundersamen Hibernia, wo der heilige Alte jene Höhle eröffnete, in der die Menschen von allen ihren Sünden gereinigt werden«. Calderón schrieb ein religiöses Drama mit dem Titel »Purgatorio de San Patricio«. Hauptfigur des Stücks ist ein sündiger Spanier. Erst 1497 wurde auf päpstliche Anordnung »eine Höhle im Lough Derg« zugeschüttet, und damit einem offensichtlichen Mißstand ein Ende bereitet. Die fremden Pilger blieben aus.

Ein erstaunliches Phänomen: Während sich in ganz Europa die Berichte von Höllen- und Fegfeuerschrecken verbreiteten, nahmen die Iren an diesem Aspekt der Wallfahrt keinen Anteil, obwohl den phantasiereichen Nachfahren der Kelten Visionen und deren poetische Schilderung durchaus zuzutrauen wären. Nichts dergleichen ist bekannt. Irische Pilger kamen, wie sie immer gekommen waren, um eine schwere Zeit der Buße auf sich zu nehmen. Sie blieben Lough Derg treu, auch nachdem 1632 auf Befehl aus London alle Gebäude auf der Insel zerstört wurden. Ein Wiederaufbau begann, Franziskaner lösten die Augustiner auf dem gefährlichen Posten ab. 1704 verbot Queen Anne die Teilnahme an der Wallfahrt, bei Androhung einer Geldstrafe oder öffentlichen Auspeitschens. Erst Queen Victoria hob 1871 dies Verbot, das nie eingehalten wurde, wieder auf. Den größten Zulauf gab es im furchtbaren Hungerjahr 1846, als Fasten kein Opfer, sondern traurige Gewohnheit war.

Wir fuhren durch BUNDORAN. »Ist das der Ort«, fragte Brigitta, »den du einmal ›Rummelplatz mit Brandung‹ genannt hast?« Jetzt, im Mai, lag er still und fast schläfrig in der Sonne; nur über den Golfplatz und um sein Hotel herum bewegten sich einzelne Gestalten oder kleine Gruppen, am Meeressaum im Sand trabten Reiter. – Aber im Sommer ist's anders. In der langen Hauptstraße, wo Hotel an Hotel liegt und Geschäft an Geschäft, hört der Betrieb nicht auf. Gewiß kann man noch um Mitternacht Luftballons und Eiscreme kaufen. Ein Auto hinter dem anderen am Straßenrand. Jenseits der Straße, am Strand, läßt sich beim Karussellfahren das Meer betrachten. Wer aus dem Spielsalon kommt, dem fährt eine reine salzige Brise ins Gesicht. Die Stimmen der Ausrufer, das Knallen aus den Schießbuden übertönen fast die Brandung. Der Sand sieht grau aus, aber bunte Wimpel flattern lustig darüber. Im »Feenpalast« hängen Papierblumen über schäbigen Spiegeln. Wo eine Kugel rollt, ein Rad sich dreht, pflegt eine Traube von Menschen, Große und Kinder, sich davor zu sammeln, versunken in den Anblick des Spiels, Eis lutschend oder die Zigarette im Mundwinkel: Zaungäste des Glücks und trotzdem zufrieden. In einem Nebenraum sitzt eine stillere Gesellschaft beisammen, ältere Frauen zumeist. Jede starrt auf ein Pappquadrat, das vor ihr liegt, nur die Fistelstimme des Ausrufers ist zu vernehmen, wie sinnlose Kinderreime klingt es, wenn er die nächste Ziffer aus der Lostrommel nennt. Das Spiel heißt Bingo. Der Gewinn: eine Reise nach Lourdes. – So ist Bundoran im Sommer, und in Salthill und Tramore, oder in Bray geht es nicht viel anders zu, nur in größerem Maßstab. Wenn die Iren es auch nur ungern zugeben: in manchen Sitten und Gebräuchen, in gewissen Aspekten ihrer Lebensweise, ist doch noch der englische Einfluß zu spüren. Blackpool und Brighton liegen gleich um die Ecke.

Sligo
Im Schatten des Benbulben

Die Grafschaft und ihre erste Stadt tragen den gleichen Namen. Sligo: ein Sommerland, schweizerisch und wasserreich. »Hier sollte man mit dem Pferd unterwegs sein«, meinte Peter, »Freunde von mir haben es so gemacht. Sie sagen: ein einmaliges Erlebnis, unter dem Benbulben, an Seen vorbei, nicht nur am berühmten Lough Gill. Durch Rhododendronwälder, wo die baumhohen Büsche in Blüten standen. Als sei man auf einer

Südseeinsel. Unter dunklen Laubkronen der Boden ganz mit blue bells und gelber Iris bedeckt. Sie sahen unterwegs kaum einen Menschen.« »Und das Wetter?« fragte der praktische Thomas. »Sie hatten Glück. Kein Regen.«

Sligo, ein harmloses Sommerland? Das ist nur der Firnis, eine dünne und verletzliche Schicht, gerade stark genug, um das Auge zu täuschen. Darunter liegt alles wie erstarrt und verbrannt vom glühenden Atem großer Taten und großer Gedanken, die hier ihren Anfang nahmen. William Butler Yeats, der Poet dieser Landschaft, wußte das. Manchmal überließ er sich dem grünen Garten der Oberfläche. »Ich will, allein, in der bienenlauten Lichtung leben«, schrieb er dann und war in diesem Augenblick den irischen Eremiten ganz nahe, die tausend Jahre vor ihm lebten. Aber öfter noch ließ er alle Schranken der Zeit und des Raumes zurück, er stieß in die Tiefe von Sligo hinab, zu den alten Göttern, in die Welt der Sage.

Große Taten, gewaltige Kämpfe. Worum stritt man hier in Sligo? Zuerst um Vieh. Rinderraub war ja in früher Zeit der klassische Anlaß vieler Fehden. Zum zweiten stritt man um eine Frau. Das ist seit Helena nichts Neues. Zum dritten gab es eine Schlacht um ein Buch – und wo könnte das sonst geschehen als in Irland?

Die Stadt Sligo wird vom offenen Meer durch einen ziemlich hohen Berg getrennt, den KNOCKNAREA. Schon von fern ist deutlich zu erkennen, daß dieser Berg an seinem Scheitel einen Auswuchs, eine Warze trägt. Dieses Mal hat nichts Lächerliches, eher etwas Unerklärbares, fast Unheimliches. Ein Haufen riesiger Steine, sichtlich von Menschenhand getürmt: das Grab der Königin Maeve. Von dieser heftigen und streitbaren Frau erzählt die berühmteste der irischen Sagen – Táin Bó Cúailnge, der Rinderraub von Cooley:

Königin Maeve war reich. Wenn sie des Nachts im Bett mit ihrem Manne Ailill darum stritt, wer von ihnen mehr besäße, so konnte sie immer neue Schätze und Besitztümer aufzählen. Aber ihr weißer, schön gehörnter Stier wollte keiner Frau untertan sein und war Ailills Herden zugelaufen. Das war so schmachvoll für Maeve, daß es nur einen Ausweg gab: sie mußte sich einen neuen Stier beschaffen, der ebenso schön und gewaltig war: »Gibt es ihn in Irland?« fragte sie. Es gab ihn. Der schwar-

ze Stier von Cooley war der Stolz von Ulster. So begann ein Krieg durch die Schuld einer Frau, wie so manches Mal in Irland.

Táin Bó Cúailnge endet erst, als die beiden riesigen Stiere, Göttern gleich, in den Kampf eingreifen und ihn entscheiden. Der schwarze Stier triumphiert über den weißen, er trägt seinen toten Feind auf den Hörnern zurück nach Ulster, aber auch er stirbt an seinen Wunden.

Ein Klosterschreiber hat im 12. Jahrhundert diese Sage, heidnisches Gleichnis vom Ringen der hellen und der dunklen Mächte, mit Sorgfalt aufgezeichnet. Aber er fügte am Ende die Worte hinzu: »Ich, der diese Geschichte oder vielmehr Fabel aufgezeichnet habe, bezweifle manches; einiges ist wahr, anderes nicht, und gar vieles kann nur Toren ergötzen.«

Weit mächtiger als der Knocknarea ragt ein anderer Berg, der BENBULBEN. Er erhebt sich jäh über der Ebene, im Umriß wie ein Sarg oder Opferstein; über die steilen Flanken laufen Rinnen wie eine Runenschrift. Viele geheime Wasser laufen zu Tal. An diesem Berg endet die Geschichte von Diarmaid und Grainne:

Finn verfolgt die Liebenden nicht länger. Aber Grainne, Verderberin der Männer, verlangt, daß ihr Vater Finn und die Fenier zu einem Fest der Versöhnung bei ihr, auf ihrer Burg in Sligo erscheinen. Das Fest ist großartig und dauert lange. Finn sinnt trotzdem auf Rache. Durch seine Künste lockt er Diarmaid auf die Jagd, zum Benbulben, an dessen dunklen Hängen ein Eber mit Zauberkräften sein Unwesen treibt. Es kommt zum Kampf. Der Eber stößt seine Hauer in Diarmaid, Diarmaid seinen Speer in das Tier. Finn und die Fenier finden sie. Der Eber ist tot, Diarmaid lebt noch. Finn könnte ihn retten, mit einer Handvoll Wasser. Wasser gibt es genug am Benbulben. Aber als Finn seine Hände füllt, zu Diarmaid gehen will, sieht er im Wasser Grainnes Bild. Er sagt:

»O meine grausamen Hände
warum zeigt ihr mir
in einem Tropfen Wasser
Grainnes Bild,
warum macht ihr mich grausam?«

Das Wasser rinnt ihm durch die Finger, auch bei einem zweiten Versuch – und Diarmaid stirbt.

So bekommt Finn Grainne doch noch. Aber als die Fenier die Frau an der Seite ihres Anführers erblicken, lachen sie laut und höhnisch: Grainnes Schönheit ist vergangen, der Kummer hat sie alt gemacht.

Sligo Abbey

Im Schatten des Benbulben wurde auch ein späterer Kampf ausgetragen, der um ein Buch. Das geschah zu einer Zeit, in der überall die Klosterstädte in Blüte standen und die Gelehrsamkeit dort einen sicheren Hort gefunden hatte. St. Colmcille war damals bei St. Finnian zu Gast. Von ersterem ist bezeugt, daß er ein kundiger und rascher Schreiber war, von letzterem, daß er seine Bücher eifersüchtig hütete. So ist der Geschichte wohl Glauben zu schenken, daß Colmcille sich nächtens in die Kirche geschlichen habe um einen Psalter des Finnian heimlich abzuschreiben. Ein schlechtes Gewissen hatte er nicht in diesen Stunden. Er war der Meinung, daß eine Abschrift dem Buch des Finnian nichts von seinem Wert nehme und daß es lobenswert sei, die Heiligen Schriften weiter zu verbreiten.

Finnian war anderer Ansicht, als er von dem heimlichen Tun erfuhr. Er war so erbost, daß er den Fall vor den Hochkönig brachte. Der wiederum entschied, dem *Brehon Law* entsprechend, daß eine Kopie zum Buche gehöre wie ein Kalb zur Kuh. Ein fragwürdiges Urteil. Colmcille und die Seinen wollten es nicht gelten lassen. Es kam zum Kampf mit dem König, in Sligo, am Benbulben. Columbas Partei siegte, aber er wurde des Sieges nicht froh, denn es blieben dreitausend Tote auf dem Schlachtfeld. Das geschah im Jahre 561.

Um für die Toten Buße zu tun, verließ Colmcille seine Heimat. Er lebte fortan im Exil, auf der Insel Iona in Schottland.

Bei dem Felde, auf dem sich die Ereignisse zugetragen haben sollen, liegt der Friedhof von DRUMCLIFF. An seiner Mauer ein Hochkreuz, und nahe dem Eingangstor eine glatte graue Grabplatte mit der Inschrift:

»Cast a cold eye
on life, on death –
horseman, pass by.«

William Butler Yeats liegt unter diesem Stein. Der Reiter, der nur einen kalten Blick aufs Leben, auf den Tod wirft und weiterzieht – wo ist er geblieben? Ein Reisebus und zahlreiche Autos standen vorm Tor; die Insassen hielten, nach einer kurzen Visite am Grab, jenseits der Mauer lautstark ihr Picknick ab.

Mayo
Vom Moor und seinen Geheimnissen

Diese Grafschaft war – zumindest in ihrem westlichen Teil – das Aschenputtel Irlands. Kahle Moore, wenig Menschen. »Mayo, God help us!« Ein Stoßseufzer aus großer Armut und Not. Allmählich begannen auch Touristen, die spröde Schönheit der Landstriche am Meer zu entdecken, BELMULLET etwa, wo Robben in den Klippen spielen, und oft Meilen zwischen den einzelnen menschlichen Behausungen liegen. Auch vom leeren Moor kann man fasziniert sein. Uns erging es so.

Torfstecher

Häufig trafen wir draußen noch einsame Gestalten an, die nach der alten Methode den Torf abstachen. »Das scheint Männersache zu sein«, sagte Thomas. Zunächst wird die dünne Humusschicht abgetragen. »Das Moor schälen« nennen sie es. In alter Zeit wurde diese Tätigkeit immer an einem Ostermontag begonnen. Dann wird der schmale, dreikantige Torfspaten in die schwärzliche nasse Masse gestoßen; mit häßlich schmatzendem Ton holt er einen Klumpen nach dem anderen heraus, alle gleich groß. Mit immer gleicher Bewegung wird der Spaten von neuem gesenkt. An dem glatten Abstich liegen seine Spuren nebeneinander; ein fast spielerisches Muster und doch mit Mühen und Seufzen entstanden. Die Stücke werden zu Haufen geschichtet, getrocknet. Das kann Wochen dauern, je nach Wetter. Zurück bleiben jene dunklen unheilbaren Wunden im Boden, an denen man ablesen kann, wie viele Schichten ihm entnommen wurden.

6 *Der Benbulben in Sligo –*
»Rinnen wie eine Runenschrift«

7 *Der Glengesh-Paß in Donegal –*
»Kahle Hänge überklettern ...«

8 *Achill Island –*
»Eine Welt für sich«

9 *Blick vom Bunglass Point zum Slieve League –*
»Der Weg nur für einen«

10 *An der Küste von Sligo –*
»Harmloses Sommerland?«

Heute fahren schwere Traktoren mit überbreiten Reifen ins Moor hinaus, das unter der Last nachgibt und zu schwanken beginnt. Die Maschine und ihr Fahrer werden stundenweise ausgeliehen, kein Farmer in Mayo könnte sich den Besitz eines solchen Monstrums leisten. Die Humusschicht bleibt erhalten, wird nur geritzt, das ist die entscheidende Verbesserung.

Peter hat mir den komplizierten Vorgang so erklärt: »Eine Fräse mit umlaufender Kette ritzt den Boden und holt aus der Tiefe den weichen Moorbrei, der noch einen Feuchtigkeitsgrad von 92/93 Prozent hat. Er wird in einem Behälter gesammelt, der, nach Art einer Wurstpresse, gleichmäßig breite Stränge ausstößt und im Fahren zu Boden gleiten läßt. Ein mitlaufendes Messer teilt die Würste in die gewohnten Längen eines Torfstücks.« Die Stücke trocknen zunächst an Ort und Stelle. Später wird der Torf zu kleinen Pyramiden aufgestellt, ein freundlicher Anblick. Aber um wieviel erfreulicher noch war uns des Abends die milde freundschaftliche Wärme eines Torffeuers im Kamin, sein guter Geruch, sein bläulicher Rauch.

Torffeuer und Geschichten erzählen gehören in Irland zusammen. Hier in Mayo habe ich Joe O'Donnell zum letzten Mal gesehen, der von den Aran Inseln stammte, in Amerika arbeitete und die letzten Lebensjahre bei seiner Tochter in der Nähe der Pontoon Bridge verbrachte. Das ist lange her. Professor Delargy von der »Irish Folklore Commission« hat mir bestätigt, daß Joe zu den letzten großen Erzählern gehörte. Es gibt sie nicht mehr. *»The old characters are gone.«* Man kann ihre Stimmen nur noch vom Tonband hören, in den einmaligen Archiven der Folklore Commission in Dublin. Da ist dann neben der Stimme des Shanachie, des Erzählers, der Wind zu vernehmen, der um die Hütte bläst, das Feuer im Kamin, ein hustendes Kind oder das ferne Brausen des Meeres. Ein Shanachie, der nur Irisch sprach, kein Englisch »hatte«, sagte dem Professor in einer Stunde des Vertrauens, daß er alle Bettler, die vorüberzogen, in sein Haus holte, um eine neue Geschichte einzufangen; und daß er nun auf seine alten Tage gezwungen sei, sich Reime und Rätsel, Sagen und Legenden im geheimen laut vorzusagen, da niemand mehr komme, der zuhören wolle. »Eine Geschichte, die nicht erzählt wird, stirbt.«

Wenn man zu Joe O'Donnell kam, trat er dem Gast unter der Tür entgegen, groß und hager, kaum vom Alter gebeugt, ein Herr. Auch wenn man sich vor einer Stunde im Dorf gesehen hatte, gab er dem Eintretenden die Hand. Er war dann wohl auf einem niedrigen Stuhl am Feuer gesessen, die Nickelbrille auf der Nase, in eine Zeitung vertieft. Er muß die Gabe gehabt haben, viel mehr aus diesen Seiten herauszulesen, als drinnenstand, wie er es auch verstanden hat, von seinen Besuchern mehr zu erfahren, als sie selbst zu wissen glauben. Sein Geist schien wie ein Brennspiegel, der alles Wichtige und Wesentliche aus großen Fernen einzufangen vermochte. Er war ein großartiger Erzähler. Immer ist ihm die Pfeife im richtigen Moment ausgegangen; während die Zuhörer atemlos warteten, mußte sie gereinigt und frisch gestopft werden. Dann wurde ein Stück Papier zusammengerollt, an die Glut gehalten. Ein Streichholz zündet man nicht an, wenn ein Feuer im Raum ist. Joe wußte alles: von Geistern und von Verrätern, von den Helden der irischen Sage und von Abenteuern aus aller Welt.

Joe war es auch, der mir vom Geisterhund an der Pontoon Bridge erzählte, einem *pooka*, der nachts, bei zunehmendem Mond, dem Wanderer lautlos erscheint und ebenso lautlos wieder verschwindet. Nicht nur einsame Torfbauern haben ihn gesehen, auch einer ehrbaren älteren Dame ist er begegnet, der gewiß nicht »ein Glas zuviel« die Sinne verwirrt hatte. »Sie ging ruhig ihres Weges«, sagte Joe, »ihr Setter lief ein paar Schritte hinterdrein, da sah sie den dunklen Fleck, mitten auf der Straße. Sie blieb stehen. Der Fleck, der da auf der Straße, bewegte sich plötzlich, erhob sich, war ein kleiner Hund, wurde größer, ein großer Hund, fast ein Kalb, kam auf sie zu, sah die Dame an. Ihr Setter, sonst ein mutiges Tier, kroch leise winselnd an ihre Seite. Dann lief dieses Ding oder Wesen von der Straße fort, ins Heidekraut, war verschwunden, wo es kein Versteck gab. Die Dame hat ein Jahr lang nicht über den Vorfall gesprochen und das war gut so, es hätte ihr schaden können.«

In NORTH MAYO sind tausend Quadratkilometer Boden, von der Küste bis zu den Höhenzügen landeinwärts, von tundra-ähnlichem Moor bedeckt und menschenleer. Diese Region birgt Geheimnisse, die man gerade erst aufzuspüren beginnt, aber bereits als sensationell bezeichnet. Man weiß nun, wie es vor 5000 Jahren hier aussah, in den sogenannten CÉIDE FIELDS. Wald bedeckte das Land. Siedler kamen, Steinzeitmenschen, brannten die Bäume ab oder schlugen sie um, Weiden entstanden. Diese Menschen wohnten nicht in Siedlungen, sondern in Einzelgehöften, auch das ist jetzt bekannt. Zu jedem Hof gehörte ein erstaunlich großes, aber sehr schmales Stück Boden, auf dem das Vieh weidete, kostbarster Besitz. Steinmauern trennten die Weiden voneinander, nicht viel anders, als wir sie heute sehen. Wenn aber eine dieser Mauern einem Hindernis auswich, einem Felsblock oder einer kleinen Anhöhe, dann folgten die benachbarten und alle folgenden genau dieser Bewegung. »Echo-Effekt« nannte es Dr. Seamus Caulfield. Wir standen mit ihm am Rand einer Grube, in der Torfstecher ganze Arbeit geleistet hatten, teilweise bis zum Grund der ein bis zwei Meter dicken Moorschicht vorgedrungen waren. Nun sahen wir hier andere Männer am Werk, die vorsichtig ein Stück prähistorische Mauer ans Tageslicht brachten, Stein um Stein. »Die werden nun zum ersten Mal seit 5000 Jahren von der Sonne beschienen«, sagte Dr. Caulfield. Er ist Archäologe am University College in Dublin, aber hier in der Gegend aufgewachsen. Er hatte beobachtet, daß die Anwohner sehr früh am Morgen auszogen und den Boden betrachteten: wo der Tau, oder im Winter der Schnee, eher verging, fanden sie, wenn sie nachgruben, unter der Moorschicht Holz – aus dem Wald, den die Steinzeitmenschen umschlugen. Schon sein Vater, sagte unser Begleiter, habe in diesem Gebiet Grabkammern entdeckt, auch einzelne Funde gemacht, Teile des Handwerkszeugs der frühen Einwohner.

Wären wir hier ahnungslos vorübergefahren, so hätten uns weiß gestrichene Holzpfähle, die vorläufig den Verlauf einer Grenzmauer anzeigen, und die zutage gebrachten Mauerteile vermutlich wenig beeindruckt. Aber zusammen mit dem Fachmann sahen auch wir eine versunkene Welt von neuem entstehen.

»Moor ist ein so verläßlicher Zeitmesser«, wurde uns später erklärt. »Man weiß, daß es in hundert Jahren etwa sieben Zentimeter wächst.« Dr. Caulfield stellte sich an einen der braunen glatten Abstriche, zu denen wir hinuntergeklettert waren, und deutete mit der Hand. »Als das Moor bis hierherreichte, verwüstete Cromwell Irland.« Die Hand senkte sich ein gutes Stück. »Hier können wir die Zeit um Christi Geburt annehmen.« Wir fragten ihn: »Warum ist hier Moor, wo einmal Weiden waren? Wo sind die Menschen geblieben?« »Dazu gibt es verschiedene Theorien. Ich möchte annehmen, daß durch die Vernichtung der Bäume das Gleichgewicht der Natur auf die Dauer gestört wurde, den Menschen keine allzu lange Frist vergönnt war, bis der Boden, nicht mehr durch Unterholz geschützt, durch den allzu reichlichen Regen des irischen Westens zu verderben begann. Die Mineralien wurden ausgewaschen, ein Friedhof der Pflanzen entstand, Moor. Die Menschen mußten sich andere Weidegründe suchen.«

Der Ort, an dem wir standen, gilt bereits als größter Steinzeitfund der Welt. Mit uns waren Spezialisten aus verschiedenen Ländern anwesend. Ihren Diskussionen zuzuhören war, wie Peter sagte, ein Höhepunkt unserer irischen Fahrt.

Nicht weit entfernt liegt östlich die kleine Ortschaft Ballycastle, westlich BELDERG, eine andere, jüngere Fundstätte. Dort wurden etwa 1500 v. Chr. Felder bestellt – die alten Furchen sind bei der Grabung zum Vorschein gekommen; auch die Reste der Ummauerung eines Hauses, in der Größe etwa einer heutigen Dreizimmerwohnung entsprechend. Der Herdstein in der Mitte wurde an alter Stelle gefunden; durch die Hitze des Feuers ist er in viele Teile zersprungen.

Die Ausgrabungen enden an den dramatischen CÉIDE KLIPPEN, die denen von Moher in nichts nachstehen, nur fast unbekannt sind und selten besucht werden. In einigen Jahren wird es hier vermutlich anders aussehen. Ein unterirdisches Zentrum in den Felsen ist geplant, mit Fenstern zum Meer hin, um den Besuchern mit einer Ausstellung, mit Filmen und Vorträgen die Bedeutung der Fundstellen zu erklären, ehe sie von kundigen Guides hinausgeführt werden. »Vielleicht«, sagt Seamus Caulfield, »ist auch ein unterirdischer Parkplatz möglich. Wir wollen die einmalige Gegend nicht verschandeln.«

Östlich der Klippen steht am DOWNPATRICK HEAD, nicht weniger sehenswert, ein Fels im Meer, eine schmale Scheibe nur, die 1393 abbrach. Damals lebten noch Menschen da drüben, die aber, wie es heißt, gerettet werden konnten.

Welch eine Gegend: Der Boden am Steilufer, auf dem wir standen, schien nicht sicher. Plötzlich taten sich Abgründe auf,

Löcher, in denen Pechnelken blühten; unten rauschte das Meer. In der Ruine einer Kapelle wurden uns die Überreste einer Patricks-Statue gezeigt. Rostige Münzen staken in Steinritzen. Einer der Abgründe heißt, aus dem Gälischen übersetzt, »Loch des alten Feuers«.

»Warum liegt ACHILL ISLAND nicht auf unserer Route?« fragte Thomas am nächsten Tag. »Ich dachte, wir bekämen alle irischen Westküsten zu sehen?«

Wir konnten von ferne weit ausschwingende Strände am Fuß der Berge und kühnen Klippen erkennen. Eine Brücke hätte uns mühelos hinübergebracht.

»Die Insel ist eine Welt für sich«, sagte ich. »Nur durchzufahren wäre im Grunde sinnlos. Man müßte länger drüben bleiben. Und dazu fehlt uns leider die Zeit.«

»Schade«, sagte Brigitta.

»Heinrich Böll hatte ein Haus auf Achill Island. Lest sein ›Irisches Tagebuch‹, dann kennt ihr auch diese Insel.«

CLEW BAY ist an ruhigen Tagen eine ungeheure Schüssel voll Wasser, in der Felsbrocken und steinige Inseln schwimmen und alle wilden und bunten Farben des Himmels sich spiegeln. Am Rande dieser Bucht liegt der heilige Berg der Iren, zu dem sie einmal im Jahr, im Sommer, hinaufsteigen, St. Patricks zu gedenken.

Im Jahre 441 soll der Heilige zu dem Berg gekommen sein, den man seither CROAGH PATRICK nennt. Er befand sich damals nach Aussage der Chronisten in Zweifeln. Seine Fahrten durch das Land waren immer mühsam und oft gefahrvoll; die Jahre im Exil – denn das war ihm Irland trotz allem geblieben – wogen ihm doppelt schwer. Sein Wagenlenker starb in dieser Zeit: Tothmael, ein Lieblingsschüler und Gefährte aller Reisen.

Patrick bestattete ihn, dann stieg er auf den Berg, dessen Gipfel ihm täglich vor Augen war. Er ging allein und blieb vierzig Tage. Diese Bußezeit soll vom Aschermittwoch bis zur Osterwoche gewährt haben.

In den vierzig Tagen auf dem Berg hatte Patrick nur ein Lager aus Steinen, auch ein steinernes Kopfkissen. Er wurde in dieser Zeit von einem Engel besucht und führte seltsame Gespräche

Engel an einem Wandgrab in der Jerpoint Abbey

mit ihm. Patrick müssen in seiner langen Zeit der Wache Zweifel an seinen Iren gekommen sein: ob ihre Frömmigkeit groß genug sei, sie in den Himmel zu bringen. So versuchte er, mit dem Engel als Abgesandten Gottes zu markten und ihm so viele irische Seelen für die Ewigkeit abzufordern wie nur möglich.

»Du sollst«, sagt da der Engel, »so viele Seelen aus dem Fegefeuer erlösen als in dem Meer Platz haben, das dir vor Augen liegt.«

»Damit ist nicht viel gewonnen«, sagt Patrick, »denn menschliche Augen sind schwach und können nicht weit sehen.«

»Dann sollst du so viele Seelen haben als auf dem Land und in der See vor deinen Augen Platz haben. Aber so gehe nun von dem Berg.«

»Nein«, sagte Patrick, »wird mir etwa sonst nichts gewährt?«

»Du darfst so viele Seelen erlösen als Fäden in deinem Meßgewand sind.«

»So viel bekommt jeder Heilige; das genügt mir nicht.«

So geht das Gespräch weiter; Patrick fordert, der Engel gibt seufzend nach.

»Es sei dir zugestanden«, sagt später der Engel, »daß keiner, der die Hymne ›Audite Omnes‹ täglich singt, in ewige Verdammnis fällt.«

»Die Hymne ist lang und schwierig«, sagt Patrick.

»Dann möge der letzte Vers auch genügen«, sagt der Engel, »aber nun fort mit dir von dem Berg.«

So steht es in der Legende; so unbeugsam, meinen die Iren, war ihr Heiliger sogar einem Engel gegenüber, wenn es um ihr Heil ging.

Die Wallfahrt auf den Berg muß noch zu Lebzeiten des Heiligen begonnen haben. In den ersten Jahrhunderten wurde sie am 17. März, dem Patrickstag, begangen. In diesem Monat ist aber das Wetter selbst für den Eifer eines irischen Pilgers zu schlecht. Die Chronik berichtet, daß im Jahre 1113 dreißig Wallfahrer in einem Schneesturm am Gipfel den Tod fanden. So ist der letzte Sonntag im Juli zum Tag des Croagh Patrick geworden. Heute kommen in jedem Sommer etwa zwanzigtausend Menschen zu dem Berg an der Westküste, es sind auch irische Protestanten dabei. Die glückliche Beendigung der Pilgerfahrt wird oft recht weltlich gefeiert, und nur einen Fremden wird das in Erstaunen setzen. St. Patrick wird seine irischen Kinder darum nicht geringer ansehen.

Der Berg des Heiligen scheint direkt aus dem Meer emporzusteigen, er ist sehr steil. Generationen von Büßenden haben es nicht vermocht, einen glatten Pfad zum Gipfel zu treten. Die Spur läuft wie eine gezackte Narbe; erst über Geröllhalden, dann durch Moor und schließlich wieder in die Steine hinein. Es scheint, als hätten die Dämonen, mit denen Patrick einst auf diesem Berg kämpfte, einen unerschöpflichen Vorrat an scharfkantigen und bösartigen Brocken hinterlassen, die den Tritt der Stiefel, das Aufschlagen der Pilgerstäbe mit höhnischem Klang zurückgeben. Nur jene, die sich barfuß auf den Weg gemacht haben, wecken kein Echo. Am letzten und steilsten Hang hilft man sich gegenseitig, zieht sich und schiebt sich. Das kann kein geordneter Pilgerzug sein. Man ist schon am Fuß des Berges einzeln oder in kleinen Gruppen aufgebrochen: Schulklassen, Fußballmannschaften, Soldaten sind dabei. An dieser Stelle, an einer weißen Patricks-Statue, werden viele von ihnen, bei der Heimkehr, ihre Schuhe ausziehen und fortwerfen, beschmutzte, zerrissene und durchlöcherte Zeugnisse der vollbrachten Tat.

Bis vor wenigen Jahren fand die Wallfahrt nachts statt. Unvergeßliche Erinnerung: die Dunkelheit voll fremder Geräusche, die Nähe so vieler anderer Menschen, die unsichtbar blieben, schienen mir bedrohlich und bedrängend. Wer eine Taschenlampe benützte, wurde sofort von den anderen vermahnt: »Licht aus!« Und wirklich war es leichter, ohne dies Hilfsmittel voranzukommen, sobald sich das Auge an die schwache Helligkeit einer irischen Sommernacht gewöhnt hatte. Nur ab und zu leuchtete Fackelschein auf. Junge Malteser, bergab mehr rutschend als rennend, brachten einen Verletzten zu Tal.

Dann kam der Morgen. Das Meer in der Tiefe, mit seinen Buchten, mit der Schönheit der weit verstreuten Inseln, lag noch im Dunkeln. Am Gipfel wurde es hell. Die Kälte, die vor der Sonne kommt, ließ mich erschauern. Meine Hände umklammerten einen heißen Becher Tee, den ein fliegender Händler an seinem Stand anbot – dem einzigen weltlichen Fleck weit und breit. Auf verstreuten Felsblöcken saßen Geistliche und nahmen den Gläubigen, die neben ihnen knieten, die Beichte ab.

Vorüber, vorbei. Eine gewiß vernünftige Entscheidung der kirchlichen Autoritäten hat die Wallfahrt inzwischen auf den darauffolgenden Tag verlegt.

Szenenwechsel. Vom OLD HEAD in der Nähe von LOUISBURGH hat man den schönsten Blick auf den Croagh Patrick. Thomas photographierte. Brigitta sammelte Steine am Strand. Peter tat gar nichts, schaute nur auf den Berg, den Wolken überwanderten. Ihre Schatten zogen eilig die nackten Flanken hinauf. Der Gipfel verhüllte sich.

Später lehnten wir an der Quaimauer, geruhsam aufgereiht. »Erzähl uns eine Geschichte.« »Da draußen«, fing ich an, »in der Clew Bay, liegt Clare Island. Von dort aus hat Grace O'Malley ihre Raubzüge unternommen: die Piratenkönigin.«

Schon der Vater der Dame betrieb dieses wenig ehrsame Handwerk, zur Zeit der großen Elisabeth. Ein blühender Handel der Kaufleute von Galway mit England und dem Kontinent bot reiche Beute. Als der alte O'Malley starb, war seine Tochter Grace, oder gälisch Granuaile, eben 19. Sie ergriff das Ruder und – um im Bild zu bleiben – bootete den Bruder aus. Ihre Festung, das Schloß Carrigahowly, stand direkt am Wasser. Königin Elisabeth setzte einen hohen Preis auf ihren Kopf – vergeblich. Englische Soldaten belagerten erfolglos das Schloß. Ihr erster Mann war Ire, ein O'Flaherty, der zweite Anglo-Normanne. Mit ihm vereinbarte sie, daß man sich nach einer Probezeit von zwölf Monaten wieder trennen könne. In diesem Jahr bemächtigte sie sich seiner Küstenfestungen und besetzte sie mit eigenen Leuten. Als ihr Mann nach Ablauf der Frist von einer längeren Fahrt zurückkam, stand Granuaile am Fenster und rief *»I dismiss you«*, verschwinde.

Berühmt wurde der spätere Besuch der Freibeuterin bei Elisabeth I. Sie fühlte sich der Herrscherin eines großen Reiches durchaus ebenbürtig. Sie nannte die Königin »Schwester« und hatte nur Verachtung für deren Lebensweise. Granuaile schnupfte gern und tat dies auch bei Hofe. Sie hatte aber kein Taschentuch. Elisabeth reichte ihr ein fein besticktes Tuch, die Piratin nahm es, schneuzte sich lautstark und warf es achtlos zu Boden. Die Audienz dauerte nicht lange, nachdem Granuaile einen englischen Grafentitel dankend abgelehnt hatte. Es heißt aber, daß ihr Sohn bei Hofe aufwuchs, mit Zustimmung der Mutter, und zum Viscount Mayo ernannt wurde. Die heutigen Grafen von Mayo sollen von ihm abstammen.

Maeve, Grainne, Grace O'Malley, Maud Gonne, Constance Markiewicz – Irlands Frauen müssen besondere Kräfte besitzen.

Der Piratenkönigin hätte ich freilich ein würdigeres Ende gewünscht. Sie wurde zwar auf Clare Island christlich bestattet. Aber im 19. Jahrhundert beschaffte sich eine schottische Gesellschaft Knochen aus irischen Friedhöfen. Auch die Gebeine der Grace O'Malley sollen dabeigewesen sein. Die Knochen wurden zu Düngemehl verarbeitet.

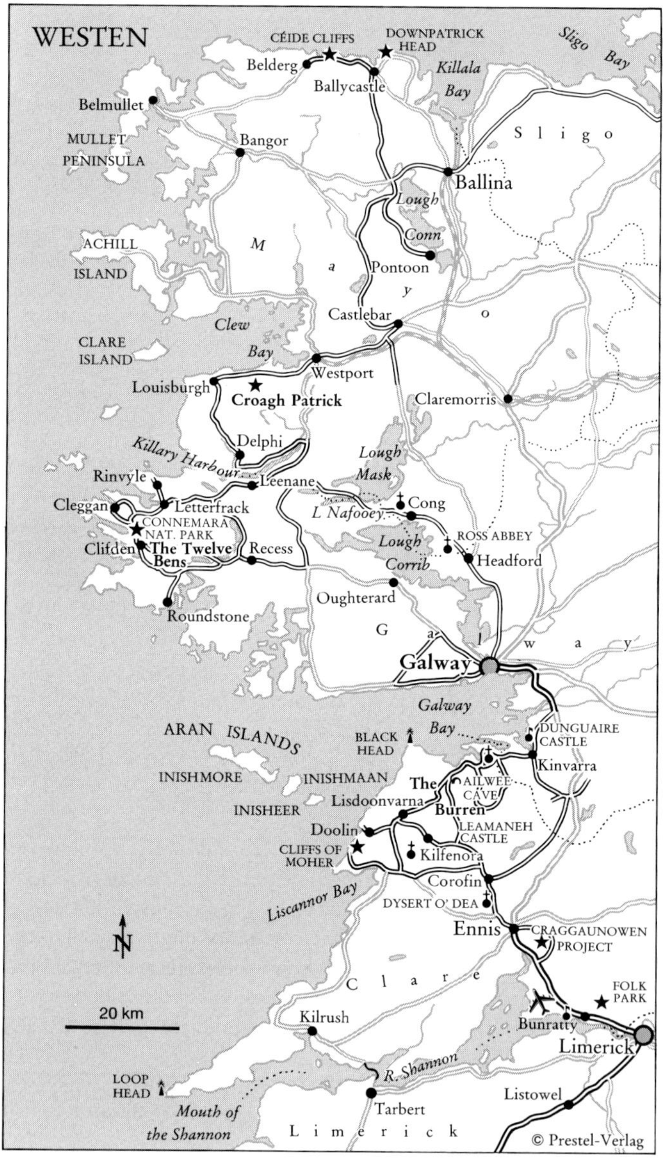

WESTEN
CÉIDE CLIFFS
DOWNPATRICK HEAD
Sligo Bay
Belderg
Ballycastle
Killala Bay
Belmullet
Sligo
MULLET PENINSULA
Bangor
Ballina
Lough Conn
ACHILL ISLAND
Mayo
Pontoon
Castlebar
Clew Bay
CLARE ISLAND
Westport
Louisburgh
Croagh Patrick
Claremorris
Delphi
Killary Harbour
Lough Mask
Rinvyle
Leenane
Cong
Cleggan
Letterfrack
L Nafooey
CONNEMARA NAT. PARK
ROSS ABBEY
Clifden
The Twelve Bens
Recess
Lough Corrib
Headford
Oughterard
Roundstone
Galway
Galway Bay
ARAN ISLANDS
BLACK HEAD
DUNGUAIRE CASTLE
Kinvarra
INISHMORE
INISHMAAN
The Burren
AILWEE CAVE
INISHEER
Lisdoonvarna
Doolin
LEAMANEH CASTLE
CLIFFS OF MOHER
Kilfenora
Corofin
Liscannor Bay
DYSERT O' DEA
Ennis
CRAGGAUNOWEN PROJECT
N
Clare
FOLK PARK
20 km
Kilrush
Bunratty
Limerick
R. Shannon
LOOP HEAD
Listowel
Tarbert
Mouth of the Shannon
Limerick
© Prestel-Verlag

Am Lough Corrib
Das Kloster der geduldigen Mönche

Nur eine Seenkette trennt im südlichen Mayo und in der Grafschaft Galway die inneririschen Kalksteinebenen von jäh aufsteigenden küstennahen Gebirgen. So liegt östlich des Lough Mask und des Lough Corrib fruchtbares Flachland, auch Moor; westlich ragen nackte Berge alter Formationen.

Wieder einmal überfuhren wir eine unsichtbare Grenze. Von Mayo kamen wir in die Grafschaft Galway. Zunächst in ein sehr einsames, mit einzelnen Bäumen bestandenes Tal, von einem Bach in Sprüngen und kleinen Wasserfällen durchflossen. Der Name dieses malerischen Orts: DELPHI. Und wirklich – griechisches Licht war über ihm ausgeschüttet, als habe die Bezeichnung Delphi allein genügt, es herzuzaubern. In LEENANE aber, nur wenige Kilometer entfernt, da war Norwegen: der KILLARY FJORD zieht sich zehn Meilen weit ins Innere, düster, wo ihn die Berge überschatten, lieblich an jenen Ufern, die die Sonne trifft. Wasser grenzt hier unmittelbar an den Berghang; Tang und Gras gehen fast ineinander über.

An einem Wasserfall waren Scheinwerfer aufgebaut. Sicher wurde hier, bei Nacht, das Hochschnellen und jähe Springen der Lachse gefilmt, ihr silbernes Blitzen, wenn sie sich zu ihren Laichplätzen hinaufarbeiten, von einem rätselhaften Instinkt getrieben. Wir zählten in diesen Tagen auf, wen wir, Mitte Mai, unterwegs getroffen hatten: Geologen und Moorspezialisten, Photographen und Maler, Angler und Filmmenschen, alle in Gummistiefeln; kaum Touristen.

»Und nun«, sagte Peter, »freue ich mich auf Connemara.« Aber Thomas hatte die Route dieses Tages anders geplant. Zweimal bog er, vom Ort Leenane aus, nach links ab. So kamen wir, am stillen LOUGH NAFOOEY vorbei, in dem sich die Berge spiegeln, auf einer wenig befahrenen und sehr irischen Straße hinaus in die grüne Ebene und nach CONG. Dieser Ort liegt auf schmaler Landzunge zwischen Lough Mask und Lough Corrib; das macht ihn reichlich belebt.

Tragikomische Erinnerung an eine technische Torheit sind die Überreste eines Kanals zwischen Lough Mask und Lough Corrib, der im vorigen Jahrhundert gebaut und feierlich eröffnet wurde. Aber vor den Augen des englischen Vizekönigs und seiner Gäste versank das einströmende Wasser in wenigen Augenblicken im porösen Kalkgestein.

Ashford Castle, Mittelpunkt von Cong, gehörte der Brauerfamilie Guinness; seine umliegenden Waldungen waren wohlgehütetes Revier der Schnepfen. Heute ist das Schloß im Tudor-Stil Luxushotel. Im Park hat man schon die Präsidenten und Minister der Länder der Europäischen Gemeinschaft promenieren sehen.

Noch vor wenigen Jahren konnte man, im Vorüberfahren, auf der Terrasse seinen Tee trinken, auf den Gewässern und Inseln und den Booten der Angler seinen Blick ruhen lassen. Das Schloß steht, wie heute viele Luxushäuser seiner Art, nur noch den Hausgästen offen. Der Park darf gegen eine Eintrittsgebühr besichtigt werden.

Wie ein Bettler an der Pforte stehen die Ruinen der CONG ABBEY, die doch so viel Sehenswertes enthalten, an einem Seiteneingang zum Schloßpark.

Lough Corrib ist eines der großen Angelgewässer Irlands. In den magischen Tagen der Maifliege, die nur 24 Stunden lang lebt, aber die Fische unfehlbar an die Oberfläche lockt, stehen ringsum am See kleine Jungen Posten. Sobald sie die erste *Mayfly* erspähen, nehmen sie ihr Rad und verbreiten die gute Nachricht in benachbarten Hotels, wo in der Bar die Kenner unter den Anglern, vorwiegend ältere Briten, pensionierte Colonels und ihresgleichen, schon mit griffbereitem Gerät warten.

Nicht weit entfernt vom Anglerzentrum Headford erkannten wir schon von weitem die Ruine des Franziskanerklosters ROSS ERRILLY, auch »Ross Abbey« genannt. Zuerst den Turm, der in Irland das Merkmal aller Ansiedlungen dieses Ordens ist, hier in der Höhe wie ausgefranst, angenagt von der Zeit. Um ihn scharen sich die übrigen Gebäude, wie Schutz suchend, spitzgieblig, dem Himmel offen. In Aufbau und Anordnung der Räumlichkeiten sind sich die mittelalterlichen Bauten der Franziskaner in Irland so ähnlich, daß man, beim Betrachten von Photographien, oft in Zweifel gerät, welche Klosterruine man nun vor sich hat: Rosserk Friary in Mayo, oder Quin in der Grafschaft Clare, oder Ross Errilly? Unser Kloster wurde Mitte des

14. Jahrhunderts gegründet, im 15. und 16. erweitert, aber im Laufe seiner Geschichte siebenmal geplündert und zerstört. Siebenmal kehrten die geduldigen Mönche zurück. Seit 1753 stehen die Bauten verlassen. Sie sind in Teilen wunderbar erhalten.

Wir nahmen den Weg über eine Weide, in der junge Stiere, aber auch Kühe standen. »Warum führst Du uns gerade hierher?« fragte Brigitta. Eine berechtigte Frage. In der Ruine gibt es keine kunstvollen Steinsarkophage mehr, mit den Reihen der *Weepers* am Sockel, den Trauernden, die meist Heilige, oder Bischöfe oder Engel sind. Auch bedeutende Grabmäler fehlen, wo unter gotischem Baldachin etwa ein steinerner Ritter ruht, die Füße ruhig nebeneinander gelegt. Überraschungen dieser Art sind im Kloster von Ross nicht zu erwarten.

An diesem Ort, der dem Besucher immer offen steht, fühlt man sich als Gast. Seine Steine, die in Irland so oft stumm bleiben, beginnen zu sprechen. Der kleine Bau, fast die Miniaturausgabe eines Klosters, führt uns das Leben der Mönche im Mittelalter deutlich vor Augen. Es fällt leicht, sie sich zwischen den Pfeilern des Kreuzgangs meditierend vorzustellen. In der Küche hantierten die Laienbrüder an gewaltigen Kaminen. Sie holten Fische aus einem steinernen Wasserbehälter. Nebenan, in der Backstube, wurde Korn gemahlen, Brot gebacken. Draußen fließt ein Forellen-Bach vorbei. Dort war gewiß auch ein Küchen- und Kräutergarten angelegt.

Die Mönche saßen in langer Reihe im Refektorium beim Mahl, während dem Vorleser in seiner Nische das Abendlicht aufs Buch schien. Später, nach dem letzten Gebet, zogen sie über steinerne Treppen hinauf in die Dormitorien, die von den Küchenkaminen her ein wenig Wärme abbekamen.

Ross Errilly ist, wie alle irischen Ruinen, eine Heimat der Raben geworden. Sie sitzen auf den Kaminsimsen, fliegen krächzend auf. Die Turmtreppe liegt voller Gras und Stroh.

Jeder von uns ging hier seine eigenen Wege. Einmal hörte ich Kinder in der Vierung kichern; dann waren wir wieder allein. Thomas rief: An einer Wendeltreppe, von Ranken fast überdeckt, war ein kleiner steinerner Crucifixus in die Wand eingelassen. Die Plünderer und Zerstörer hatten das Bildwerk übersehen, oder es war ihnen zu gering gewesen. Hinter dem Maßwerk eines Fensters in der Kirche zogen die Wolken.

Connemara
Zwölf Berge und das Meer

An seinen Küsten ist Connemara eine schöne Stein- und Wasserwüste, in seinem Inneren ist es weithin kahl. Dann und wann haben sich ein paar Bäume zusammengefunden, eng beieinander, miteinander Schutz suchend vor einem Wind, der sie alle ein wenig nach Osten gekrümmt hat und ihnen ein zerzaustes, beinah unordentliches Aussehen gibt. Plötzlich flammt Rhododendron auf, am leuchtendsten da, wo das »Ballynahinch Castle Hotel« und die Kylemore Abbey, heute ein Internat, in ihren Parks stehen. Fichtenanpflanzungen neuerer Zeit wollen nicht recht gedeihen, Klima und Boden behagen den Pflanzen nicht, die ja in der irischen Flora Fremdlinge sind.

Connemara ist kahl – aber trotzdem ein Garten der Farben. Seine Moorgründe, über die die Straßen ihren unebenen Lauf nehmen, sind schwarz von Torf und rot von Heidekraut, smaragdfarben in Tümpeln, im Widerschein des Himmels. Connemaras Boden kann beinweiß und fahlgrün sein, ich habe ihn wie Samt und purpurn gesehen oder silbern; dann war er mit Wasser vollgesogen. Felsen sind hier glatte Wände. Nur Fetzen magerer Weide sind ab und zu über das Gestein gezogen. Aber die guten Geister, die Connemara bewohnen, haben diese Armut mit himmlischen Farben zugedeckt, und mit seinen Bergen, den TWELVE BENS, die einzeln stehen, eine Kulisse gezaubert, die in der Ferne zur blauvioletten Wand wird.

Wer freilich an einem grauen Nebeltag des Weges kommt, wird buntfarbene Täler und Zauberberge vergeblich suchen.

Ein Teil dieser Landschaft, bei LETTERFRACK, ist seit einigen Jahren eingezäunt und ein vielbesuchter Nationalpark geworden. Soll man sich darüber freuen oder traurig sein? Die Natur

wurde nicht angetastet; nur am Eingang finden sich die notwendigen, in gutem Stil errichteten Gebäude für einführende Vorträge und Filmvorführungen, für Verwaltung und Personal.

In Connemara gibt es nur eine kleine Stadt, das Touristenzentrum CLIFDEN. In den Hochtälern wohnen kaum Menschen. Auf der Karte ist ein Ortsname angegeben: man kommt an, findet nur ein Haus oder zwei, ein paar weitere mögen hinter den nächsten Hügeln versteckt sein. Die Herden stehen hoch an den Hängen, mancher Berg sieht weiß gefleckt aus. »Weiden da Steine oder Schafe?« fragte Peter. Die Tiere stehen ruhig, es sei denn, daß plötzlich ein Hund unter sie fährt, alle weißen Flecken zusammenfegt zum strudelnden Sturzbach, bergab, zu einer neuen Weide.

Im Herzen von Connemara Unterkunft zu finden, ist fast unmöglich. Gute Hotels sind in der Nähe, meist am Meer, zum Beispiel in RENVYLE; aber die einsamen Straßen muß man durchfahren, noch besser: erwandern, oder mit dem Rad erkunden, von Leenane nach Maam Cross, von Recess nach Kylemore, von Renvyle über Leenane und Maam Cross hinüber nach Oughterard.

Zwei Meilen von Oughterard entfernt hat der wilde Clan der O'Flaherty einst auf AUGHNANURE CASTLE gehaust. Der stark befestigte, ursprünglich normannische Bau wurde im 14. Jahrhundert begonnen, und in dramatischer Lage auf einen Felsvorsprung gesetzt. Lough Corrib ist nahe; der Fluß Drimneen zieht an den Burgmauern vorbei. Am besten übersieht man die Anlage mit dem sechsstöckigen, zinnengekrönten Turmhaus vom anderen Ufer aus. Eine natürliche Felsbrücke führt übers Wasser. Bäume und Büsche und Gesträuch haben sich bis an die äußeren Wehrmauern mit ihren vorspringenden Pechnasen vorgedrängt; sie spiegeln sich im Wasser des Burggrabens. Aber das Turmhaus selber ist nackt geblieben.

Auf manchen Straßen Connemaras
trifft man eher ein Tier als einen Menschen

Zu einem irischen Fischerhaus gehören Hummerkörbe und Torfhaufen

Brigitta war vor uns die steinernen Treppen hinaufgelaufen, Stockwerk um Stockwerk. »Kommt herauf«, rief sie, »hier haben sie gewohnt – und hier geschlafen.« Ihre Stimme wurde drängender: »Kommt ganz herauf, auf die Plattform. Von hier oben hat man den schönsten Blick ringsum und auf den See.« »Ein Abschiedsblick«, sagt Thomas, als wir ebenfalls da oben standen. Dunst hatte alles, was fern lag, ausgelöscht; das Auge folgte, nach Osten hin, den schön geschwungenen Buchten und Ufern des Lough Corrib. Westlich dehnte sich Moor. Unser nächstes Ziel, über die Berge und Rossaveel, waren die Küsten von Connemara.

Die Hochtäler von Connemara sind menschenarm und einsam, seine Küsten dagegen belebt. Überall, zwischen den Steinäkkern, den Mauern aus Stein, den felsigen und den sandigen Buchten, sind die Häuser verstreut, alte und neue. Hier ist noch die irische Sprache in Gebrauch. In der Schule lernen die Kinder schöne gälische Verse und Gebete aufzusagen; sie üben auch, federleicht aufhüpfend, die Schritte und schwierigen Figuren der alten Tänze. Die karge Gegend scheint eine besonders große Anzahl schöner, sommersprossiger, langhaariger Geschöpfe hervorzubringen, die den Fremden vertrauensvoll anschauen, ihn anlachen.

An Connemaras Küsten ist es nicht leicht zu erkennen, wo Land und Wasser sich trennen. In der Wüstenei der Steinplatten verbergen sich dunkle Tümpel, die den lautlosen Zug der Wolken und die ferne blaue Kette der Twelve Bens widerspiegeln. An anderer Stelle glaubt man sich auf festem Grund und ist doch schon unversehens in trügerisches Gelände geraten. Lloyd Praeger erzählt von einem Treffen der Moorspezialisten, die sich draußen zu einer Diskussion versammelt hatten. Plötzlich begann sich der Boden unter den gelehrten Herren langsam zu senken, und sie standen bald bis zu den Knien im Wasser: Sogar diese Fachleute hatten das Terrain falsch eingeschätzt.

Wie sollte eine solche Region ihre Bewohner ernähren? Sie schufen »Gärten«, umgaben ein kleines Feld der Steinplatten mit einer Mauer, füllten die Ritzen im Boden mit Ufersand, holten, wenn die Flut zurückging, Tang von den Felsen und Riffen. Eine solche Ladung mit Salzwasser getränkter schleimiger Masse auf dem Rücken an Land zu tragen, mit Sand zu mischen, über die Steinplatten zu breiten – das war eine bittere Arbeit, Arbeit der Frauen. Drüben auf den Aran Inseln machten sie es ebenso. Wenn aber dieser Garten endlich bepflanzt werden konnte, dann war das Gemüse wohlschmeckender als irgendwo sonst und Kartoffeln eine Delikatesse – das Meer mußte immer zum Unterhalt beitragen und tut es noch heute. Die Arbeit ist sogar leichter geworden. Ich werde später, auf Inisheer, von den *Curraghs* erzählen, den mit geteerter Leinwand bespannten Booten der irischen Westküste. Sie werden weiterhin verwendet; aber während früher drei Männer die Ruder handhabten, genügt heute einer für den Außenbordmotor.

Wir waren in CLEGGAN, dem Hafen nahe Clifden, als solche Boote in rascher Fahrt zum Pier einbogen, dort festmachten. Vor den Fischern im Curragh, die draußen ihre Fangkörbe geleert hatten, waren Plastikbehälter aufgestapelt, in denen die Hummer dicht an dicht lagen, in nassen Tang sorgsam eingebettet, aber die Scheren mit Gummiband zusammengebunden, damit sie sich nicht gegenseitig verletzten konnten. Auf dem Quai wartete der Aufkäufer mit seinem Kühlwagen. Die Ware geht jeweils, in wassergefüllten Containern, direkt nach Paris. Die Männer sahen zufrieden aus. Trotzdem: das Gespenst der Arbeitslosigkeit ist auch hier, wo fast jede Familie zahlreiche Kinder hat, nicht gebannt. Maler und Photographen und andere Touristen, die dieses Land der magischen Farben lieben, kommen immer wieder, manche werden hier seßhaft. Aber die Küstenkinder von Connemara müssen, um arbeiten zu können, ihre schöne Heimat verlassen.

In ROUNDSTONE, einem anderen kleinen Hafen, fragte ich im neuen »Craft Center«, ob es noch das abendliche Treffen der Nachbarn, den *Ceilidh*, gäbe. »Er kommt wieder in Mode, besonders bei den Jungen«, sagte mein Gewährsmann und freute sich. Er mußte es wissen, denn er stellt *Bodhrans* her, mit Ziegenfell bespannte Trommeln, die von jeher zur irischen Musik gehört haben. Beim Ceilidh singt und tanzt man und erzählt Geschichten. Ein Fiedler ist immer dabei, falls möglich auch eine Ziehharmonika und *uillean pipes*, der irische Dudelsack. Er klingt sanfter als sein schottischer Verwandter und wird nicht mit dem Mund geblasen, sondern sein Blasebalg durch Pumpbewegungen des Armes aufgefüllt. Eine *tin whistle*, die fingerdünne irische Blechflöte, pflegten gleich mehrere Besucher in der Tasche zu haben. Versammlungsort war früher, falls es keine Kneipe gab, der nächste Laden: eine Wunderhöhle, in der es nach Seife, Gewürzen und Bier roch, denn eine Ausschanklizenz hatte der Besitzer gewiß. Von der Decke baumelten in diesem Land der Fischer und Angler die Gummistiefel; auf der Theke standen Gläser mit bunten Bonbons, auch Marmeladen in langer Reihe und Keksdosen. Im beengten Raum vor der Theke saß man auf Apfelsinenkisten, und trotzdem blieb noch so viel Platz, daß vier Paare zum Tanz antreten konnten. Die Musik solcher Abende würde man heute als »Jam Session« bezeichnen. Einer begann, die anderen hörten ein paar Takte lang zu, stimmten mit ein. Aus der Tradition solcher Treffen, zumeist in Pubs, sind Musikgruppen hervorgegangen, die inzwischen weltberühmt wurden. Ein echter *Ceilidh*, nicht für Touristen, sondern zum eigenen Vergnügen, findet meist freitags statt und zu relativ später Stunde. Ich werde darüber berichten, wenn wir nach Kenmare kommen.

Galway
Und die Fahrt zu den Aran Islands

Eigentlich müßte man hier mit der Bahn ankommen, nach einer Fahrt durch die stillen Grafschaften im Inneren. Dann holpert der Zug über ein Gewirr von Gleisen, man sieht das Meer, glaubt es schon zu riechen, Tang und Salz, noch ehe die Lokomotive im Bahnhof zum Stehen kommt. Draußen ein quirliger quadratischer Platz, von Bussen umfahren, von Touristen überschwemmt: früher Eyre Square, jetzt Kennedy Memorial Park. 1963 erhielt der amerikanische Präsident irischer Abstammung hier die Ehrenbürgerwürde verliehen. Daß der Enkel eines armen Auswanderers aus der Grafschaft Wexford es so weit bringen konnte, war den Iren Selbstbestätigung und Ansporn.

Aber das kuriose steinerne Denkmal am Square erinnert nicht an John F. Kennedy, sondern an einen gälischen Dichter, Padraic O'Conaire. Der hat den steinernen Hut in den Nacken geschoben und den Kopf gesenkt. Er sitzt auf einem Felsbrokken, eigentlich recht unbequem. Die Füße in den groben Bauernschuhen sind einwärts aufeinandergestellt, so wie Kinder es machen. So saß er wohl auf steinigen Hügeln draußen in Connemara, betrachtete seine schöne Heimat und ließ sich ein Lied in irischer Sprache einfallen. Zu seinen Füßen verkaufen zigeunerisch aussehende Männer Reitsättel und Zaumzeug, gebraucht.

Unbeachtet und allein steht an dieser Stelle auch die Browne Doorway, ein Renaissance-Portal, zur Erinnerung an die prächtigen Paläste, die sich Galways Kaufherren in ihrer Glanzzeit erbauten. Doch davon später.

Die Stadt habe ich einmal grau genannt. Das gilt nur noch für jene Stunden, in denen niedrige Wolken sie bedrängen. Galway ist bunt geworden und zu allen Zeiten lebendig, wenn auch in den gewohnten Kulissen: krumme Gassen, schmale Häuser, spitze Türme. Und drei Brücken, unter denen der River Corrib dahinzieht in vielen Armen, hinaus zur Bucht und ins Meer. Vom äußeren Ring der Wohnsiedlungen und Villen, der Fabriken, Krankenhäuser, Hotels und Schulen merkt man hier nichts. Die Hauptstraße, ein schmaler Schlauch, der seinen Namen fast an jeder Ecke wie ein Chamäleon ändert, windet sich durch die Altstadt. Ein blinder Musikant mit seiner Ziehharmonika steht am alten Platz, im warmen Wind. Ein anderer geigt. Aber hinter ihnen locken moderne Passagen und Arkaden und elegante Geschäfte. Die Menge drängt vorbei, Touristen und Einheimische. Kleine Gassen zweigen ab, in ein Viertel, das sie jetzt »Latin Quarter« nennen. Und wirklich, das Gewirr winziger Läden, dunkler Pubs erinnert an südliche Städte. Als sei das Mittelmeer nicht fern. Aber die Namen solcher Verkaufs- und Trinkhöhlen sind ganz und gar irisch, blühender Phantasie und Erfindungslust entsprungen. An warmen Abenden sitzt die Jugend von Galway auf den Bordsteinen der schmalen Gehsteige aufgereiht, trinkend und diskutierend. Viele Studenten sind dabei. Ein Laden beginnt als Buchhandlung, schiebt sich, nur wenige Meter breit, durch mehrere Häuser und kommt in der nächsten Gasse als Galerie wieder zum Vorschein. Dort findet gerade eine Vernissage statt, die geistige Elite der Stadt steht Kopf an Kopf. Gespräche scheinen wichtiger zu sein als das, was an den Wänden hängt. Nicht wenige von den Anwesenden halten draußen am Corrib, in modernen Bauten, ihre Vorlesungen – und zwar in gälischer Sprache. Das macht diese Universität von Galway so

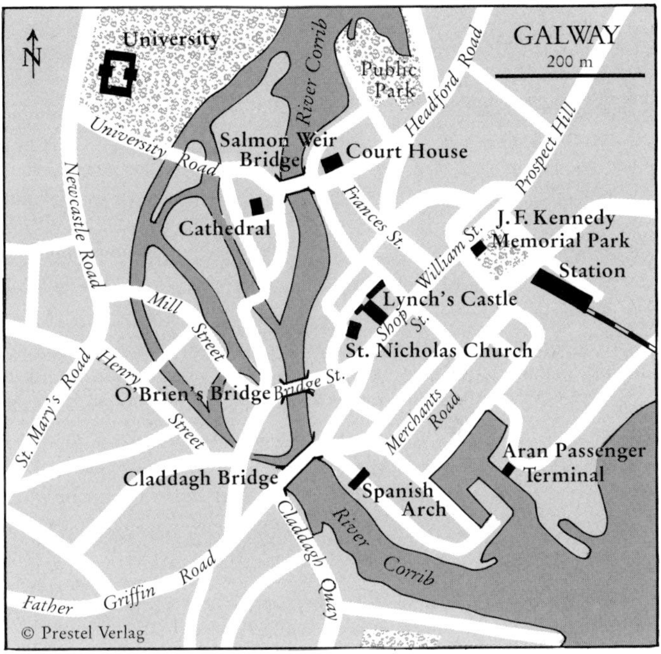

einmalig und gibt ihr einen besonderen Rang. Brigitta sagte: »Die Bilder der Ausstellung haben mir nicht so gefallen. Aber die Menschen! Mit jedem hätte ich eine Unterhaltung anfangen mögen.« Wen wundert es, daß im Galway von heute das Druid Theatre gedeiht, mit Aufführungen, die über die Grenzen Irlands hinaus berühmt sind.

Wer sich Zeit nimmt, genauer hinsieht, findet immer noch Überreste aus Galways Glanzzeit – und die sind grau wie eh und je. Lagerhäuser und Schuppen am Hafen. Die Kirche des heiligen Nikolaus, leer und kühl. Kolumbus soll hier gebetet haben, von Spanien kommend, auf seiner Fahrt nach Westen, ins Ungewisse. – Nora Barnacles Haus, nicht weit entfernt, ist eine Sehenswürdigkeit aus neuerer Zeit: klein und arm, wie eben jemand wohnt, der später als Dienstmädchen in einem Dubliner Hotel arbeiten wird. Nora Barnacle wurde die Frau von James Joyce.

So viel ist zu entdecken in Galways Gassen. Alte Türstürze und Fensterumrahmungen. An der Fassade des Hibernian House eine Meerjungfrau mit Spiegel und Kamm. Die Jahreszahl, 1660, wurde später hinzugefügt, aber sie könnte stimmen. Die spitzbrüstige Dame hat noch drei Genossinnen in der Stadt, mahnende Hinweise auf Eitelkeit und Fleischeslust.

Die alten Wappensteine sind es vor allem, die mich faszinieren. Sie wurden aus den Trümmern der Paläste geholt und in die späteren bescheidenen Häuser eingefügt. Sie verstecken sich verschämt unterm Dach, oder sind niedrig, fast in Bodenhöhe angebracht. In der Lower Abbey Street hat man die meisten von ihnen beieinander. Der Delphin der Frenchs krümmt sich im Sprung, der Luchs der Lynchs und die Katze der Blakes heben die Pfote, sind unterwegs, *passant*, wie es halb englisch, halb

Meerjungfrauen mit Spiegel und Kamm sind im irischen Westen häufig zu entdecken

französisch in der Sprache der damaligen Zeit heißt. Der Seestern der Martins wird *Etoile Wavy* genannt.

Galway wurde nicht, wie die Hafenstädte der Ost- und Südküste, von den Wikingern gegründet, sondern, im 13. Jahrhundert, vom Normannen Richard de Burgo; und vierzehn Familien normannischer und walisischer Herkunft waren es, die in Galways Blütezeit, vom 15. bis zur Mitte des 17. Jahrhunderts, die Stadt regierten. Sie bildeten, nach Art der Hanse, eine *Corporation*, Seefahrer auch sie. Das Wappen Galways zeigt ein Segelschiff. Mit diesen schwerfälligen Galeonen fuhren die Handelsleute zahlreiche kontinentale Häfen an, später sogar überseeische. Eine Aufstellung über Import und Export im 17. Jahrhundert erstaunt: Kartoffeln aus Amerika, Zucker und Rum aus Westindien. Den Franzosen wurden Häute, Wachs, Wolle und Lachs geliefert, Schweinefleisch und Heringe gingen nach Jamaika. Aber der wichtigste Handelspartner war und blieb Spanien. Eine günstige Strömung ließ die Schiffe auf dieser Route segeln; sie brachten Wein für ganz Irland. Noch heute heißt ein Tor der alten Befestigung Spanish Arch und ein durch Autos verunzierter Platz am Corrib: Spanish Parade. Hier gingen am Abend die fremden Kaufherren auf und ab, so wie sie es aus ihrer Heimat gewohnt waren.

Und die Iren? Sie durften die Stadt nicht betreten. Daß sie es trotzdem versuchten, beweist eine Inschrift, die noch im vorigen Jahrhundert über dem Westtor zu sehen war: »Vor der Wut der O'Flaherty möge uns der Herr behüten.« Erst Cromwells Armeen und eine Belagerung durch Wilhelm von Oranien brachen den Stolz der Stadt.

Die Familie der Lynch war die mächtigste unter den *tribes*, sie stellte in 169 Jahren, von 1484 bis 1653, vierundachtzig Mal den Bürgermeister. Ihr Haus, hoch und grau und wappenverziert, blieb als einziger der Kaufmannspaläste übrig. Zu diesem Gebäude, das heute eine Bank beherbergt, gehört eine Geschichte.

Die Personen der Handlung: Der Richter und Bürgermeister James Lynch Fitzstephen und Walter, sein Sohn; Agnes, ein junges Mädchen; Gonsalvo Gomez, ein Gast aus Spanien. Der Sohn des Richters liebte die schöne Agnes, und sie liebte ihn. Aber dann kam der junge Gomez, geehrter Gast, er war größer und glänzender als Walter. Ob Agnes treulos wurde oder Gonsalvo sich dessen nur rühmte, ob die jungen Männer auf einer Bootsfahrt in blutigen Streit gerieten? Man weiß es nicht. Eines Tages war Gomez tot, Walter der Mörder und sein Vater mußte Recht sprechen. Für den Mord an einem Gast, hier im gastlichsten aller Länder, gab es nur ein Urteil: Tod durch den Strang. Da begann das Volk von Galway zu murren. »Hier in der Stadt«, sagten sie, »da mag man nach normannischem, nach römischem Recht urteilen, aber draußen, vor den Toren, da gilt der ältere Brauch, keltisch, irisch.« Nach dem *Brehon Law* konnte man einen Mord durch eine Geldbuße sühnen. Der Richter lehnte das ab, bestand auf seinem Urteil. Aber der Henker fürchtete das murrende Volk. Da legte James Lynch Fitzstephen selber dem Sohn die Schlinge um den Hals und gab ihm den Tod. Er soll, ein gebrochener Mann, sein Haus nie mehr verlassen haben.

Eine Tafel in der Nähe von St. Nicholas erinnert an die Geschichte. Aber manche Historiker bezweifeln, ob sie sich so zugetragen habe. Sie sind auch der Meinung, der Begriff des »Lynchens« gehe auf einen grausamen iro-amerikanischen Richter des 18. Jahrhunderts zurück, Charles Lynch.

Der Fluß Corrib hat zwei Gesichter. Bei Ebbe läuft er rasch und in kleinen silbernen Sprüngen durch die Stadt, als ob das Meer draußen alles Wasser heraussaugen wolle aus den stillen Seen des Inneren. Bei Flut ist der Fluß dunkler, zäh und mürrisch. Bei der Spanish Parade ist er von Schwänen besetzt. Nach ihrer Reise über den Atlantik kommen im Mai die Lachse hierher. Wir stellten uns mit den übrigen Schaulustigen auf die Salmon Weir Bridge, beugten uns weit zum Wasser hinunter. Der Stein des Geländers unter unseren Händen war seidenweich und glatt, wie poliert von all jenen, die vor uns hier lehnten. Wir hatten Mühe, die Fische auszumachen. Thomas sah sie zuerst, wies mit dem Finger. Die silbernen Leiber standen eng gedrängt, warteten bewegungslos auf die Flut, die sie zu ihren Laichplätzen in den Seen hinaufbringen sollte. Wir konnten uns kaum trennen von diesem Schauspiel. Aber dann liefen wir auf schmalem Steg flußaufwärts, ließen den Riesenbau der modernen Kathedrale hinter uns. Sie wurde in den sechziger Jahren errichtet, fast ausschließlich aus Spenden, auf dem Gelände eines früheren Gefängnisses, in dem viel Unrecht geschah.

Im Corrib standen Angler hüfthoch im Wasser. Aber trotz der Fülle der Fische hatte erst einer einen Fang getan. Der Lachs lag

Richter Lynchs Haus in der Shop Street

auf der Quaimauer, sein Leib noch naß und glänzend. Wir speisten an diesem Tag im Freien: ein Abschiedsessen für Peter. Er mußte zurück zu seinen Feldern und Ställen. Wir saßen über dem Fluß, auf der kleinen Terrasse einer ehemaligen Mühle, deren Ruine nun restauriert war und in der sich auch kleine Geschäfte befinden. An den benachbarten Tischen ging es lebhaft und lustig zu. Nur wenn ich meinen Stuhl zur Seite drehte, sah ich leere Fensterhöhlen in einer hohen Mauer. Die Ruine einer weiteren Mühle stand da am Fluß. »Warum schaust du hinüber«, fragte Brigitta, »das ist doch ein häßlicher Anblick.« »Das stimmt«, sagte ich, »aber es ist für mich eine Erinnerung an ein Galway, das ich vor vielen Jahren kannte.«

Welche Mühe war es früher, von Galway aus zu den ARAN ISLANDS zu gelangen! Die Abfahrtszeiten des Bootes hingen von der Tide ab. Meist mußte man in grauer Morgenfrühe, bepackt, durch die leeren Gassen von Galway zum Hafen laufen, ein weiter Weg. Traf es sich, daß das Schiff zuerst die anderen Inseln anlief, INISHMORE, die große, und Inishmaan, die mittlere, so war man fast den ganzen Tag unterwegs, um nach Inisheer zu gelangen. Die Fremden standen mit ihren Photoapparaten an Deck, die Inselmänner drängten sich unten an die Bar; die Inselfrauen waren ebenfalls unten im Schiff, aber in einem anderen Raum, etliche seekrank. Man hat sie nie anders verteilt gesehen. Ein krächzender Lautsprecher gab irische Melodien zum besten, das sentimentale »Galway Bay« durfte nicht fehlen. Auf der großen Insel standen am Pier irische Kutschen, *Jaunting Cars*, bereit, im Laufe der Jahre auch einige Autos und Kleinbusse. So ist es auch heute noch. Meist blieb Zeit genug, um quer über die Insel zu fahren und hinaufzusteigen zu jenem Wunderwerk, das DUN AENGUS heißt, dreifacher Mauerring einer Festung, die in steilen Felsen jäh zum Atlantik abstürzt: »vielleicht das großartigste Denkmal der Vorgeschichte Westeuropas«. Wie viel gibt es zu sehen auf Inishmore, heidnische Steine und Kapellen der frühchristlichen Zeit, Burgen und Gräber. Man muß die Freude an diesen Funden mit zahlreichen anderen Touristen teilen. Anders INISHMAAN. Die mittlere Insel scheint noch fremdartiger, fast abweisend. Fremde kommen selten, obwohl auch hier ein Ringfort unbekannten Ursprungs und ungewissen Alters zu betrachten wäre, auch andere *National Monuments.* Einmal, als wir uns der Insel näherten, auf Reede gingen, als die schwarzen Schatten der Curraghs schon übers Wasser kamen, sahen wir am Ufer, göttergleich, einen riesigen Stier stehen, bewegungslos, auf jeder Seite mit Leinen von je sechs Männern gehalten. Er wurde dem Saum des Meeres zugetrieben und folgte willenlos. Vermutlich hatte man ihm Whiskey eingeflößt. Drei Männer sprangen in ihren Curragh, das Boot stach in See, alle Leinen waren nun bei den Ruderern, das gewaltige Tier mußte folgen, begann zu schwimmen. Aber als der Curragh sich schließlich mit Mühe an unser Boot heranmanövriert hatte, ein Kran sich aufs Wasser senkte, war der Koloß nur noch ein armes, tropfendes Bündel Fleisch.

Der Aufenthalt auf Inishmaan dauerte nie lange; INISHEER, die östliche Insel, jenseits eines Streifen Wassers, dem Foul Sound, kam schon in Sicht.

Zu diesem lieblichen Felsen im Atlantik fährt man aber heute zumeist von Doolin aus, an den Küsten von Clare. Oder man nimmt in Galway das Flugzeug.

So wurden noch vor wenigen Jahren Tiere von den Aran Islands nach Galway verfrachtet

Inisheer
Freunde auf dem Friedhof

Die Häuser von DOOLIN in der Grafschaft Clare liegen weit verstreut an der Straße zum Hafen, mehrere Pubs dieses Dorfes sind Treffpunkt von Folklore-Experten und solchen, die sich dafür halten, fast ausschließlich kontinentaler, vor allem germanischer Herkunft. In der Nähe dieses Ortes haben sich Hotels und andere preiswerte Unterkünfte angesiedelt.

In Doolin Harbour betreibt Bill O'Brien den einträglichen Fährdienst nach Inisheer; Fahrzeit etwa 40 Minuten. Während wir auf das Boot warteten, erzählte uns Bill von der Insel drüben. *»The old characters are gone«*, sagte er und schüttelte bedauernd den Kopf. »Die Originale von ehedem sind gestorben.« Aber dann hatte er nur Positives zu berichten. »Es geht aufwärts. Die jungen Männer können daheim bleiben, es gibt Arbeit für sie, neue Projekte. Die Einwohnerzahl ist gestiegen in den letzten Jahren.« »Gilt das für alle drei Inseln?« »Auf Inishmore kam die gute Zeit schon eher, seit die Schiffe aus Galway so zahlreiche Touristen brachten. Mein Boot versorgt vor allem Inisheer mit Gästen. Aber Inishmaan, in der Mitte, ist ein anderer Fall. Dort wollten die Leute, daß alles so bliebe, wie es war. Das geht heute nicht mehr. Viele Häuser stehen schon leer.«

»Wann warst du zum ersten Mal auf Inisheer?« Das wollte Thomas wissen, als wir schon den Leuchtturm im Westen und die dunklen Umrisse eines Wracks am Strand deutlich erkannten. Ich rechnete nach: »1958«.

Damals kamen noch die *Hooker*, mit Torf beladen, regelmäßig vom Festland herüber; in den Kaminen, die noch heute freundliche Höhlen sind, mit niedrigen Bänken rechts und links, brannte Tag und Nacht das Feuer. Die Frauen, zumindest die älteren, verheirateten, trugen ohne Ausnahme den roten schwingenden Friesrock. Zum Ausgehen nahmen sie ein schwarzes Wolltuch um die Schultern. Wußten sie, wie schön sie aussahen?

Damals – und noch viele Jahre lang – holte man sein Wasser am Brunnen. Weite Wege, mit schweren Eimern. Der Strand lag weiß und sauber. Getanzt haben wir auf Steinplatten im Sand, zur Musik einer Fiedel, im Dunkeln. Man ahnte nur, wer

Fischer von Inisheer

der Partner war. Der Laden war Ausschank zugleich. Und damit die Kinder nicht in einen Raum kämen, in dem die Männer saßen und tranken, hatte man ihnen einen Verschlag gebaut, in dem sie geduldig warteten. Auch die Frauen sah man dort, besonders an Bootstagen, wenn die Curraghs hinausgeglitten waren zum Schiff, das draußen ankern mußte.

Was mir an den Bewohnern zuerst gefiel: ihre große Würde. Das fast höfisch anmutende Zeremoniell, mit dem jede Phase des Tageslaufs, jede Begegnung bestimmt und geregelt war. Ich lernte, daß es unhöflich ist, sich nicht sofort hinzusetzen, wenn man ein Haus betritt. Ich machte Besuche, wenn ich die Tür offen fand, und nur bei den Verwandten meiner Freunde, innerhalb des Clans. Damals war zehn Uhr abends keine schlechte Zeit, um solche Visiten zu machen. Bis dahin war alle Arbeit getan, und der Hausherr oder der große Sohn vom Melken der Kuh, von der andern Seite der Insel zurückgekehrt – unter einem Himmel, an dem schon der Mond stand. Aber dunkel war es noch nicht, und die Erde schien alle Farben des Tages aufgehoben zu haben. Kam man bei solchen Gängen am Laden vorbei, so standen im hellen Lichtfleck der offenen Tür die jungen Männer. Trinken, vor der Tür stehen, einmal im Freien tanzen, das waren zu jener Zeit ihre einzigen Vergnügungen. Die Alten erzählten sich Geschichten. Und wie sie erzählen konnten – die Haare standen einem zu Berge. Im Laufe der Zeit blieben sie immer mehr unter sich; die Jüngeren mußten fort zur Arbeit, die Insel verlassen.

Wir kommen näher – und auf den ersten Blick scheint alles unverändert: das Ufer sanft geschwungen, über ihm ein sehr weißer und breiter Sandstreifen.

Einmal, als ich an dieser Stelle badete, tauchten neben mir delphinartige Tiere auf, Tümmler. Zum Greifen nahe waren die dicken Köpfe, ehe sie im Wasser versanken, und die Schwanzflossen, wenn sie hochschnellten in immer gleichem Rhythmus. Ich erschrak mehr als die Fabelwesen, die ruhig weiterzogen. »Sie wollten mit dir spielen«, wurde mir später gesagt.

Jenseits des weißen Streifens, hinter dünnen Schleiern, sind die Häuser verstreut, steigt das Land langsam an, steinig und grau, überzogen vom Zickzack der Steinmauern, vom blaßen Grün der kleinen »Gärten« gefleckt, gekrönt von Steinterrassen und verfallenem Mauerwerk und dem Turm einer Burg. Die Häuser sind weiß, wie sie es immer waren, aber ein Strohdach haben sie nicht mehr. Neue Bauten sind dazugekommen, aber nicht allzuviele und keine, die hoch oder häßlich wären. Das größte Gebäude ist immer noch die Schule, zur Linken in den Dünen. Der Strand ist bei unserer Ankunft leer. Unser Boot erscheint ja mehrmals am Tag; sein Kommen gehört nun ebenso zum Insel-Alltag wie die kleinen Maschinen der Aer Arann, die auf einer schmalen Piste in den Dünen regelmäßig landen und starten.

Damals war der Strand selten leer. Lautloses Erscheinen und Fortgehen wie auf einer Bühne, nach Stichworten, die ich nicht kannte. Und alle, die mitspielten, sahen sich ähnlich: kühne Gesichter unter der Schirmmütze, graublaues handgewebtes Zeug, schwere blaue Hemden, den *Kriss*, einen handgewebten bunten Gürtel, über die Hose gebunden, damit sie hielt.

Vom Meer her kam ein Curragh, zwei Männer saßen darin, zwei andere standen plötzlich am Ufersaum, halfen das Boot an

Land zu ziehen. Und dann: den Curragh hochstemmen, umkippen, forttragen. Ein Bild, tausendmal photographiert und gefilmt. Zwei oder drei Paar Beine im gleichmäßigen Schritt, weiche Knie, die Füße schlürften im Sand, darüber der Bootsrükken, schwarz aufgewölbt, glänzend vor Nässe. Manchmal wurde eines der Boote geflickt, ähnlich, wie man es mit Fahrradreifen macht: ein grobes Stück Leinwand wurde auf den Riß gelegt, heißer Teer darübergestrichen, und noch einmal, und nachgeklebt, das war alles. Ein Bootsbauer arbeitete damals noch am Strand, hatte dort sein Haus. Man konnte den nackten Rumpf aus schön geschwungenen Planken betrachten. Über dieses Skelett wurde nur der dünne, mehrere Male geteerte Stoff gezogen. Dann wurden die Ruder gearbeitet, lange Stangen mit ungewöhnlich schmalem Blatt, die in dreieckigen hölzernen Dollen hin- und herfuhren, für uns ganz ungewohnt. Aber die Männer von Aran handhabten sie mit lockerem Handgelenk und großem Geschick.

Zwischen Felsen, nahe dem Wasser, liegt am gewohnten Platz, umgestülpt, die Reihe der Curraghs, freilich weniger Boote als früher. An ihrer Herstellungsweise hat sich nichts geändert. Sie werden, mit Außenbordmotor, noch zum Fischfang verwendet, oder zu Fahrten zwischen den Inseln. Man weiß, daß sie weiterhin das sicherste Boot sind, um stürmischen Winden und den schweren Brechern des Atlantik zu begegnen. Das Schiff aus Galway, dem früher die Curraghs entgegenfahren mußten, kann heutzutage landen, jedenfalls bei ruhigem Wetter. Auch wir gehen an Land. Mit Erstaunen sehe ich ein Gefährt aus Disneyland auf der geteerten Straße stehen. Der Traktor zieht ein strohgedecktes Häuschen auf Rädern, aus dessen Fenstern die Fremden im Vorbeirollen die Insel und ihre Sehenswürdigkeiten betrachten können. Bald ist jeder Platz besetzt. Die übrigen gehen zu Fuß, verlieren sich zwischen den Mauern, nur ihre Köpfe scheinen noch darüberzuschweben. Thomas und Brigitta wollen das Wrack der »Plassy« besuchen, das, immer noch ein eindrucksvolles schwarzes Gespenst, da auf dem Strand steht, wo eine Flutwelle es vor vielen Jahren hinwarf.

Mein Freund Martin vollbrachte bei der Bergung der Mannschaft eine Heldentat. Es gelang ihm, in orkanartigem Sturm,

eine Rettungsboje in den Mast des hilflos in den Brechern treibenden Schiffes zu schießen. Dann konnten Mann für Mann am Seil ans Ufer gezogen werden. Von der Brandung zwischen die Felsen gesetzt wurde die Plassy erst später.

Martin und die anderen Freunde von damals muß ich auf dem Friedhof besuchen. Nun kann ich sie bei ihrem richtigen Namen nennen. Damals, als ich zuerst von der Insel und ihren Bewohnern erzählte, waren sie so bescheiden und zurückhaltend, daß sie mich baten, jeweils ein Pseudonym zu wählen. So mußten aus Sara, Joe und Martin eine Judith, ein Mike und ein Thomas werden.

Der Friedhof von Inisheer ist ein Krater in den Dünen. Man steigt steil hinauf. Der feine Sand ist mit winzigen Muschelfragmenten durchsetzt, Überreste eines »Kitchenmidden«, eines Abfallhaufens frühester Bewohner, von denen man nichts weiß. Das eiserne Friedhofstor knarrt in den Angeln, schlägt hinter mir zu.

Hier watete, rutschte ich früher durch tiefen Sand. Die Inschriften der vereinzelten Grabsteine waren zugeweht. Die Familien kannten ohnehin ihren Platz. Bei jedem Windstoß wirbelte Sand auf in dünnen Schleiern, wurde zurückgetrieben, hinabgefegt in den Krater, zu der Ruine einer Kirche am Grunde. St. Cavan's Church soll aus dem 10. Jahrhundert stammen. – Bei einer Sanduhr füllt sich das untere Gefäß im Gleichmaß der Zeit. Hier war es ähnlich: die Sandflut stieg stetig an. Aber einmal im Jahr, zum Geburtstag des Heiligen am 14. Juni, wurde die Kirche ausgegraben, bis die grauen Bodenplatten im Inneren wieder zum Vorschein kamen. Der steinerne Altar wurde gefegt und gebürstet. Wer hinunterkroch, konnte das Bild des Gekreuzigten betrachten. Zwei Engel ihm zur Seite, Schemen von Engeln ohne Gesichter, aber mit weit schwingenden Flügeln.

Bei gutem Wetter wurde am Morgen des *Pattern Day* eine Messe in St. Cavans Kirche gelesen. Aber viele besuchten den Heiligen schon am Vorabend seines Festes. Manche blieben die Nacht über in der Ruine – solche, die ein besonderes Anliegen hatten, Trost oder Heilung suchten.

Wrack der Plassy – Martin rettete die Mannschaft

Einmal in einer stürmischen Nacht haben auch Sara und ich, warm vermummt, den Weg zum Friedhof angetreten. Als wir näherkamen, sahen wir ein schwaches Leuchten aus der Tiefe des Kraters. In der Kirche am Altar hockten und lehnten junge Burschen. Sie hatten Kerzen aufgestellt und angezündet und starrten nun stumm in die Flammen. Weiter entfernt, am Boden, war ein großer dunkler Fleck – als sei dort Blut vergossen. Zwei Frauen hatten sich da zum Schlafen hingelegt, mit ihren warmen roten Friesröcken zugedeckt. Nicht weit von der Kirche entfernt sahen wir den schwachen Schein eines einzelnen Lichts. Dort war das »Grab des Cavan« freigeschaufelt worden, ein schmaler Schacht in der Düne. Die Steinplatte am Grunde, mit einem uralten Kreuz gezeichnet, gilt in dieser Nacht als bevorzugter Platz. In der Kirche war es windstill, die Kerzen flackerten nicht. Wenn man mit dem Rücken gegen die Mauern saß, so schien eine trockene Wärme überzuströmen. Der Sand rieselte sachte herab, man merkte das erst kaum. Aber dann spürte man ihn: auf den Lippen, in den Augenwinkeln. Die Stille war sehr groß. Ab und zu ging einer der Männer, andere kamen. Die Kerzen brannten nur langsam nieder. »Ihr müßt schlafen«, hatte man uns gesagt. »Wer einschläft, dem wird geholfen.« Griechenland war mir da eingefallen, Epidauros und sein Heilschlaf. In welche Bezirke der menschlichen Seele, zu welchen Urvorstellungen waren wir hinabgestiegen in dieser Nacht? Der Morgen kam türkisfarben und triumphierend, aber der Sturm war noch stärker geworden. Die Messe fand in der Dorfkirche statt.

Nun ist der Sandboden ringsum und im Krater mit Gras dicht bepflanzt. Die Kirchenruine liegt frei, man kann ohne Mühe zu ihr hinabsteigen. Ich gehe oben von Grab zu Grab, so wie ich sie noch in der Erinnerung habe. Joe, der *Shanachie*, der Erzähler wunderbarer Begebenheiten, ist nach seinem Tod auf die heimatliche Insel zurückgekehrt. Martin ruht aus – vom Mauerbauen ohne Mörtel, bei dem er bedächtig einen Stein zu anderen setzte, die großen, schmalen nebeneinander wie Bücher in einem Regal, die kleinen runden darüber. Aber ab und zu mußte er ein Stück dieser Mauer wieder einreißen, um seine Kuh, die das Jahr über im Freien blieb, in den nächsten »Garten« zu treiben. Dann baute er die lose Wand wieder auf. »Ich hasse diese Stei-

Esel, aber keine Autos

ne«, sagte er einmal. Das war der einzige bittere Ausspruch, den ich je von ihm hörte. Dabei bekam er für jeden Meter neu errichteter Mauer Geld vom Staat. Auch Sara ist zur Ruhe gekommen. Sie bäckt kein Sodabrot mehr im eisernen Topf, der im Kamin über dem Feuer hing. Man sieht sie nicht mehr leichtfüßig, wie schwebend, hohe Mauern übersteigen, um Gemüse aus einem entfernten Beet zu holen.

Als ich den Friedhof schon wieder im Rücken habe, höre ich aus der Ferne die Pausenglocke und sehe, wie die Kinder – so viel mehr Kinder als früher – von ihren wilden Spielen in den Dünen angelaufen kommen; sich dann aber, wie eh und je, gesittet anstellen und im Gänsemarsch in ihre Schule ziehen. Sie werden, da sie auch daheim irisch sprechen, vom Staat ebenso bevorzugt wie ihre Eltern. Die Kleinen bekommen die besten Lehrer, die Großen Steuerfreiheit und andere Vergünstigungen.

»The old characters are gone.« Einem von ihnen begegne ich doch noch. Schon von ferne sehe ich seinen Esel herantraben.

Ohne diese Tiere geht es nicht, da Autos im Inselsand eine kurze Lebensdauer haben. Aber nur die alten Männer sah ich noch reiten. Ihre Füße schleifen fast am Boden. Sie dirigieren das willige Geschöpf, Bruder aller Esel, mit einem zerfaserten Strick. Der Alte stutzt, hält an und begrüßt mich mit jenem unnachahmlichen Seitlichrucken und gleichzeitigen Hochwerfen des Kopfes, das allen Iren zu eigen ist. Meinen Namen weiß er nicht mehr, aber daß wir zusammen »manchen genommen« haben, ist ihm noch deutlich in Erinnerung.

Die Inselleute sind beweglich geworden, beinahe könnte man sie weltmännisch nennen. Zum Einkaufen nach Galway, zum Besuch der Tochter nach Dublin – das wird alles mit dem Flugzeug erledigt. Von den Buben, die ich damals kannte, arbeitet einer in einem Gaeltacht-Gebiet im Süden als Lehrer, ein anderer steht hinter der Bar des kleinen Hotels.

Im Laden über dem Strand sitze ich schließlich, nach gebührender Begrüßung und einer Tasse Kaffee, abseits auf einer Kiste und beobachte die Frauen beim Einkaufen. Wie schön die alte irische Sprache klingt. »Gott sei mit dir«, sagen sie zu einer Alten, die gerade am Krückstock hereinkommt. Sie antwortet: »Gott und Maria seien mit euch.«

Landeinwärts, nur ein kleines Stück weit. Ein Kuckuck lockt. Aus allen Tälern hört man den Ruf dieses Vogels, nah und frech auch von den Mauern. Man kann zusehen, wie der graue Leib bei jedem Rufen vor- und zurückschnellt, zitternd von der Anstrengung, so laute Töne aus dem kleinen Körper zu holen. Viele Tiere sind hier ähnlich furchtlos. Schwarze Kormorane stehen, eng beieinander, auf den Klippen und wenden nur ein wenig den Hals, wenn jemand vorüberkommt. Strandläufer hüpfen im Sand, den Menschen nahe, und Lerchen steigen so dicht bei den Häusern auf, daß ihre Flügel fast den Rauch berühren, der sich bläulich aus den Kaminen hebt.

Ich muß zurück zum Boot; doch bevor ich abfahre, gilt mein letzter Besuch einem kleinen Haus, das leersteht, im verwilderten Garten verfällt. Hier habe ich, viele Sommer lang, bei Martin und Sara die erste Tugend der Inselleute, ihre Höflichkeit des Herzens, erfahren. Wenige Meter weiter, noch innerhalb der Gartenmauern, ist schon der Boden für eine neue Wohnstätte bereitet.

Coole und Ballylee
Ein literarischer Ausflug

Die Landschaften des William Butler Yeats sind im irischen Westen zu finden: ein Berg, ein See, ein Turm. Den Berg kennen wir – es ist der Benbulben in Sligo, der wie ein dunkler Schrein Sagen und Mythen hütet. »Ein Ort, den der salzige Seewind kahl gefegt hat.« Der See von Coole ist nicht hell und nicht dunkel; Schwäne spiegeln sich in ihm. Mit dem Turm von Ballylee hat sich der Dichter selber ein Denkmal gesetzt. Coole und Ballylee liegen südlich von Galway, am Rande dieser Grafschaft, schon beinahe in Clare.

Yeats war Anglo-Ire und wuchs in London auf. Die Landschaft am Fuß des Benbulben und das großelterliche Haus der Familie Pollexfen lockten als Ferienheimat. Der Vater malte, der Bruder wurde Maler, ein Onkel hatte das zweite Gesicht. Der Großvater war streng und schwieg. Die Vettern wohnten in einem Spukhaus. Ans Fenster klopfte ein toter Schmuggler, die Hunde heulten. Im Garten ging ein Geist um; er hatte die Gestalt eines Plätteisens und hütete einen Schatz. »Master Willie« hörte zu, wenn die Mutter in der Küche mit den Nachbarinnen sprach, wenn Geschichten erzählt wurden, »wie Homer sie wußte«. Als Yeats älter wurde, redete er selber mit den Leuten. »Hast du die Geister gesehen, Paddy?« »Sie haben mich genug geärgert.« – Wer sich der Yeatsschen Poesie zuwenden will, muß zuvor dies alles wissen.

Als junger Mann studierte er in seinen Sligo-Ferien die Natur. Er segelte zur Nacht mit seinem Vetter, »denn ich wollte erfahren, welche Vögel des Meeres vor der Morgendämmerung wach sind«. Er muß die Reiher beobachtet haben, die landeinwärts nisten. Er wußte später, daß »es Vögel sind, die in Ufernähe bleiben«. Sein Vater und sein Bruder Jack malten die heimatliche Landschaft. Er, der Dichter, nahm alles in seinen Geist auf, auch das Kleinste, und bewahrte es dort, hielt es fest – so wie ein klares Stück Bernstein einen Käfer oder eine Spinne umschließt und bewahrt. Ihm war das »kalte Auge« gegeben, von dem auf seinem Grabspruch die Rede ist, der von Gefühlen ungetrübte Blick, der nur nach der Wahrheit der Dinge sucht. Wenn man den Versen des Dichters durch die Jahrzehnte nachgeht, scheint eine unabsehbare Reihe von Tieren und Vögeln vorüberzuziehen – darunter solche, die wir kennen, mit der Genauigkeit eines Zoologen beschrieben; aber auch Geschöpfe, die uns schaudern lassen, den dunklen Bezirken der Träume entsprungen. Da ist

»der katzenköpfige Vogel, der laut schreit,
eine grabnistende Eule mit ungewissem Flügelschlag.
Seevögel, die auf ihren Felsen frieren,
ein Wurm mit grauem schlammigem Mund;
schlafende Forellen, singende Fische,
ein hinkender Hase, ein blinder Hund
und Adler, die in ihr wolkiges Bett aufsteigen.«

Szenenwechsel zum See von COOLE: es gibt viele seiner Art in Irland. Nach Westen und nach Norden ist er von Weiden begrenzt, Hecken und Steinmauern laufen zum Ufer herab. Wenn man im weiten Wasserspiegel den Gang der Wolken verfolgt, oder auf den starken und warmen Wind achtet, dann ahnt man, daß das Meer nicht weit ist. Auf dem See sind Schwäne – hochmütige Vögel, den brotschnappenden Exemplaren unserer Teiche wenig ähnlich. Im Osten steigt das Gelände hügelig an, zu einem Park, der nur noch Wildnis ist, von Alleen durchzogen, über denen die Bäume sich ineinander verflechten. Efeu und Rhododendron wuchern üppig, auch alle Arten von Moosen und Farnen, sie lassen kaum Platz für wilde Rosen und Glockenblumen. Am Rande ein von Taxushecken gesäumtes Stück gezähmter Natur, ein leicht abfallendes welliges Rasengeviert. Auf schmalem Weg, zwischen gestutzten Thuja-Rabatten, gingen wir zur berühmten Buche, einem riesigen Baum, dessen Blätter an der Oberseite brandrot leuchten; aber die Unterseite ist grün. Hier haben die erlesenen Gäste der Lady Augusta Gregory ihre Initialen in den Stamm eingeritzt, von George Bernard Shaw bis Sean O'Casey. Brigitta fuhr mit dem Finger vorsichtig über die numerierten Narben: Nummer 12 ist William Butler Yeats.

Das große Haus der Dame Augusta kennen wir nur noch von Photographien. Die Ruine wurde eingeebnet, Rasen deckt die Trümmer zwischen den Umfassungsmauern. Hierher kam Yeats, um eine Frau zu vergessen, mit der alles Unglück seines Lebens begann.

Yeats sah Maud Gonne zum ersten Mal an einem Frühlingstag des Jahres 1889, in London. Sie galt damals als die schönste Frau ihrer Zeit. George Bernard Shaw nannte sie *»outrageously beautiful«*, unerhört, unverschämt schön. »Pallas Athene mit geradem Rücken und anmaßlichem Haupt«, sagte Yeats von ihr. Alles was sie unternahm, leidenschaftlich, tollkühn, oft unüberlegt, diente dem einen Ziel: Freiheit für Irland. Man hat sie eine neue Jeanne d'Arc genannt; aber ihre Kämpfe wurden landauf, landab in rauchigen Versammlungssälen ausgetragen, später bei Protestmärschen oder im Gefängnis. Maud Gonne war für Yeats Irland persönlich, eine Sagengestalt aus alter Zeit. Was hat der Dichter alles ihr zuliebe getan! Oder war das alles für Irland?

Er, der Schüchterne, lernte es, vor den Menschen zu reden. Er sprach dabei meist in Sinnbildern, aber er fesselte auch einfache Zuhörer durch die Magie seiner Sprache.

Maud Gonne nahm nicht viel Rücksicht auf den dichtenden Freund; vergeblich mahnte er sie:

> »Ich habe meine Träume unter deine Füße gebreitet;
> geh leise – du trittst auf meine Träume.«

Was alles legte er Maud Gonne zu Füßen, auch dann noch, als er sie schon längst verloren hatte. Seine Idee, daß man Irland durch das Wort, durch Sprache und Theaterspiel aufrütteln müsse. Die Gründung einer literarischen Gesellschaft. Eine erste Sammlung irischer Überlieferungen und Volkssagen. Sein Theaterstück »Gräfin Kathleen«. Oder, später, die Geschichten vom Roten Hanrahan, dem Heckenschulmeister, der mit dem Vergil in der Tasche und dem Tintenfaß um den Hals gehängt durchs Land zieht, die Kinder lehrt.

Yeats hat in diesen Jahren Maud Gonne immer wieder gefragt, ob sie seine Frau werden wolle. Sie hat es immer von neuem abgelehnt. 1903 heiratete sie John MacBride, einen »Abenteurer mit rotem gewachstem Schnurrbart«. Der Dichter war krank vor Kummer. Er suchte Heilung im Park der Lady Gregory, seiner Gönnerin, an dem einsamen See, den neunundfünfzig Schwäne bewohnten.

Yeats stand am Wasser, unter Bäumen, die »in der Wintersonne nur noch trockene Stöcke waren«, und sah, nach der Beschreibung seines Freundes und Feindes George Moore, »wie ein langer Regenschirm aus, den jemand bei einem Picknick vergessen hat«.

Lady Gregory hatte viel Mühe mit ihm. Sie nahm Teil an seinem Schaffen, begriff, daß ihm an einem Tag oft nur wenige Zeilen gelingen konnten. Auf Lady Augustas Besitzungen und denen ihrer Freunde lernte Yeats Stil und Lebensart der »Großen Häuser« kennen. Die Mischung aus hochmütiger Abgeschlossenheit und freimütigem Umgang mit den kleinen Leuten, aus verfeinertem Genuß und einfachem Leben beeindruckte ihn tief. Alles Bürgerliche fand er von nun an verächtlich. In seiner Dichtung gibt es den Bourgeois nie; wohl aber Narren und Blinde, Säufer und seltsame Heilige, Bettler und Adlige. Gilt das im übrigen nicht für die meisten irischen Dichter?

In diesen Jahren gründete Yeats mit Lady Gregory, mit John Millington Synge und George Moore ein irisches Nationaltheater, das Abbey Theatre. Wenn man es recht bedenkt, hatte das Schicksal merkwürdige Leute zusammengeführt zu diesem Werk: da war Yeats selber, dem Sprachenlernen so schwerfiel, daß er alle irischen Texte nur aus Übersetzungen kannte, die Namen der Sagenhelden falsch aussprach. George Moore konnte ebenfalls kein Irisch, lebte jahrelang in Paris. Miss Horniman, die das meiste Geld gab, war Engländerin. Und schließlich Lady Gregory, »eine Mischung aus guter Fee, Queen Victoria und galoppierendem Major«. Eine gänzlich furchtlose Dame. Später, zur Zeit der *Troubles*, schreibt sie:

»Gestern drohte man, mich zu ermorden. Ich ließ mitteilen, daß ich täglich von sechs bis sieben an diesem Tisch sitze und daß die Fensterläden geöffnet bleiben.«

Lady Gregory wußte, wie man im Lande ringsum sprach. Sie ging selber zu den Leuten, setzte sich an ihren Herd, hörte ihre Geschichten an und schrieb auf, was man ihr englisch-irisch erzählte. Yeats war bei solchen Gängen oft ihr Begleiter. Er muß ein seltsamer Gast gewesen sein in den Hütten: so groß, so aufrecht, so feierlich schwarz gekleidet; mit so viel Würde sich bewegend und dabei stumm, da er niemanden recht verstand.

Im April 1902 wurde im Abbey Theatre ein neues Stück von Yeats aufgeführt. Maud Gonne spielte Cathleen, die Tochter des Houlihan, ein Symbol Irlands. Als alte Frau kommt sie zu den Landleuten, beklagt den Verlust ihrer vier schönen grünen Felder, der Provinzen des Landes, und entflammt die Jungen für den Freiheitskampf.

Die Männer folgen ihr besinnungslos, der Bräutigam verläßt die Braut am Vorabend der Hochzeit. Cathleen ni Houlihan geht weiter, zur nächsten Hütte. Ein Kind kommt. Ob es eine alte Frau gesehen habe, wird es gefragt. »Nein«, sagt es, »ich sah ein junges Mädchen, und sie schritt wie eine Königin.« Mehr als dreißig Jahre, nachdem Yeats solches schrieb, fragte er sich in einem Gedicht:

> »Hat das Stück, das ich verfaßte,
> jene Männer ausgesandt,
> die von den Engländern erschossen wurden?«

Und wenn er die Kette der Ereignisse von der ersten Aufführung in Dublin bis zum Osteraufstand von 1916 im Geist verfolgte, dann konnte er die Frage nicht mehr ruhigen Gewissens mit einem »Nein« beantworten.

Der Osteraufstand hat für Yeats ein Nachspiel. Unter den Opfern ist John MacBride, der Mann von Maud Gonne, von dem sie freilich seit Jahren getrennt lebte. Er ist nun, in den Augen des Dichters, verklärt durch seine Tat:

> »Von diesem anderen Mann wähnte ich, traumbefangen,
> er sei ein betrunkener, prahlerischer Lümmel …
> Auch er hat seine Rolle
> in der bedeutungslosen Komödie aufgegeben,
> auch er ist verändert worden,
> gänzlich verwandelt …«

Monate später hält Yeats zum letzten Mal um Maud Gonne an; sie weist ihn wiederum ab. Im selben Jahr heiratet der Dichter eine Engländerin.

Mit Georgie Hyde-Lees zusammen hat Yeats den Lebensraum seines Alters, seine ihm eigene Landschaft bewußt und kompromißlos aufgebaut und bewahrt. Der Turm, den er sich nicht weit von Lady Gregorys Haus kaufte, war der Tradition nach ein normannischer Bau. Durch die Verwandtschaft mit den alteingesessenen Butlers fühlte sich Yeats selbst diesem alten Irland zugehörig. Die von ihm verachteten Bürger siedelten nicht in dieser einsamen Gegend; es gab die »Großen Häuser« des Adels und es gab, zwischen Hecken und Weiden, die strohgedeckten Hütten der Bauern. Das Land ringsum trug den Namen Kiltartan, der Ort selbst hieß Ballylee – hätte der Dichter in seinen Träumen schönere Namen finden können? Seinen Turm schmückte Yeats mit dem gälischen Namen »Thoor«.

Thoor Ballylee: schattenreiche Eschen und Ulmen. »Ein Morgen steinigen Grundes.« Ein Fluß und eine Brücke. »Moorhühner kreuzten den Strom, wurden von Kühen erschreckt.« Im Westen versinkt das Wasser und läuft unterirdisch weiter, dem Meere zu. Wenn Yeats seine Freundin Lady Gregory besuchen wollte, liebte er es, die wenigen Meilen zu Fuß zu gehen, auf jenen weißen gewundenen Wegen, die wie ein Netz das Land überziehen, und die von so hohen Hecken gesäumt sind, daß kein Blick in die Weite den Geist ablenkt.

Es waren nun nicht nur seine Verse und Dramen, die der Dichter in eine endgültige Form brachte, es war sein Leben selbst. Er stellte Möbel in sein Zimmer, die »einfach genug gewesen wären für die Hirten von Galiläa«, und doch den hohen, gewölbten Räumen, den steinernen Kaminen gemäß. Er wollte nur solche Gegenstände in die Hand nehmen, die schon jahrhundertelang gebraucht worden waren, von »großen und leidenschaftlichen Naturen«. Die Decken ließ er in einem dunklen Blau malen, mit Sternen ausschmücken. Die enge steinerne Wendeltreppe mit ihren 54 Stufen fand er »erstaunlich leise«; er konnte ungestört arbeiten. Wer nachts über Land ging, erblickte von ferne den Schein seiner Studierlampe:

Thoor Ballylee, der Turm des Dichters

»Mißgünstiges Lampenlicht verschattet brennt,
mißgünstige Nacht fern hinterm Vorhang ruht.
Daß wir so wortreich sind und wieder sind
mit höchstem Inhalt: Lied und Kunstübung:
Der alterslahme Leib ist Weisheit;
jung war Liebe unser und wir waren blind.«

Yeats wurde Senator des jungen irischen Freistaats – eine damals nicht ungefährliche Aufgabe. Er gehörte auch der Kommission an, die über das neue Geld des Landes zu bestimmen hatte. War er es, der veranlaßte, daß die schönen irischen Münzen, wie wir sie heute kennen, das Bild jener Tiere tragen, denen man schon im »Book of Kells« begegnet, Hase und Hund, Fisch und Vogel, Stier und Pferd?

Im Jahre 1923 wurde Yeats der Nobelpreis verliehen. Die schwedische Königsfamilie soll später geäußert haben, es sei nie zuvor ein Preisträger so würdig aufgetreten, ganz mit der Sicherheit eines Höflings. Yeats war nicht der einzige irische Dichter, dem die hohe Ehrung zukam: 1925 folgte George Bernard Shaw, 1969 Samuel Beckett. Sean MacBride, dem Sohn der Maud Gonne, wurde der Friedensnobelpreis verliehen, in Würdigung seiner humanitären Bestrebungen. Er leitete die »Commission des Juristes« in Genf, die man als Vorläuferin von Amnesty International bezeichnen kann.

nard Shaw, 1969 Samuel Beckett. Sean MacBride, dem Sohn

Wir kamen erst gegen Abend nach BALLYLEE. In keinem anderen Jahr habe ich den irischen Weißdorn so überschäumend, triumphierend blühen sehen. Die letzten Besucher des Museums verliefen sich gerade. Einige standen noch im Empfangsraum, in die dort ausliegenden Bücher und Schriften vertieft. Mein Empfehlungsschreiben half: Man zeigte uns einen klugen und eindrucksvollen Film über den Turm und seine Bewohner. Dann durften wir hinauf. Alles war, wie Yeats es beschrieben hat. Auf der engen gewundenen Steintreppe dachte ich mitleidig an seine Frau, die hier zwei Kinder aufzog. Je höher wir stiegen, desto weiter wurde der Blick aus den Fenstern, desto heller schien der Weißdorn heraufzuleuchten. Brigitta las vor: *»I declare this tower to be my symbol.«* Der Turm bedeutete Yeats mehr; er war ihm Inspiration und zugleich Zuflucht vor der Welt, in der Zeit des Bürgerkriegs.

Was er nun niederschreibt, ist eine Beschwörung aller guten Kräfte, im Angesicht seines alten Mauerwerkes, in dessen Spalten Bienen nisten. »Wir sind umzingelt«, sagt der Dichter, »sitzen mit unserer Ungewißheit hinter verschlossenen Türen; irgendwo wird ein Mensch umgebracht, ein Haus niedergebrannt: Oh Honigbienen, kommt, baut im leeren Haus der Stare.« – Und dann eine klare Deutung des irischen Zwiespalts, die bittere Erkenntnis:

> »Wir haben unser Herz mit Phantasien gefüttert,
> und das Herz ist von dieser Kost brutal geworden;
> unser Haß ist jetzt stärker als unsere Liebe;
> Oh Honigbienen,
> kommt, baut im leeren Haus der Stare.«

Burren
Alpenblumen und Eremiten

Von dieser Gegend sagten Cromwells Soldaten: »Zuwenig Bäume, um einen aufzuhängen, zuwenig Wasser, um ihn zu ertränken, zuwenig Erde, um ihn zu verscharren.« Um die Karstlandschaft des Burren am Atlantik, in der Grafschaft Clare, ganz würdigen zu können, müßte man Geologe oder Botaniker sein. Die grauen porösen Kuppen der Berge scheinen plötzlich wie abgeschnitten; sie sitzen älterem und dunklerem Gestein auf, das von magerer Erde bedeckt ist, Pflanzen gedeihen läßt, fahlgrüne Weiden, ab und zu kleine Wäldchen. Die oberen Terrassen dagegen sind völlig kahl, ihre Steinplatten von parallellaufenden Rinnen und Ritzen tief durchfurcht – Spuren von Gletschern, Arbeit des Wassers. Alles Leben scheint sich hier verborgen zu halten. Unterirdische Höhlen und Gänge und Strudellöcher warten auf ihre Entdeckung, Wasserflüsse kommen und gehen, Seen liegen im ewigen Dunkel. Die AILLWEE CAVE bei Ballyvaughan gibt einen ersten Eindruck dieser Welt.

Im Burren muß man neugierig und behende sein. Man braucht Zeit und feste Schuhe. Wir ließen unser Auto in der Einsamkeit stehen, stiegen über eine Mauer, betraten eines der steinernen Plateaus, auf deren weichem Kalk es sich so angenehm geht. Verstreut liegende gewaltige Felsbrocken beirrten uns nicht – wir suchten Blumen. Gerade im Frühjahr blüht es in der Tiefe der Spalten vielfarbig und üppig wie in einem Treibhaus. Enzian und andere Alpengewächse stehen neben Orchideen. Vom Wind hergeweht, von Gletschern hinterlassen, von mildem Regen begossen, in der feuchten Atlantikluft gedeihend, so haben sich hier arktische Pflanzen neben mediterranen angesiedelt. Brigitta pflückte Anemonen und Zwergröschen. Thomas sah Schmetterlinge seltener Art. Hatten sie sich mit ihren Flügeln der Farbe der Blüten angepaßt, die sie besuchten? Es waren auch bescheidene weiße darunter.

Die Ruine einer Zisterzienserabtei, nicht allzuweit entfernt von der Straße Kinvara-Ballyvaughan, gibt in ihrem Namen aufs schönste den Charakter dieser Landschaft wieder. Die CORCOMROE ABBEY wurde von den Erbauern des 12. Jahrhunderts »Sancta Maria de petra fertilis« genannt. Wenn man unter den verzierten Rippen des Chors steht, neben der Grabnische, in der ein Enkel des Gründers, Conor O'Brian, in steinernem Schlaf ruht, dann sieht man durch drei schmale Ostfenster hinaus auf die »fruchtbaren Felsen«.

Das Land der kahlen Terrassen ließ uns lange nicht los. In früher Zeit, so stellten wir erstaunt fest, muß es dicht besiedelt gewesen sein. Steinforts zeugen davon, am schönsten das hoch über einem Tal gelegene CAHERCOMMAUN mit seiner dreifachen Umwallung. Beim POULNABRONE DOLMEN fanden wir die Mondlandschaft plötzlich durch Touristen belebt, ihre bunten Jacken leuchteten im Grau. Sie jonglierten über Felsbrocken, versuchten vergeblich, steinerne Male zu setzen, photographierten den gewaltigen, schräg ruhenden Deckstein der Grabstätte, der sie weit überragte.

Am liebsten war uns die Gegend von CARRAN. »Von oben gesehen«, sagt Brigitta, »müßten die Steinplatten aussehen wie Kontinente, und das Gras, das zwischen ihnen wächst, wie das sie umgebende Meer.« Einmal sahen wir spitze hohe Steine in einem Ring beieinander stehen. Hat man sie vor zweitausend Jahren so aufgestellt oder vor zehn? Weidet man Ziegen in diesem Raum, haben Druiden dort geopfert?

Im Burren

Selbst aus den seltenen Wiesenflächen ragen einzelne Steine auf, scheinen Gesichter zu haben, uns anzuschauen. Brigitta würde am liebsten einen von ihnen mitschleppen – so wie sie am Meer jene glattgeschliffenen, schönfarbenen, meist ovalen Steine auflas, deren Kollern und Rollen in der Brandung weithin zu hören ist. »Welch ein Land«, sagte sie, »hier apportieren die Hunde keine Hölzer, sondern Steinbrocken.«

Wen wundert es, daß diese Landschaft frühchristliche Eremiten anzog? Sie suchten ja Wüste. Zum Burren gehört die Legende vom König von Connaught, Guaire, dessen rechte Hand vom vielen Schenken größer war als seine linke. Er wohnte in KINVARA. Ein Turm des 16. Jahrhunderts dort trägt seinen Namen; ein Ringwall, der den Bau umgibt, stammt aus des Königs Zeit. Beim abendlichen Bankett in den Mauern von DUNGUAIRE wird den heutigen Gästen auch die Legende vom guten König erzählt:

Einmal, zur Osterzeit, als sich Guaire gerade mit seinem Gefolge zu Tisch setzen wollte, öffnete sich das Fenster und die dampfenden Schüsseln und Platten flogen davon. Die Männer warfen sich aufs Pferd und folgten dem Weg der Speisen, bis sie in der Einsiedelei des Colman MacDuagh anlangten, der in seiner Klause im Burren samt seinem Diener eben an Hunger litt.

Nun muß der Chronist die Vita des Heiligen etwas verfremdet haben. Er nennt MacDuagh den Bruder des Königs – aber zwischen beiden historischen Gestalten bestand ein Altersunterschied von etwa fünfzig Jahren. Sicher ist dagegen, daß Guaire dem Einsiedler Grund und Boden für eine Klostersiedlung schenkte. So entstand KILMACDUAGH, das so friedlich am Fuße des Burren liegt, mit seinem schiefen Rundturm und den in Weiden verstreut liegenden Kirchenruinen. Aber MacDuagh zog es zurück in die Einsamkeit. Sein »Bett«, seine klare Quelle und die Überreste einer Kirche sind nur mit Mühe in der Gegend von Oughtmama zu finden. Aber die Mühe lohnt sich. »Wie lieblich ist dieser Ort«, sagten zu jener Zeit die Dichter. Man sieht weit hinaus in die Ebenen im Osten. In den halbmondförmigen Vertiefungen der Felsplatten ringsum glauben die Bewohner der Gegend Spuren der Pferde zu erkennen, die

Corcomroe Abbey im Burren, Figur eines Abtes (13. Jahrhundert)

Kilfenora, einst Bischofssitz: in der Ruine der »Cathedral«

damals auf dem »Weg der Schüsseln« den Speisen nachjagten. Colman MacDuagh starb 623.

So freundliche, phantastische, oft komische Geschichten von den Männern und Frauen der frühchristlichen Zeit gehören zu vielen Orten in Irland. Berge und Kirchenruinen, Brunnen und Steine sind nach ihnen benannt. Am *Pattern Day*, ihrem Jahrestag, erinnert man sich an sie und kommt zu ihnen zu Besuch.

Zurück zum Burren. CORKSCREW DRIVE, Korkenzieherstraße, heißt die wichtigste Verbindung zwischen Nord und Süd über die Berge. Unterhalb ihrer Kurven und Kehren liegt »Gregan's Castle Hotel« als freundliche Oase in der Einsamkeit. Man kann auch, von Ballyvaughan aus, die schöne Strecke zwischen Burren und Meer nehmen, vorbei am BLACK HEAD, der Seefahrern das Ende der GALWAY BAY anzeigt. Wiederum ein *Atlantic Drive*, dem wir gerne folgten. Draußen liegen die Aran-Inseln, Inisheer ganz nahe. Mit dem Fernglas erkannte ich jedes Haus.

So kamen wir nach LISDOONVARNA. Ich hatte das einzige Heilbad Irlands, sein Tälchen mit dem Badehaus en miniature bisher nur menschenleer und wie verzaubert erlebt. Aber der Dornröschenschlaf dieses Ortes scheint ein Ende gefunden zu haben. Man hat wohl die Reihen der Hotels und Pensionen, in deren Speisesaal früher, wie im Märchen, schön gedeckte Tische vergeblich auf Gäste warteten, als leicht erreichbare Unterkünfte entdeckt – sowohl vom Burren aus als auch von Süden her, wo die immer noch anwachsenden Scharen der Touristen alle Höhen über den spektakulären Abstürzen der CLIFFS OF MOHER besetzen.

Seit 200 Jahren findet in Lisdoonvarna im September ein Heiratsmarkt statt. Ich habe das leider nie erlebt. Aber wie ich Irland und die Iren kenne, werden sich vor allem ältere Damen und Herren einfinden. Oder hat auch hier ein Wandel stattgefunden?

An der Straße zwischen Lisdoonvarna und dem gemütlichen Dorf COROFIN steht an einer Kreuzung die Ruine des LEAMANAGH CASTLE, deren Fassade aus dem 17. Jahrhundert mich immer an eine einst prächtige, nun nutzlos stehengebliebene Filmkulisse erinnert. Aber zuvor hielt uns ein anderer Ort lange gefangen. KILFENORA ist immer noch ein unbedeutendes Dorf, so wie ich es früher kannte. Aber jeden Tag halten zahlreiche Autobusse vor dem »Burren Display Center«. Hier erklärt man den Fremden die geologischen Besonderheiten des Burren an einem Modell; man zeigt ihnen Filme und präpariertes Getier der Gegend, auch Schaukästen mit Schmetterlingen, deren Schönheit aus der Nähe noch besser zu bewundern ist. Wer aus dem Center fortgeht, vielleicht nach einer guten Tasse Tee, weiß allerhand über die Geheimnisse der Karstregion.

Bis ins 18. Jahrhundert war dieses Kilfenora Bischofssitz. Im 11. und 12. Jahrhundert muß es eine nicht unbedeutende Steinmetzschule besessen haben. Heute sind noch zu sehen: vier Hochkreuze und eine Kirche, die zum Teil überdacht ist und für den Gottesdienst der protestantischen Gemeinde benützt wird, zum Teil als Ruine liegt. Eines der Hochkreuze ist außerhalb der Friedhofsmauern auf einer Weide zu finden.

Im Friedhof stand das Gras hoch. Die Front der Kirche erinnert an spanische oder baskische Bauten, sie ist flach und nach oben hin treppenförmig abgestuft, von einem Türmchen gekrönt; kleine Fenster sind spärlich und symmetrisch in die Fassade gesetzt.

Beim zweiten der Hochkreuze, mitten im Friedhof, blieben wir lange stehen: vor seinen steinernen Gestalten, vor allem vor einem Bischof mit weisem Gesicht und abstehenden Ohren, dem zwei Vögel rechts und links auf der Schulter sitzen. An den Seitenflächen des Kreuzes nur grob geritzte Gesichtszüge, als habe ein Kind diese Linien gezogen. Ähnliches sahen wir in Carndonagh, in Donegal. Das dritte Hochkreuz ist in seiner Mitte aufgewölbt, als sei es aus Silber getrieben, ein Schmuckstück. Das vierte: nur noch ein Fragment.

Wir wußten ja schon, daß Iren sich im Tod gerne um ihre Heiligen scharen und hatten unterwegs zahlreiche Beispiele gesehen. Aber nirgends wurde es mir so deutlich wie hier in Kilfenora. Wir fanden ein frisches Grab. Das Hochkreuz über ihm schien sein eigener kostbarer Gedenkstein zu sein. Nur eine kleine Holztafel steckte in der Erde: »Für Catherine, von Dad und den Schwestern.«

Über der Tür zur *Cathedral* ein Kopf mit Bischofsmütze. Warum sehen Gesichter, die aus Wänden ragen, immer spöttisch aus? Die Grabsteine in der Ruine ohne Dach sind aufrecht in die Wand eingelassen. Das Bildnis eines Bischofs ist nur in den Stein geritzt; in seinem Gewand, nahe dem Saum, ein merkwürdiges schachbrettartiges Muster, ein Quadrat, den langen Rock nicht ganz ausfüllend. Die Füße: nebeneinander zur Seite gestellt, wie man es auf ägyptischen Abbildungen sieht. Der Mann im Bischofsornat hat große mandelförmige Augen, die geöffnet sind. Eine hohe Stirn. Dieses Gesicht könnte aus unseren Tagen stammen.

Shannon Region
Stichwort Atlantik

In der Frühzeit der Fliegerei konnten die Maschinen zwar den Atlantik überqueren, aber viel weiter reichte der Treibstoff nicht. Der westlichste Flugplatz Europas, im Schwemmland der Shannon-Mündung, gewann überragende Bedeutung. Der erste Duty-free-Shop der Welt entstand. Und noch etwas nahm hier seinen Anfang: Ein Oberkellner im Flughafenrestaurant hatte Mitleid mit seinen Gästen, die übernächtig und verfroren eintrafen. Er wärmte Gläser, tat einen guten Schuß Whiskey hinein, auch braunen Zucker, füllte mit glühheißem Kaffee auf und gab noch eine Lage Sahne darüber. Zeit zum Mischen hatte er nicht mehr. Der Irish Coffee war entstanden; das ist jedenfalls eine Version der Geschichte. Heute erhält man ihn überall auf der Welt. Und er wird immer mit dem Hinweis serviert: »Nicht umrühren!«

Iren trinken den Irish Coffee selten oder nie. Touristen, die in einem ländlichen Pub dieses Getränk verlangen, werden Verwunderung erregen.

Mit stärkeren Maschinen und dem Ausbau der Flugnetze schien das Schicksal von SHANNON AIRPORT besiegelt. Aber es kam anders. Im riesigen zollfreien Areal wurden Fertigungs- und Handwerksbetriebe angesiedelt. Eine Stadt entwickelte sich. Die Shannon Development Company begann, sich um das Land ringsum und seinen Tourismus zu kümmern. Feriendörfer wurden gebaut mit strohgedeckten *Cottages*, wie sie früher die Landleute und Fischer bewohnten, aber mit allen Bequemlichkeiten; abends streckt man die Füße am Kaminfeuer aus. In Kilrush, im Gebiet der Shannon-Mündung, entsteht ein neuer großzügiger Hafen, mit einer Werft und einem »Fishing Village«, dessen Fachgeschäfte alles verkaufen werden, was das Herz eines Seglers oder Anglers erfreut. Die weiten Gewässer vor der Tür und im Atlantik draußen haben schon immer Yachten und andere Boote angelockt. Der alte, fast in Vergessenheit geratene Flughafen ist im Zeitalter des Charter-Tourismus von neuem wichtig geworden. Ein Ziel der Ankommenden wird das CRAGGENOWEN PROJECT sein, ein äußerst lebendiges Museumsdorf, dessen Hauptattraktion die Pfahlbauten aus der Bronzezeit

Ennis: Festival der Volksmusik

sind. Als Glanzstück des Projektes steht unter Glas das Lederboot »Brendan«. Von Tim Severin und seiner Atlantik-Überquerung werde ich dort erzählen, wo seine Fahrt ihren Anfang nahm, bei der Dingle Peninsula.

In der Shannon Region gibt es laute und leise Gegenden. BUNRATTY CASTLE rechne ich den lauten zu. Aber das Schloß des späten 15. Jahrhunderts ist außen und innen ein eindrucksvoller Bau. Ob man hier an einem mittelalterlichen Bankett in der hohen Halle teilnehmen, Met trinken und seinen Braten mit den Fingern essen will, während schöne Maiden zur Harfe singen und kräftige Knappen aufspielen – das bleibt dem persönlichen Geschmack überlassen.

Meine Vorliebe gilt eher dem FOLK PARK draußen, einem lebendigen und heiteren Freilichtmuseum, in dem Fischerhütten und Bauernkaten aus mehreren Jahrhunderten, stroh- oder schilfgedeckt, auf grünem Rasen beieinanderstehen. Aber keineswegs museal verstaubt. An den kleinen Fenstern blühen Blumen, Hühner picken im Gemüsebeet, Tauben sitzen vor ihrem Schlag in der Scheunenwand. Ein Pfau kreischt. In einer Küche wird Brot gebacken, auch Apfelkuchen, den man gleich draußen im Garten verspeisen kann.

An diese ländliche Idylle schließt sich eine Kleinstadtstraße mit ihren Läden an. Bei den Wollwaren strickt eine alte Frau im offenen Fenster. Beim Kaufmann locken Bonbongläser in allen Farben, und im Doktorhaus liegen die Instrumente bereit. Im Postamt schließlich hängen Stiefel von der Decke. Hinter der abgewetzten Theke – »künstlich abgewetzt«, sagt Thomas – stapeln sich Waren, nach denen man heute vergeblich suchen würde. »Damenunterhosen, lang« steht da zum Beispiel. »Kann man die kaufen?« fragt Brigitta das Postfräulein. »Leider nicht – nur noch die Aufschriften der Schachteln sind echt.«

Über dem Gelände erhebt sich ein »Herrenhaus«, ganz so eingerichtet, wie es wohl früher einmal aussah.

Nach Ennis, der Hauptstadt von Clare, kommen Ende Mai Scharen von jungen Leuten zum großen Festival, An Fleadh Nua. Dann ist keine Straße und keine Gasse ohne Musik, aus jedem Fenster quillen Töne. Wer immer ein Instrument zu spielen versteht, gesellt sich zu einer Gruppe und verfällt auf Stunden der Magie des Zusammenmusizierens, dem Zauber der alten Melodien. Das ist Volksmusik im besten Sinn.

Zurück ins stille Clare. *Dysert*, englisch *desert*, ist Wüste. Wir wissen ja, daß die frühen irischen Heiligen es den Eremiten und Säulenheiligen der Thebais gleichtun wollten. Auch DYSERT O'DEA, in einem Netz schmalster Landwege hinter Hecken versteckt, muß einmal sehr einsam gewesen sein und ist es zu gewissen Stunden immer noch. Aber seit kurzem hat man den Touristen einen *trail*, eine Spur, gelegt, von einem sehenswerten Ort zum anderen. An diesem Weg steht auch eine alte Scheune, in der ein Heckenschulmeister Unterricht gegeben haben soll; zu jener Zeit, als den katholischen Kindern das kostbare Gut der Bildung vorenthalten wurde.

Bis ins 19. Jahrhundert hinein zogen Heckenschulmeister wie Schmuggler durchs Land. Oft waren es fähige und geistvolle Männer, auch Dichter. Daß sie ihr Amt nicht mit bürgerlicher Regelmäßigkeit ausübten, kann man ihnen kaum verdenken. Sie mußten ja bei jedem Wetter hinter der Hecke sitzen. Sie aßen ihr Brot, wo sie es bekamen. Sie hatten immer nur barfüßige Lumpenkinder um sich – Kinder allerdings, deren Augen aufleuchteten, wenn der Lehrer eine neue Weisheit für sie hatte. Das Schulgeld betrug einen Penny in der Woche; wer ein *poor scholar* war, ein armes Kind, hatte nichts zu zahlen. Als einmal in den Bergen von Kerry lange kein Lehrer erschienen war, entführten die Bewohner einen von ihnen und hielten ihn fünf Jahre lang gefangen. Dann blieb er freiwillig.

Das Hochkreuz von Dysert O'Dea gilt als das schönste der Provinz Munster. Es stammt aus dem 12. Jahrhundert. Es ist sehr hoch und schmal, sein Stein leuchtet weißlich. Hier werden keine Bildergeschichten mehr erzählt. Auf der Ostseite findet sich unter der Figur des Gekreuzigten die hohe Gestalt eines Bischofs mit Mitra und Krummstab.

Die Kirche im benachbarten Friedhof ist so alt wie das Hochkreuz. Über dem romanischen Portal eine Reihe Köpfe: Tierfratzen, aber auch Menschengesichter, traurige, sinnende, bärtige, mongolenäugige.

Wir kamen zur Zeit der blühenden Kastanien nach Dysert. Ich war schon öfters hier, einmal vor langer Zeit; davon erzählte ich, während wir hinter der Kirchhofsmauer in der warmen Sonne saßen:

»Wir wohnten damals in Ennis. Der erste Abend war so schön, daß wir nach dem Essen beschlossen, uns das Kreuz hier anzusehen. Aber die Dunkelheit kam schneller, als wir dachten, und wir verirrten uns.« »Das ist doch kaum möglich«, meinte Thomas, »bei den vielen Wegweisern.« »Die gab es damals noch nicht. Plötzlich stand unser Auto doch am Friedhofseingang. Wir tasteten uns zu dieser Mauer vor.« »War es nicht unheimlich, so im Dunkeln auf einem Friedhof?« »Das war es. Nasses Gras strich uns um die Beine. Man rutschte und stolperte zwischen den Gräbern. Als wir schließlich jenseits der Mauer waren, stampfte und schnaubte es auf der Wiese. Eine Kuhherde. Die Tiere umringten uns neugierig, ließen uns aber in Ruhe. Wir wußten ungefähr, wo das Kreuz steht. Unsere Augen hatten sich an die Dunkelheit gewöhnt. Wir waren ganz zuversichtlich.« »Und dann?« »Das Kreuz war nicht da.« »Wie?« »Es war wirklich nicht da.« »Seid ihr auf einer falschen Wiese gewesen? Oder hast du das alles geträumt?« »Warte nur. Wir sind zurückgefahren, sogar ohne Umwege diesmal. Der Wirt in unserem kleinen Hotel, ein sehr alter Mann, war noch wach, als wir kamen. Ich glaube, er schrieb Rechnungen. Über unseren Bericht schüttelte er den Kopf. »War es Mitternacht in Dysert?« fragte er. Er schien dieser Stunde, in der nach altem irischem Glauben allerlei Geistervolk unterwegs ist, nicht recht zu trauen. – In Dublin, im Museum, sind wir dann gründlich ausgelacht worden: »Eine schöne Geschichte! Das Hochkreuz steht im Augenblick in Barcelona, auf einer Ausstellung.«

Heutzutage, stellten wir fest, würde so etwas kaum noch vorkommen. Man geht vorsichtiger mit Kunstdenkmälern um, schickt sie nicht mehr auf Reisen. »Hat man je daran gedacht«, fragte Brigitta, »die irischen Hochkreuze zu ihrer Erhaltung in geeignete Räume zu bringen, und dafür draußen am alten Ort Kopien aufzustellen?« »Ich weiß nur, daß das Kreuz auf dem Rock of Cashel eine Kopie ist. Das Original steht ein paar Schritte weiter, in einem kleinen Museum.«

Dysert O'Dea:
romanischer Torbogen in der Kirchenruine; in der Nähe schönes Hochkreuz des 12. Jahrhunderts

Limerick ist eindrucksvoll, wenn man die Stadt, jenseits des breit strömenden Shannon, vom anderen Ufer aus sieht. Die gedrungenen Rundtürme des St. John's Castle beherrschen das Bild. Aber die schöne Fassade trügt, genauer gesagt: trügt noch. Die Bürger von Limerick sind lange Zeit sehr schlecht mit ihrer Stadt umgegangen. Sie haben den Fluß vernachlässigt, ihm den Rücken gekehrt und in liebloser Weise landeinwärts gebaut. In die Mauern der ehrwürdigen Burg wurden häßliche Häuser gesetzt. Aber der Tag der Reue ist gekommen. Die Bausünden sollen verschwinden. Als wir 1990 Limerick besuchten, war die Gegend zwischen der Burg und der St. Mary's Cathedral eine einzige Baustelle. Überall wurde abgetragen, ausgeschachtet, neu errichtet; mehr Baukräne als Kirchtürme ragten in den Himmel. »Wir krempeln Limerick um«, heißt die Parole. Die Häuser im historischen Geviert werden zum Fluß hin schauen. Dort, an den Quais und Uferpromenaden, soll Limerick eines Tages am schönsten und am lebendigsten sein. Die Pläne zur Umgestaltung sind interessant, auch jene Bauten, die schon fertig stehen.

Gleichzeitig will man den Bewohnern die Geschichte ihrer Stadt in Erinnerung rufen. Über die Zukunft soll die Vergangenheit nicht in Vergessenheit geraten. Nach der für ihn verlorenen Schlacht im Boyne-Tal, 1690, verließ Jakob II. Irland und ließ katholische Iren und Franzosen, die für seine Sache gekämpft hatten, schmählich im Stich. So ging der Krieg halbherzig weiter, bis sich Jakobs Truppen in Limerick verschanzten und dort belagert wurden. Bei der Verteidigung sollen sich die Frauen besonders hervorgetan haben. Sie seien mutiger als die Männer gewesen und hätten unter den Feinden Angst und Schrecken verbreitet. Im Oktober 1691 kam es zum Friedensschluß. Dieser »Treaty of Limerick« sollte den Katholiken freie Religionsausübung und einige weitere Rechte gewähren, vor allem den freien Abzug der jakobitischen Truppen. Wilhelm von Oranien unterzeichnete den Vertrag, aber das protestantische Parlament in London erklärte ihn für ungültig. Ein Stein am Shannon erinnert an die gebrochene Zusage und ihre traurigen Folgen. Wie zur Zeit des O'Neill und des O'Donnell sahen sich die katholischen Iren um ihren Lebensraum betrogen und wanderten scharenweise aus. Die aus den alten Familien stammten, wurden an den Höfen Europas aufgenommen und kamen dort zu hohen Ehren, als treue Gefolgsleute und Beamte der Herrscher, vor allem aber als fähige Soldaten auf vielen Schlachtfeldern. Man sagt, daß in den meisten der großen europäischen Adelshäuser seitdem ein Spritzer irischen Blutes zu finden sei.

In Irland nannte man diese Söhne, die in die Fremde zogen, *wild geese*, Wildgänse – und es wurde nach irischer Art eine versöhnliche und poetische Legende auf ihren Tod erdacht: Wer von ihnen auf einem Schlachtfeld in der Fremde falle, dessen Seele kehre nach Irland zurück und lasse beim Flug über die Moorebenen der Heimat den klagenden Schrei der Wildgans ertönen.

Im Zeichen der jüngsten Bestrebungen haben die Bürger von Limerick sich auch der Wildgänse erinnert und deren späte Nachfahren eingeladen, die Stadt zu besuchen.

Nicht weit von Limerick, auf der Straße in den Süden, liegt das Dorf ADARE. So weit das Auge reicht, war ringsum alles Land im Besitz der Earls of Dunraven. Sie waren gute Herren. Das Hotel im Dorf trägt noch mit Würde ihren Namen; die Cottages, einst für Siedler aus der Pfalz gebaut, sind noch reetgedeckt. Aber aus dem prächtigen Schloß des 19. Jahrhunderts ist ein Luxushotel geworden, und aus den Wiesen mit der malerischen Ruine einer Franziskanerabtei ein Golfplatz. Wer das alte Gemäuer besichtigten möchte, geht einen gefährlichen Weg und wird von den Spielern mißbilligend betrachtet.

Dingle Peninsula
Von Schreibenden und Seefahrern

Wir fuhren auf ungewöhnlich gerader Straße: eintöniger Auftakt zu den Schönheiten der Grafschaft Kerry. Unser erstes Ziel hieß LISTOWEL. In einer der nützlichen »Information Offices« des Fremdenverkehrsverbandes war mir das Programm der »Writers Week« in die Hände gefallen.

Writer: die Grenze zwischen Schriftsteller und Dichter ist in diesem Land nicht genau auszumachen. Das Treffen der irischen Schreibenden findet immer im Juni statt. »Warum gerade in Listowel?« fragte Brigitta. »Warum nicht in einem der geistigen Zentren, in Dublin oder Cork?« »Weil der Erfinder und Leiter dieser Zusammenkünfte, John B. Keane, auch er ein Dichter, in Listowel eine Kneipe betreibt.« Oh Irland! Thomas meinte: »Wenn wir Glück haben, kommen wir gerade recht zum ersten Tag der literarischen Woche.«

11 *Kylemore Lough, Connemara –*
»Ein Garten der Farben«

12 *Killary Fjord, Connemara –*
»Jene Ufer, die die Sonne trifft«

13 *Clifden –*
»Zwölf Berge am Horizont«

14 *Ross Errilly am Lough Corrib –*
»Kloster der geduldigen Mönche«

15 *Inisheer, Aran Islands –*
»Überzogen vom Zickzack der Steinmauern«

Die Häuser von Listowel, mit einem Anflug des Skurrilen, scharen sich um einen Marktplatz von ungewöhnlicher Ausdehnung. Die Kneipe des Dichter versteckt sich in einer Seitenstraße. Ich erwartete, daß uns ein Schwall von tönenden Worten, hitzigen Diskussionen entgegenschlagen würde. Nichts dergleichen. In dem eher dunklen und kargen Raum schliefen zwei alte Männer über ihrem Guinness. Die Frau hinter dem Tresen schüttelte den Kopf und sah uns fast vorwurfsvoll an: »Mein Mann arbeitet doch noch.« So scheint J. B. Keane einem weiteren, dritten Beruf nachzugehen. Wir haben ihn leider nicht kennengelernt, wir waren zu früh gekommen. Und auf die allmähliche Ankunft der Dichter konnten wir nicht warten. So liefen wir eine Weile ziellos straßauf, straßab, schauten auch ins erste Haus am Platz. Dort warteten rote Polstersessel, rote Plüschvorhänge und viele Aschenbecher in den Salons auf die privaten Runden der dichtenden Gäste, während im leeren Ballsaal die Stühle noch gestapelt standen, nur an der Bar im Hintergrund bereits jene Flüssigkeiten angeliefert wurden, ohne die hierzulande feurige Reden kaum denkbar sind. 300 Teilnehmer wurden erwartet, die meisten freilich erst im Lauf der nächsten Tage. Während wir enttäuscht zum Auto zurückgingen, glaubten Brigitta und ich, in dem einen oder anderen der Vorübergehenden bereits einen *writer* oder *poet* zu erkennen.

Nun waren wir schon den Schönheiten von Kerry nahe. In verwirrender Vielfalt standen farbige Bergketten am Horizont. Strände leuchteten auf: Wir kamen zur Dingle Peninsula. Fuchsienhecken mit ihren flammend roten Blüten säumen, wie überall im Süden, auf dieser malerischen Halbinsel die Straßen. Einzelne Sträucher wachsen so hoch, daß sie beinahe den Blick versperren auf die Hänge ringsum, auf kleine helle Vierecke, Getreidefelder, auf wucherndes Farnkraut im blassesten Grün und dunkles, fast schwarzes Moos. Und überall ist auch hier das Meer gegenwärtig.

Die DINGLE PENINSULA steckt voll von Altertümern. Ogham-Steine erzählen von Geschlechtern, die längst nicht mehr sind. *Standing Stones* finden sich, jene hohen, oft stark verwitterten Steine, die aufrecht stehen und vielleicht an den Anführer eines Clans erinnern. An einem »getauften« Stein entfaltet sich das

Kreuzornament wie eine Blume. Im Spätfrühling stehen manche der Monumente in einem Feld gelber Iris. Die Kelche dieser Blüten sind dunkel gemustert, fast schwarz.

Niedrige kreisrunde Steinhütten, einem Bienenkorb ähnlich, waren vielleicht einmal Zellen von Eremiten. Man muß sehr oft »vielleicht« sagen auf dieser Halbinsel, in Irland überhaupt. Es ist auch nicht einfach, die uralten Gehäuse von den runden steinernen Schobern zu unterscheiden, die die Farmer hier heute noch errichten, um ihr Heu darin aufzubewahren. Seit mehr als tausend Jahren hat sich die Bauweise nicht verändert, es war nichts daran zu verbessern. Das GALLARUS ORATORY, früher von Brombeerhecken umwuchert, ist heute eine vielbesuchte Sehenswürdigkeit. Dieses Gebetshaus unbekannten Alters, bei BALLYFERRITER, ruht wie ein kieloben niedergelegtes Boot auf der Erde. Seine meterdicken Mauern wölben sich ohne Mörtel; die Steine sind sorgfältig übereinander geschichtet. Der Innenraum bleibt auch bei stärkstem Regen trocken. Der steinerne Dachfirst hat sich im Lauf der Jahrhunderte in der Mitte ein wenig eingesenkt, als sei er müde.

KILMALKEDAR in der Nähe ist mir lieb: wieder einmal ein Ort, der die fromme Askese, die stürmischen Gebete der frühen Einsiedler erfahren hat. Man glaubt es zu spüren. Die Ruine der Kirche, mit ihren Blendarkaden und Tierornamenten, ist St. Cormac's Chapel auf dem Rock of Cashel verwandt und stammt, wie diese, aus dem 12. Jahrhundert. Sie hütet in ihren Mauern den »Alphabetstein«, den einzigen seiner Art in Irland: die Buchstaben, so wie wir sie kennen und benutzen, sind in eine aufragende Steinplatte gemeißelt, daneben die alte Ogham-Schrift.

Nirgends sonst in Europa ragt eine Landspitze so weit hinaus in den Atlantik. »Das nächste Dorf liegt in Amerika.« Das lernten wir in DUNQUIN, in »Kruger's Pub«. Der einstige Besitzer dieses Hauses hatte eigentlich einen ganz anderen Namen. Aber als Kind, während des Burenkrieges, schwärmte er für Ohm Krüger, und solche *nicknames* überdauern in Irland die Zeiten. Die

An der Küste der Dingle Peninsula

Gegend um Dunquin ist eine der gälischen Sprachinseln. Man trifft hier immer Gäste an, die zum Lernen kommen und ihre Abende in den Häusern ringsum verbringen, in der Unterhaltung mit den Einheimischen ihre Kenntnisse vorsichtig erprobend.

Wir saßen auf den zerklüfteten Klippen von SLEA HEAD. Die BLASKET ISLANDS schwammen dunkel und bucklig in der Flut. Man konnte die Häuser des verlassenen Dorfes drüben erkennen, die in geraden Reihen den Berg hinauf gebaut waren. Auf diesen Inseln hat es Könige gegeben. Der letzte von ihnen war ein Briefträger. Er wird als kleiner und sehr sanfter Mann geschildert. Nach ihm wählten die Leute von der Insel eine Frau zu ihrer Königin. Ich habe Peig Sayers noch gekannt, freilich nicht mehr auf der Insel draußen, wo man sich zum abendlichen Gespräch in ihrer Küche versammelte – einem Raum, den man darum *Dáil* nannte, wie das Parlament in Dublin. Ich besuchte die Königin in einem Krankenhaus in Ventry. Sie war blind und sehr alt; aber sie freute sich über den Whiskey, den wir ihr unters Kopfkissen schmuggelten, und man merkte immer noch, daß sie eine große Erzählerin gewesen sein muß.

Wie viel ging verloren, als man, 1953, die Insel aufgab: alte Überlieferungen und gute Gedanken, die nur in solcher Einsamkeit gedacht werden können. Auf den Blaskets gab es nicht nur Tomás O'Crohan und Maurice O'Sullivan, einfache Männer, die Bücher über ihr Leben schrieben. Es gab auch viele heimliche Dichter. Robin Flower, ein Engländer und Direktor am British Museum, war ein Freund der Insel und wußte am meisten über sie: Einmal – so erzählte er – habe er abends in der Küche des Königs gegessen. Ein französischer Vers kam ihm in den Sinn; er sagte ihn leise vor sich hin. *»Où est la neige de l'année passée?«* »Was sprichst du da?« fragte der König. »Es ist französisch«, sagte Flower und übersetzte die Worte. »Gut so«, sagten alle Anwesenden, »das haben wir bei uns auch: *›Where is the bright snow from last year?‹«* Darauf Flower: »Der Mann der es auf französisch gesagt hat, war ein Dichter.« »Daran ist kein Zweifel«, bemerkte der König, »und ein guter dazu. Es würde

Das verlassene Dorf auf den Blasket Islands

mich nicht wundern, wenn ihm das eher als uns eingefallen wäre. Die Franzosen sind ein großes Volk.« »Sein Name war François Villon, und er wurde zum Tod durch den Strang verurteilt.« »So ist es manchem guten Dichter ergangen.«

Der Nordwesten dieser Halbinsel ist Brendan-Land. Von hier aus hat sich im 6. Jahrhundert der fromme Seefahrer Brendan mit vierzehn Gefährten auf »die ungewissen Pfade des Meeres« begeben, mit einem Segelboot, das wie ein Curragh von heute gebaut, mit Lederhäuten bespannt war. Der Bericht von seinen siebenjährigen Fahrten, etwa 200 Jahre später aufgezeichnet, Abenteurergeschichte, Science-fiction-Roman des Mittelalters, wurde überall bekannt, mit Spannung gelesen und aus dem Lateinischen in viele Sprachen übersetzt. Später hieß es: eine seltsame Legende, keltischer Phantasie entsprungen. Erst in unserer Zeit wurde der Wahrheitsgehalt der Fabel wiederentdeckt und überprüft. Der Historiker Tim Severin ließ ein Boot der alten Art bauen und folgte 1976 und 1977 in zwei Etappen dem vermuteten Weg des Heiligen. Die »Stepping Stone Route« von Insel zu Insel führte ihn von St. Brendan's Creek, einer Bucht am Fuße des Brandon Mountain, über die Hebriden, Färöer, Island und Grönland an die Küste Amerikas. Eine kühne und gefährliche Fahrt, bei der die Bootsbesatzung von meist nur vier Mann, in sturmgepeitschter See von schweren Brechern überspült, öfter naß als trocken war, mit widrigen Winden und Flauten zu kämpfen hatte. Packeis schlug ein Leck ins Lederboot. Und trotzdem gaben sie nicht auf. Mit Staunen stellten sie fest, daß ihnen viele jener Phänomene begegneten, von denen der heilige Brendan berichtet hatte. Sie kamen zu Inseln, von denen aus ihnen Tausende von Vögeln schreiend entgegenstürzten. Wale sammelten sich um ihr Boot und begleiteten es, tauchten unter ihm durch. Allerdings war keiner von ihnen so riesenhaft und tief in Schlaf versunken, daß die Bootsmannschaft auf seinem Rücken ein Feuer hätte anzünden können, um ein Mahl zu bereiten. Islands Vulkane sind teilweise noch heute tätig. Als 1963 vor Surtsey ein neuer Vulkan auftauchte, schwefeligen Dampf ausstieß, heiße Asche regnen ließ, muß es wie zu Brendans Zeiten gewesen sein: die herausgeschleuderte glühende Lava brachte da, wo sie in weitem Umkreis ins Meer geschleudert wurde, das

Wasser zum Kochen. Der Heilige sah »kristallene Säulen, mit einem silbernen Netz, härter als Marmor«: Eisberge in ihrem Packeis. Daß dort, wo die frommen Männer an Land gingen, mehrfach Menschen sie in ihrer Sprache anredeten, daß sie sogar auf einer Insel ein Kloster irischer Mönche angetroffen haben sollen, verwundert heute ebenfalls nicht mehr. Man weiß inzwischen, wie früh schon – noch vor den »Nordmännern« und lange Jahrhunderte vor Columbus – Land im Westen gesucht und von einzelnen Iren gefunden wurde. Tim Severin hat im kleinen Ort Kirkjubo der Färöer erfahren, daß der frühere Ortsname Brandansvik lautete. Jene Männer, die sich »um Christi willen« in einem Boot dem Meer anvertrauten, wurden auf den Inseln, zu denen sie kamen, »Papars« genannt, Mönche, und das Wort Papar findet sich noch in Orts- und Flurnamen.

Land im Westen – ein alter Traum vieler Völker, besonders aber der Iren. »Tir-na-nogh« wurde ihre Insel der ewigen Jugend genannt. »Wer dorthin kommt, hat keine Arbeit und Sorge, hört auch kein böses Lachen; er wird unter schattigen Hekken sich ergehen und mit Cú Chulainn und seinen Helden reden.« In christlicher Zeit sprach man dann vom »Promised Land of the Saints«. Weit hinter den Blasket Inseln und dem Felsenriff Tearaght tauchte, so hieß es, bei Sonnenuntergang St. Brendans Insel oder »Hy Brazil« rosenfarben am Horizont auf und verschwand wieder. Auf Seekarten war bis ins 18. Jahrhundert hinein eine solche Insel der Phantasie eingezeichnet.

Skellig Michael
Zwischenspiel mit Papageitauchern

Der Felsen des Erzengels Michael liegt, mit dem kleineren Nachbarn, der Vogelinsel, sieben Meilen vor der Küste. Von einer der schönsten der irischen Straßen, dem »Ring of Kerry«, aus, sind an klaren Tagen die kahlen Felspyramiden deutlich zu erkennen: Gipfel eines versunkenen Gebirges ragen aus dem Meer. Man meint, es müsse ein Kinderspiel sein, dorthin zu gelangen. Manchen Besuchern ist es an einem ruhigen Tag auch geglückt; sie kamen mit der Überzeugung zurück, die Fahrt zum Skellig Rock sei ein harmloser Ausflug. Manche aber warteten tagelang, resignierten.

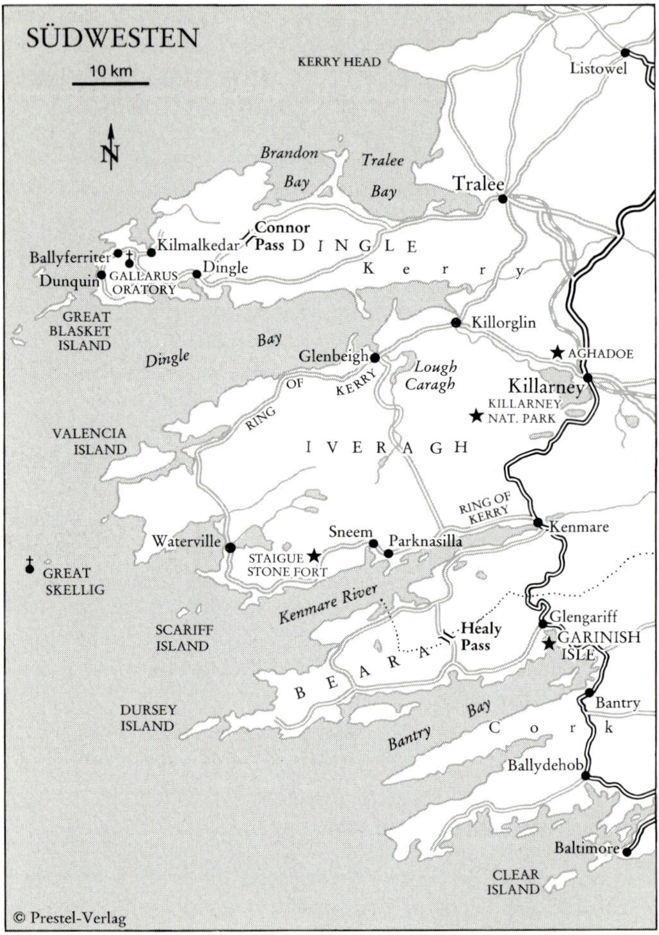

Als ich mit Telefís Eireann, dem Irischen Fernsehen, einen Film über die frühen irischen Christen vereinbarte und dadurch die Ausnahmegenehmigung erhielt, einige Tage draußen zu wohnen, ahnte ich nicht, welches Geschenk ich bekommen hatte. Wir fuhren auf eigenes Risiko, hatten Bettzeug und Proviant dabei. Ein Seehund war Zuschauer, als unsere Kisten und Kartons auf die Betonplattform zwischen den Felsen geworfen wurden. Wir selber folgten, während das Boot in der Felshöhle auf- und abschwankte, dann rasch abdrehte. Dies ist heute der einzig benutzbare Landeplatz. Die Mönche kannten ihn zunächst nicht und versuchten, an anderer, gefährlicher Stelle auf die Insel zu gelangen. Dann begannnen sie, die erste der schwindelnd steilen Himmelsstiegen in den Fels zu schlagen, die hinauf in den Klosterbezirk führen.

Wir hatten uns Skellig Rock kalt, unwirtlich und windig vorgestellt. Es war warm, als wir landeten, warm und windstill, fast wie in einem Treibhaus. Papageitaucher saßen in den Felsen, silberne Sardinen im Schnabel. Möwen lärmten in der Steilwand und andere, uns noch unbekannte Vögel zogen mit surrenden Flügeln vorbei. Über der ganzen Insel schien an diesem sonnigen Tag der feine süßliche Duft der Grasnelken zu liegen.

Wir wohnten im Leuchtturm. Damals war er noch von drei Männern in wechselnden Schichten bewohnt; heute wird er automatisch betrieben. Nur in der ersten Nacht hörte ich um zwei und um sechs Uhr den schweren Tritt der Wärter auf der Treppe. Abends sahen wir den Lichtstrahl draußen kreisen, die Felswände entlangstreichen, ins Dunkel tauchen. Im Dezember 1955 hat eine riesige Welle den Leuchtturm erreicht, sogar überflutet und erheblich beschädigt.

Die Überreste der Klostersiedlung sieht man am besten vom Helikopter aus. Er stieg, von seiner tellerförmigen Lande-Plattform aus, an den Steilwänden hoch, geriet in eine Wolke, senkte sich wieder zur Insel und blieb einen Augenblick über den Klippen. Unter uns, in eine Mulde geduckt, im Schutz des Nordgipfels: kreisrunde Hütten, Mönchszellen in der Form eines Bienenkorbes. Wir zählten neun, größere und kleinere. Zwei Oratorien glichen, als wir sie später aus der Nähe sahen, umgestülpten Booten. Vom Helikopter aus deutlich sichtbar: die lang hingezogenen Mauern der Gärten. Die Treppen mit 670 Stufen, von Hand der Mönche aus dem Gestein geschlagen, ziehen sich wie Filigran die Felsen hinauf.

Abdrehen, hinaus aufs Meer. Die kleinen Skelligs will der Pilot nicht anfliegen, es ist ihm zu gefährlich. Vögel könnten in die Propeller geraten. So schweben wir in respektvollem Ab-

stand an den Felsen vorbei, die noch gespenstischer ragen als jene drüben, aber weiß beschneit scheinen, ehe die Schwärme der Vögel aufsteigen und in tollem Rundflug kreisen. Wir landen wieder auf der großen Insel.

Das Wetter wechselte mit jeder Stunde. In rascher Fahrt trieben Wolken vom Atlantik heran; von einem Augenblick zum anderen war man im milchigen Nebel verloren. Wir tappten, am Rand des Felsenriffs, die letzten hohen Stufen auf der Treppe der Mönche hinauf. Die Mauern des Klosterbezirks wurden erkennbar und zwischen ihnen, mit dem Umriß eines Menschen, ein verwittertes Kreuz.

Im Bienenkorb, der Zelle, war es dunkel und warm. Meine Augen maßen den Raum aus. Sein Grundriß ist quadratisch. Vor dem Türspalt blühte Kamille. Es gab ein Steinbord und Nischen – vielleicht für Manuskripte mit schön geformten Buchstaben. Über mir: die enger und enger werdenden Kreise der Steine, die ohne Mörtel kunstvoll aneinandergefügt sind, so daß der Regen außen abläuft. Ein durchbohrter Schlußstein in der Mitte. Stille. Hier wurde gebetet, meditiert, vielleicht auch gezweifelt und gegen Sinnestäuschungen und Wahnideen gekämpft; und wieder gebetet. Die Gräber der Mönche, draußen am Rand des Kliffs, kamen mir in den Sinn, für die es so wenig Erde gab und die noch durch kleine, verwitterte Kreuze gezeichnet sind. Wer hier aushielt, hatte die Wüste gewählt. Aber er erreichte eine höhere Form der Glückseligkeit, die in unseren Tagen vergeblich gesucht wird.

In vorchristlicher Zeit soll das Felsenriff Sitz der Druiden gewesen sein, die hier die Sterne beobachteten, ihre Weisheit mehrten, sich mit Zaubersprüchen schützten.

In der Blütezeit der Klostersiedlung, die wohl vom 7. Jahrhundert an bestand, wurde in flachen Mulden gesät und geerntet, in den Gärten Gemüse und Blumen gezogen, Kleinvieh gehalten. »823 haben die Wikinger Skellig geplündert«, heißt es in einer Chronik, »und Ethgal wurde verschleppt.« Im 11. Jahrhundert

Skellig Michael: 670 Stufen,
von den Mönchen aus dem Stein geschlagen

verließen die Mönche den Felsen und siedelten sich, drüben in Kerry, in einer milderen Welt an. Sceilg Mhichíl wurde nur noch von Pilgern aufgesucht, die als schwere Bußfahrt, über die Klostersiedlung hinaus, die Spitze des Felsens erstiegen und dort, an gefährlichem Ort, eine einsam ragende, mit einem Kreuz gezeichnete Steinplatte zu küssen versuchten. Unser Kameramann, ein erfahrener Felskletterer, konnte bis in Sichtweite des Kreuzes gelangen, es photographieren – weiter kam er nicht.

Die Natur selbst hat Hütten, Kreuze, Kirchen und Gräber vor einer Zerstörung durch den Menschen bewahrt. Auf der Insel zu nächtigen ist verboten. Die zuständige Behörde hofft, so die Denkmäler zu erhalten.

In einem Buch über die Vogelwelt der Britischen Inseln und Irlands fand ich den Satz: »Die irischen Leuchtturmwärter sind vermutlich die besten Kenner.« Wenn Reggie Sugrue mit uns unterwegs war, sprach er mit Razorbills, Tordalken und Kittiwakes, Dreizehenmöwen, als seien es gute Freunde. Er zeigte uns die Könige unter diesen Vögeln, die Gannets, Baßtölpel. Sie schießen aus großer Höhe direkt ins Meer. Dabei klappen schwere Lider wie Jalousien über ihre Augen und schützen sie. Kurz vor dem Eintauchen schließen sich ihre gewaltigen Schwingen, das Wasser spritzt kaum auf. Die Höhe ihres Sturzfluges kann 40 bis 50 Meter betragen. Drüben auf den Little Skelligs soll mit 20000 Paaren die zweitgrößte Brutstätte der Baßtölpel auf der Welt sein.

Puffins, Papageitaucher, unsere schweigsamen Nachbarn, standen meist vor ihrem Erdbau und traten von einem Fuß auf den anderen – so ausdauernd, daß sich Brocken von Erde und Gestein lösten. Die Leuchtturmwärter tragen Schutzhelme. Die Puffins sind so zahm, daß man sie aus der Nähe ruhig betrachten kann, die feine Linie über dem Auge sieht, die genaue Abgrenzung ihrer schwarzen Tonsur, die schöne Folge der Farben am Papageienschnabel. Wir beobachteten mit Reggie ein sterbendes Tier. Seine Artgenossen bewegen den Kopf ständig hin und her; er hielt ihn ruhig. Ab und zu zog ein weißer Schleier über sein Auge; dann wurde es wieder klar, glänzend und schwarz wie ein Knopf. »Es geht mit ihm zu Ende«, sagte Reggie, »und er weiß es. Der nächste Windstoß wirft ihn von diesem Mauervorsprung direkt ins Meer. So machen sie's immer.«

Wir gingen zurück zum Leuchtturm. Auch an diesem Tag war, wie an allen anderen, kein Boot von der Küste gekommen. »Macht es euch nichts aus, so einsam zu leben?« fragte ich. »Nein«, sagte Reggie, »aber wenn die Puffins fortziehen, im Herbst, das ist schwer für uns.«

Killarney
Kein fehlerfreies Paradies

Auf vielen englischen Stichen des 19. Jahrhunderts ist eine sehr liebliche Seenlandschaft abgebildet, an deren Horizont Berge und Felswände sich drohend erheben: Killarney.

Damals war Killarney ein Reservat der Briten, ein viktorianisches Paradies, Reiseziel aller empfindsamen Seelen. »Es kommen sogar schon Leute vom Kontinent«, heißt es verwundert in einer zeitgenössischen Beschreibung. Nur wenige wagten, gegen diese Mode aufzubegehren. »Ich muß offen gestehen«, sagt William Makepeace Thackeray, »daß mir diese Seen einfach zu schön sind. Und was die Leute betrifft, die für einen Tag aus ihrem Büro in London oder Dublin kommen, um ›die Seen zu sehen‹, und denken, sie kennen Killarney – so könnte ebensogut ein Abc-Schütze eine Zahlentabelle anschauen und dann behaupten, er verstünde sich aufs Rechnen.« Was Herr Thackeray von mehr als hundert Jahren schrieb, gilt leider heute noch – für Killarneys amerikanische Besucher.

Killarneys drei Seen sind durch einen vielfach gewundenen Fluß miteinander verbunden; sie sind inselreich. In ihren Wassern spiegeln sich Bambussträucher und Kastanienbäume, Zedern und riesige Farne. Alle Bäume und Büsche dieser Gegend – einheimische und fremdartige – wachsen höher und stehen mächtiger als anderswo; sie gedeihen zu fast tropischem Dikkicht in der Wärme des Golfstroms, unter milden Regengüssen. Die Wälder der Eichen, der Birken und Kastanien und des Arbutus, des Erdbeerstrauchs mit den dunklen und glänzenden Blättern, bedecken die Hänge der Berge ringsum und steigen fast bis zu den Gipfeln auf. Diese Berge umschließen die Seen in dichten Ketten, sie sind meist hoch; der Carrantuohill in den Macgillicuddy's Reeks, jenseits des Gap of Dunloe, ist mit 1041 Metern sogar die höchste Erhebung der Insel. Er ragt freilich nicht so gefährlich und steil, wie ihn die Maler des 19. Jahrhunderts darzustellen liebten.

Wo die Wälder fehlen, zeigt sich rötlicher Sandstein in nackten Halden, und immer wieder liegen dunkle Bergseen zwischen den Felsen. Nur gegen Osten zu beginnt eine Region des Kalksteins, hier säumen bizarre Steingruppen an manchen Stellen die Ufer des Lower Lake.

Killarney ist kein fehlerfreies Paradies. Das merkt vor allem, wer als ahnungsloser Tourist mit dem Auto ankommt. Er findet eine Ortschaft, die nicht sehr irisch und nicht sehr schön ist und etwas von der Atmosphäre eines ewigen Jahrmarkts hat mit Andenkenbuden, lauten Besuchern und gehobenen Preisen.

Man kann es auch anders haben. Kurz vor der Stadt bogen wir zu den Höhen von AGHADOE ab, zur früheren Klostersiedlung des 7. Jahrhunderts. Nicht viel blieb erhalten, Ruinen und seltsame Steine. Wichtiger war uns hier der Ausblick auf die höchsten Berge der Insel, von den Paps of Dana über den Mangerton bis zum Carrantuohill. Zwischen ihnen und uns lag das weite Tal von Killarney; den stillen Spiegel des Lough Leane hatten wir zu Füßen. Niemand störte uns.

Später nahmen wir im »Lake Hotel« den *Afternoon Tea.* Wir saßen auf einer altmodischen überdeckten Terrasse; ein Regenguß, der vorüberzog, konnte uns nichts anhaben. Wiederum hatten wir alles vor Augen, was schön ist an Killarney: Wasser, Berge, Farben. Wie auf den Aghadoe Hights war es still ringsum und menschenleer. »Wie wird Killarney mit all seinen Besuchern fertig?« Thomas dachte wohl an die Fülle im Zentrum der Stadt, die Reihen der Autobusse, an denen vorbei wir mühsam unseren Weg gesucht hatten. Er schien zu befürchten, die schöne Landschaft würde Schaden nehmen. Ich konnte ihn beruhigen. »Die Menschen verteilen sich. Sie steigen auf Berge, klettern. Die Unternehmungslustigen lassen sich zu ›Kate Kierney's Cottage‹ fahren, mieten dort ein Pferd oder ein Pony, auch wenn sie noch nie auf einem solchen Tier gesessen sind, und reiten den weiten Weg durch eine malerische Schlucht, die ›Gap of Dunloe‹ heißt, bis zum Oberen See.« »Und wenn sie angekommen sind?« »Lassen sie sich nach Killarney zurückrudern.« »Und die es bequemer haben wollen?« fragte Brigitta und lehnte sich in ihrem Strohsessel zurück. »Sie gehen in den Gärten ihrer Hotels spazieren, außerhalb der Ortschaft, oder im National Park. Oder sie spielen Golf. Killarney hat zwei berühmte Plätze.«

Dann fuhren auch wir zum National Park. Von den Seen sahen wir auf dieser Strecke wenig; hohe Mauern verbargen sie. *Jaunting Cars*, offene hochrädrige Pferdewagen, in denen man Rücken an Rücken sitzt, kamen uns in langer Reihe entgegen. Die Passagiere waren in Decken gehüllt, es begann kühl zu werden. Die Kutscher am Eingangstor zum Park waren schon im Aufbruch begriffen, wir interessierten sie nicht mehr. Sie hatten für diesen Tag genug Kundschaft gehabt, ihr Vorrat an freundlichen Lügengeschichten war verbraucht. Uns blieb, vor dem Schließen der Tore, gerade noch Zeit für die Gärten des Muckross House, im Herzen der Anlage. »Das sind ja keine Rhododendronstauden wie bei uns, das sind Blütenwände«, sagte Thomas. Die Farben, vom zartesten Weiß über ein feuriges Rot bis zu schwärzlichem Lila, leuchteten, als seien sie aus unsichtbarer Quelle angestrahlt. Diese Abendstunde gehörte uns allein.

Bei der Weiterfahrt in Richtung Kenmare hörten die Mauern allmählich auf. Die Straße stieg in vielen Kurven zur »Ladies' View«. Queen Victorias Hofdamen sollen dort in Rufe des Entzückens ausgebrochen sein; man kann es verstehen. Der Blick ging über den oberen See hinweg in eine ferne Ebene und zu den Zügen roter, blauer und nachtschwarzer Berge. Vielleicht haben jene recht, die behaupten: das Schönste an Killarney ist die Straße nach Kenmare.

Kenmare
Vom Nest aus unterwegs

Welch ein Tag: Morgens waren wir von Kenmare aus aufgebrochen, zum RING OF KERRY, den man »schönste Straße Irlands« nennt. In PARKNASILLA sahen wir uns plötzlich in tropische Gefilde versetzt und gingen unter Palmen und durch Rhododendron-Dickichte, im Park des »Great Southern Hotel«. Das bunte Bilderbuchdorf SNEEM besahen wir nur durchs Autofenster, aber das prähistorische STAIGUE FORT, ein Stück landeinwärts, wurde umrundet und erklettert. Wir dachten dabei an den

Grianan of Aileach in Donegal; diese Anlage im Süden ist kunstvoller. Zehn sich kreuzende Treppenaufgänge führen zu kleinen Terrassen für die Verteidiger; auch Kammern finden sich im Inneren der vier Meter breiten und teilweise noch über fünf Meter hohen Rundmauer.

Thomas scheuchte uns noch gerade rechtzeitig zurück in den Wagen; er hatte eine Wetterwand aufziehen sehen; schon fielen die ersten Tropfen. Aber später lagen die Skelligs draußen wieder im Sonnenschein, ihre regennassen dunklen Felswände leuchteten. Das Meer schien unruhig. Boote waren nicht zu sehen. »Ich beneide dich, daß du da drüben gewesen bist, eine ganze Woche lang«, sagte Brigitta.

Daß wir auf dieser Küstenstraße nicht allein sein würden, wußten wir schon vorher. Auch außerhalb der Saison muß man ständig mit entgegenkommenden Fahrzeugen rechnen. Wahre Ungetüme an Bussen lauern hinter den Kurven. Waterville, Caherciveen, Glenbeigh: so oft die Straße an Höhe gewann, sich um ein kleines Kap zog, sah man weithin auf türkisfarbene Buchten, helle Strände, grünes Vorland.

Noch vor Killorglin bog Thomas landeinwärts ab. Das dichtbelaubte Tal zu Füßen der Macgillycuddy's Reeks ist für mich nicht weniger schön als Kerrys Küste. Der CARAGH LAKE, unter Anglern berühmt, ist Herzstück einer beinahe paradiesischen Landschaft. Üppiges, wirres Gesträuch, Blütendolden und Riesenfarne, steinige Hänge und Felsnasen spiegeln sich im Moorwasser des Sees. Dieser verborgene und von Winden geschützte Fleck Erde hat zahlreiche Freunde gefunden, die hier ihre Ferienhäuser gebaut haben. Es gibt eine »deutsche Kolonie«.

Später führte unsere Straße wieder bergab, an baumlosen, kühn geformten Bergen vorbei, zurück nach KENMARE. Dieser Ort, an der Mündung seines Flusses in eine Atlantikbucht, wurde künstlich angelegt wie ein kleines Nest und heißt im Gälischen auch so: Neidin. Von hier aus lassen sich nach allen vier

Im Staigue Fort bei Sneem

Himmelsrichtungen die schönsten Fahrten und Wanderungen unternehmen. Kenmare ist bei den Touristen so beliebt, daß auch außerhalb der Saison die Quartiersuche oft schwierig wird.

Beim Abendbummel durch saubere Straßen, an bunten Häusern vorbei, wurden wir vom Klang der *uillean pipes* magisch angezogen. Im Fremdenort Kenmare gab es echte irische Volksmusik zu hören. Die Kneipe war, nach Art der meisten Pubs, ein kahler und ziemlich dunkler Raum. Rauch, Wärme und Bierdunst schlugen uns entgegen. Wir bekamen unsere Getränke – Guinness für Thomas und Brigitta, Gin und Tonic für mich – und gehörten dazu. Im eng besetzten Raum schienen die anderen Gäste ausnahmslos Einheimische zu sein.

Die *uillean pipes* – das war ungewöhnlich – wurden von einer Frau gespielt. Die schwarzhaarige, starke Person saß zunächst noch allein an ihrem Tisch, sie spielte mit Lust und Kraft, drückte mit dem Arm Luft in ihr Instrument. Wieder einmal fiel mir der große Unterschied zwischen dem irischen und dem schottischen Dudelsack auf. Der schottische gehört ins Freie. Nie schien mir sein Klang schöner als an einem frühen Morgen im Hochland. Eine Abteilung Soldaten zog vorüber, ihr *piper* ging voran. Sein Spiel wurde erst vom Wind herangeweht, erfüllte dann immer kräftiger das ganze Tal. Die irischen *uillean pipes* dagegen passen besser in einen Innenraum, sie sind »Kammermusik«. Fachleute bezeichnen sie als *more sophisticated*, sozusagen geistvoller in ihrem Spiel.

Kaum hatten wir den ersten Schluck getan, gesellte sich ein langer, dünner Mann mit scharf geschnittenen Zügen zu der spielenden Frau. Er zog seine Blechflöte, die *tin whistle*, aus der Manteltasche, setzte sich, neigte den Kopf, hörte ein paar Takte lang zu und fiel mit hellen Trillern in die Melodie ein. Die beiden Instrumente beflügelten sich gegenseitig zu immer schnelleren Stücken: *Jigs*, *Hornpipes* oder *Reels*.

Die Tür öffnete sich von neuem, ein Banjospieler trat ein, weitere Zuhörer folgten ihm. *Pipes* und *tin whistle* unterbrachen ihre Melodie nicht. Der Banjospieler setzte sich dazu, horchte, übernahm die Begleitung. Er hatte seine fuchsroten Haare zusammengebunden; zu kurzen Hosen trug er dicke Wollsocken. Melodien von jeweils acht Takten folgten einander, auf- und abschwingende Töne, endlos wiederholt, bis einer der Spielenden durch Aufstampfen mit dem Fuß das Ende ankündigte. Zu guter Letzt brachte ein neuer Gast eine mit Ziegenfell bespannte Trommel mit, einen *bodhran.* Die sonst obligate Ziehharmonika und eine Fiedel fehlten an diesem Abend. »Die Fiedel jault vorneweg, die Harmonika keucht hinterher« – so ist die typisch irische Tanzmusik einmal unfreundlich, aber treffend beschrieben worden. In kurzen Pausen wurde den Musikanten von dankbaren Gästen reichlich Guinness spendiert. Den Banjospieler übermannte schließlich die Rührung, er begann zu singen – mit jenen kehligen, voller Inbrunst hervorgestoßenen Tönen, die entfernt an den Orient erinnern, für irische Volkslieder aber typisch sind. Zu solchem Gesang gehört keine Begleitmusik. Mitternacht kam, der Wirt zeigte durch kurzes Auslöschen der Lichter an, daß *closing hour*, Sperrstunde, sei. Die Gäste murrten, brachen aber gehorsam auf.

Bantry Bay
Palmen und Kuckuck

Unsere Route führte südwärts über die Höhen, durch Tunnels im Fels. Zu unserer Rechten lag die BEARA PENINSULA. In den rauhen und kargen Bergen der Halbinsel wurde einmal Kupfer geschürft. Hungry Hill, der Name einer Erhebung in den Caha Mountains, trifft den Charakter der Landschaft genau. Die Straße von Adrigole über den HEALY-PASS nach Lauragh ist weit weniger belebt als der Ring of Kerry, hat aber ebenso schöne Aussichten zu bieten.

Als wir, auf dem Weg nach Süden, aus dem Dunkel eines letzten Tunnels herausfuhren, begrüßte uns ein Schild: *Welcome to Cork.* Dann lief die Straße abwärts, nach GLENGARIFF.

Dieser Ort in einem Winkel der BANTRY BAY liegt so geschützt und ist der feuchten Wärme des Golfstroms so stark ausgesetzt, daß eine südlich-üppige, beinahe tropische Vegetation seine Hänge bedeckt, bis hinab zum Wasser, das an stillen Abenden perlmuttfarben schimmert und doch ein Blau in sich bewahrt, das aus großen Tiefen zu kommen scheint. In Glengariff kann man unter Palmen gehen und dabei den Kuckuck rufen hören. Die leuchtenden Wände mannshoher Fuchsien säumen Wege und Straßen.

Glengariff schien mir unverändert. Das berühmte »Eccles Hotel« stand im Schmuck seiner zart verschnörkelten gußeisernen Balkone aus viktorianischer Zeit. Nur jene Männer, die an der Straße lautstark für eine Überfahrt zur Garinish-Insel warben, hatten sich Sprechfunkgeräte zugelegt, mit denen sie zu den Bootsleuten unten am Wasser Verbindung aufnehmen konnten.

Beim Hinausfahren ließen sich die glatten grauen Leiber fetter Robben kaum unterscheiden von den nackten Felsen, auf denen sie sich sonnten. Das vorbeiziehende Ausflugsboot beachteten die Tiere nicht.

GARINISH ISLAND muß einmal ebenso nackt und felsig gewesen sein wie die kleinen Eilande ringsum. Dann ließ Mr. John Annan Bryce als neuer Besitzer Tausende von Tonnen guter Erde auf die Insel bringen. Mr. Bryce war Schotte, und die verstehen es, aus dem ödesten Ort ein blühendes Paradies zu schaffen. Der italienische Garten im Herzen der Anlage ist vom Duft der Glyzinien erfüllt. Sein Architekt hat die Berge jenseits der Bucht wirkungsvoll als Kulisse ins Gesamtbild einbezogen. Hier herrscht Harmonie. Außerhalb dieses Bezirks beginnt übergangslos schönste Wildnis. Aber auch sie wurde geschaffen: von Murdoch Mackenzie, Mr. Bryce' schottischem Obergärtner, der 55 Jahre lang, von 1928 bis 1983, hier tätig war. Eine Photographie im Eingangsraum erinnert an diesen Gärtner aus Leidenschaft.

Bald hinter Glengariff trafen wir, erst zum zweiten Mal auf dieser Reise, einen Standplatz fahrender Leute an. Bei uns in Deutschland klingt das Wort »Zigeuner« heute abfällig; in Irland darf man nicht mehr *tinker*, Kesselflicker, sagen. *Travelling people* ist die neue offizielle Bezeichnung. Wenn man früher die Fahrenden auf den Landstraßen antraf – und es geschah häufig –, dann war das wie eine Anrufung aus einer anderen Welt. Ihre Planwagen mit rundem Dach, aus denen ein schwärzlicher Schornstein ragte, waren mit allerlei buntem Gerät behangen. Auffallend schöne Pferde mit ihren Fohlen, auch Esel folgten, von Kindern geführt, dem wenig geordneten Zug. Die Frauen

Abendliche Bantry Bay

hüllten sich in buntkarierte Tücher, ihre Röcke waren lang und schleppend. Sie gingen sehr aufrecht und anmutig. Unter den Männern gab es Erscheinungen mit lockigem oder wirrem fuchsrotem Haupt, aber auch viele mit glattem schwarzem Haar, scharfer Nase und hervortretenden Backenknochen.

Es wird oft gesagt, sie seien Nachfahren irischer Könige. Richtiger ist wohl, wenn man annimmt, jede neue Welle der Unterdrückung, die über das geplagte Land ging, habe die Freiheitsdurstigen und die Unbezähmbaren hinaus in die Moore und Einöden des Westens und somit auf die Straße getrieben. In ihrer geheimen Sprache, dem *Shelta*, soll neben gälischen Elementen und dem Jargon der fahrenden Leute aller Länder manches lateinische Wort vorkommen. Latein beherrschten die Barden, die irischen Dichter des Mittelalters. So werden unter den *travelling people* auch Nachfahren von Poeten sein. Mit den Roma und den Sinti des Kontinents sind sie stammesmäßig nicht verwandt.

Nachgebaute Planwagen der alten Art werden heute von Touristen mit ängstlicher Vorsicht über irische Straßen gelenkt. Die *travelling people* bevorzugen inzwischen Wohnmobile mit glänzenden Verzierungen, auch wenn sie alt und verbeult sind. Mit Pferden tauchen sie noch gelegentlich bei Viehmärkten auf. An ihrem Standort bei Glengariff, eigentlich einer Aussichtsterrasse, verkauften sie Spiegelschränke und eiserne Bettgestelle, Teekessel, Matratzen, »Antiquitäten« jeder Art. Hundegebell und der Rauch eines Torffeuers fehlten. Nur die schwärmende Schar der Kinder erinnerte an die Brüder der Landstraße von ehedem.

Den schönsten Blick auf die Bucht hat man wohl vom BANTRY HOUSE aus, von den obersten Terrassen des am Steilhang angelegten Parks. Die Öltanks von Whiddy Island sind durch Bäume verborgen. Das schloßartige Gebäude beherbergt alle Kunstschätze, die ein Vorfahre der Besitzer von seiner *Grand Tour* über den Kontinent mitbrachte: Mosaiken aus Pompeji, Aubusson-Teppiche, erlesene Möbel. Ein früherer Earl of Bantry erhielt seinen Adelstitel als Dank dafür, daß er, 1796, die englische Regierung vom Nahen eines französischen Hilfskorps benachrichtigte.

Gerufen von Wolfe Tone, sollten 14000 französische Soldaten unter den Generälen Hoche und Grouchy den Iren in ihrem

Freiheitskampf beistehen. Aber Stürme kamen auf, Nebel legte sich über die von Unglück verfolgte Flotte. Nur sechzehn von mehr als vierzig Schiffen erreichten die Bantry Bay. Es kam nicht einmal zu einer Landung. Wolfe Tone schrieb von Bord der »Indomptable«: »Nicht die Engländer, sondern die Tücken des Wetters haben uns besiegt wie seinerzeit die spanische Armada.« Hätte das Glück sie begünstigt, wäre der Vormarsch der französischen Truppen wohl unaufhaltsam gewesen.

Wir drei waren uns schon nach kurzer Zeit einig: der Süden ist anders als Irlands Nord- und Westküsten – das Meer zahmer, die Ufer meist flacher: Buchten dringen weit ins Land vor, besonders dort, wo die Flüsse dieser Region münden. *National Monuments* werden rarer, aber die Häuser leuchten bunt und einladend, in vielen Farben. So ist in BALLYDEHOB die Brandmauer eines Hauses mit dem riesigen und getreuen Abbild einer Seite aus dem »Book of Kells« verziert.

Im malerischen Hafen von BALTIMORE versammeln sich in der Saison Hochseeyachten, Segel- und Motorboote. Das gibt dem Ort einen unerwartet kosmopolitischen Anstrich. Die Mischung aus irischem Fischerdorf und großer Welt spürten wir, sobald wir vor einem Pub hoch über dem Hafen beim ersten Glas saßen und um uns schauten: Unten fuhr gerade ein Boot mit den gelbgewandeten Teilnehmern eines Segelkurses zur Mittagspause heim. Manche der Vorübergehenden stammen, wie man uns sagt, vom Kontinent; sie üben meist einen künstlerischen Beruf aus und finden Baltimore so ihrer Lebensform gemäß, daß sie sich hier niedergelassen haben. Ihnen zuliebe soll es gute Restaurants in der Gegend geben.

Zweimal am Tag fährt ein alter Trawler vom Pier ab. Seine Besatzung spricht gälisch untereinander. An Deck stapeln sich Bierfässer, Kisten und Körbe mit Brot und anderen Lebensmitteln, die man auf einer einsamen Insel am nötigsten braucht. Ziel des Bootes ist CLEAR ISLAND, weit draußen, beinahe so weit wie der unter Seglern berühmte Fastnet Rock. Clear Island mit seinen weniger als 200 Einwohnern bewahrt seine heile gälische Welt – wie lange noch? »Wer da mitfahren könnte …«, sagte Thomas, als das Mittagsboot ablegte, in weitem Bogen der Hafeneinfahrt zufuhr und zwischen den Außeninseln verschwand.

Castletownshend
Die Damen und Herren der Ascendancy

Erinnern wir uns: Seit dem 18. Jahrhundert wurden die anglo-irischen, meist protestantischen Großgrundbesitzer und ihre Familien *Ascendancy* genannt, die Aufsteigenden. Während frühere englische Siedler in der Bevölkerung weitgehend aufgegangen waren, »irischer als die Iren wurden«, blieb die Ascendancy unter sich. Sie verfügte über große Mittel und bildete eine festgefügte, einflußreiche und tonangebende Oberschicht. Bis zur Mitte des vorigen Jahrhunderts versuchen sie *»to outbuild one's neighbour«*, sich gegenseitig beim Bau ihrer Schlösser und Landsitze zu übertrumpfen. Einheimischen Iren gelang es selten, in ihre Kreise aufgenommen zu werden. Die Herren waren Friedensrichter oder hatten andere Ehrenämter inne; sie fochten als Offiziere in fernen Ländern für die ältere Heimat England. Die Damen sangen im protestantischen Kirchenchor und besuchten die katholischen Armen. Sie lernten so viel Gälisch, daß sie ihr Personal beaufsichtigen konnten. In diesen engen, hinter Mauern versteckten Lebensbereichen gedieh eine besondere Spezies liebenswürdiger, liebenswerter Spinner, die unangefochten ihrem Spleen – oder starken geistigen Getränken huldigen konnten. Unvergessen ist der Earl of Clonmell. Nach reichlichem Alkoholkonsum erschien er auf einer königlichen *gardenparty* und fand sich dort Queen Victoria persönlich gegenüber. »Ihr Gesicht kommt mir bekannt vor«, sagte er unter kräftigem Händeschütteln, »aber Ihr Name ist mir im Augenblick entfallen.«

Nicht auf Schlössern, sondern in verstreuten Häusern an einer Bucht der Südküste wohnten einige Familien *of impeccable origin* beieinander. Die Somervilles, Townshends und Coghills waren lupenreine Ascendancy, aber Dorfbewohner; ihr Castletownshend eine skurrile Ausnahme. Irgendwie alle untereinander verwandt und verschwägert, führten sie bei offenen Türen ein geselliges und originelles Leben. Auch unter ihnen gab es die hohen Offiziere, die wohltätigen Damen und die freundlichen Spinner. Onkel Kendal Coghill nahm gern an spiritistischen Sitzungen teil, tanzte mit Nichte Hildegarde Polka auf der Terrasse; als er mit achtzig sein erstes Auto fuhr, hielt er es für selbstverständlich, daß alle vor ihm Ausreiß nehmen würden.

George Bernard Shaw hatte eine Townshend zur Frau. Zu diesem Clan gehörte auch Edith Oenone Somerville, die mit ihrer Kusine Violet Martin zusammen als »Somerville and Ross« Romane und Kurzgeschichten schrieb. Als Violet 1915 starb, bezeichnete Edith Somerville auch alle späteren Arbeiten als gemeinschaftlich verfaßt, da sie in ständigem Gedankenaustausch mit der Toten stehe. Ihr Hauptwerk, »Die wahre Charlotte«, ist ein bedeutender Roman, in dem die Welt der *big houses* in einem krassen und unversöhnlichen Gegensatz zur übrigen Bevölkerung steht, auch wenn es – oft tragische – Beziehungen hinüber und herüber gibt. Elisabeth Schnack hat den Roman, wie zahllose andere Werke irischer Autoren, in unnachahmlicher Weise ins Deutsche übertragen.

Immer noch lesenswert und amüsant sind Kurzgeschichten der beiden Damen, die vor allem in Ställen und auf Fuchsjagden spielen. Auch wer nie auf einem Pferd saß, wird bei der Lektüre dieser Erzählungen den Rausch und das Abenteuer eines Querfeldeinritts über Mauern und Zäune, durch Gräben und Bäche nachempfinden können.

CASTLETOWNSHEND ist heute ein kurioser, aber einladender Ort mit bunten Häusern, einer Kirche und einem Schloß am Wasser. Auf der steilsten aller irischen Dorfstraßen umfuhr

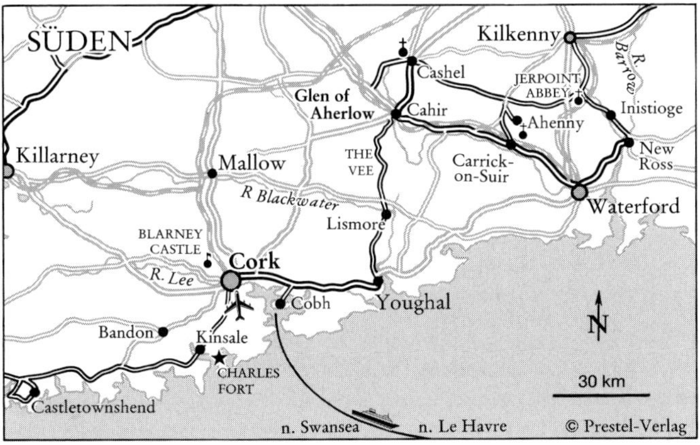

Thomas, bergab, behutsam einen Baum, der mitten auf der einzigen Kreuzung steht. Hat man ihn angesichts eines hohen Alters nicht fällen wollen, oder dient er einer Verkehrsberuhigung? Wenige Meter weiter lag ein großer gelber Hund auf dem Pflaster. Von unserem Auto nahm er keine Notiz, er schlief. In der Kirche St. Barrahane erinnern Ehrenmale an kriegerische Somervilles und Townshends. Nebenan auf dem Friedhof ruhen Edith Somerville und Violet Martin nebeneinander. Bewunderer ihrer Werke legen Blumen auf die Gräber, pilgern dann zu den ehemaligen Wohnstätten hinauf. Im Schloß lebt die letzte Nachfahrin der alten Familien, Mrs. Salter-Townsend. Sie vermietet Ferienwohnungen. Für uns hatte sie leider keinen Platz. Sie stand bei dieser Auskunft unter der Eingangstür und sah uns über den Brillenrand hinweg streng an. Hinter ihr, in der dunklen Halle, blickten die Ahnen ebenso streng aus ihren Bildern.

Als wir fortfuhren, lag der gelbe Hund an derselben Stelle und schlief noch immer. Menschen waren nicht zu sehen. Ich versuchte, zusammen mit den Gefährten, die leere Straße mit den Gestalten von einst zu beleben. Eine Szene aus dem Roman der Kusinen kam mir in den Sinn:

Eine armselige, vom Leben betrogene Alte ist gestorben. Auf dem Karren, der die Tote zum Friedhof bringt, hocken schwarz verhüllt, wie unheimliche Vögel, ihre Freundinnen. Sie schlagen mit den Fäusten auf den schäbigen gelben Sarg und stimmen den *keen* an, den alten Trauergesang der irischen Frauen. Als sie die faltigen Hälse recken, ihre dürren Arme in zorniger Gebärde aus den schwarzen Tüchern fahren, scheinen sie in Vogelboten der »Anderswelt« verwandelt.

In Castletownshend war die Ascendancy anzutreffen; weiter östlich an dieser Küste, im Charles Fort oberhalb von Kinsale, die englische Marine.

In KINSALE waren wir gern. »Das hast du ganz falsch beschrieben«, sagte Brigitta. Nun ja – auf Reisen geht es nicht immer mit rechten Dingen zu, schon gar nicht in Irland. Oft ist sichtlich ein Zauber am Werk: eine Handvoll Licht, eine schwarze Wolke – und schon ist die Stimmung, die Atmosphäre einer Ortschaft anders geworden. Damals, als ich zum ersten Mal hierherkam, regnete es in Strömen, von morgens bis abends. Das wäßrige Kinsale schien auf den Meeresgrund versetzt, ein neues Vineta. Diesmal leuchtete die kleine Bilderbuchstadt mit ihren krummen Gassen, den spiegelnden Scheiben der Fenster, den bunt lackierten Türen, von denen mehr als eine in ein Restaurant von Rang führt. Man ißt und trinkt ganz vorzüglich in Kinsale; die Lokale scheinen in einem lobenswerten Wettbewerb zu stehen.

Immer noch ist zu spüren, daß der Ort eine elegante Garnisonsstadt war, englisch natürlich. Iren durften hier nicht wohnen. In den Fenstern der kleinen Antiquitätengeschäfte liegen auch heute noch die schön geformten, aus dünnem Silber getriebenen Eßbestecke der georgianischen Epoche. Im Hafen herrscht reges Leben, und die Touristen fahren zum Hochseefischen aus.

Wie sehr Kinsale einmal von der britischen Marine beherrscht war, zeigt das CHARLES FORT am andern Ufer der Bucht. Eine riesige Verteidigungsanlage, unverändertes Beispiel der militärischen Baukunst des 17. Jahrhunderts. Der Einfluß des berühmten Vauban, Festungsbaumeister der Franzosen, ist unverkennbar. Die Mauern, sternförmig angeordnet, sind noch intakt; an den Ruinen der zahlreichen Gebäude lassen sich die edlen Maße ablesen. Treppenaufgänge und Kamine in den weiten Zimmern blieben erhalten, aber man sollte auf ihren Anblick lieber verzichten: Einsturzgefahr droht. Draußen gedeihen Gras und Blumen im Schutz der Mauern, deren Krone ein schöner Spazierweg geworden ist. Der Horizont scheint unbegrenzt, das Meer liegt uns zu Füßen, wir brauchen uns nicht mehr davor zu fürchten, daß dort draußen spanische Galeonen auftauchen, wie es im Jahre 1601 geschah.

Charles Fort wurde erst in den zwanziger Jahren dieses Jahrhunderts von den letzten englischen Truppen verlassen. Ein teilweiser Wiederaufbau der Anlage zu friedlichen Zwecken ist im Gange.

Cork
Vom Lee umarmt

In der Frühzeit des keltischen Christentums lebte ein Eremit, Finbar, auf einer Insel im LOUGH GOUGANE BARRA. Der See ist sehr einsam gelegen, von wildem und waldigem Bergland eng umschlossen, von stürzenden Wassern übersprüht; dunkel unter wolkigem Himmel, in der Sonne silbern leuchtend. Nach starken Regenfällen dröhnt das Tal vom Donnern der Wasserfälle. Der Felskessel, den die Eiszeit hinterließ, wird im Sommer von Touristen besucht, im Spätherbst von Wallfahrern, zum Jahrestag des heiligen Finbar am 25. September. Hier entspringen die Wasser des RIVER LEE, mischen sich mit denen des Sees und suchen sich über Kaskaden einen Weg talwärts.

St. Finbar verließ seine Klause, folgte über eine weite Strecke dem Lauf des Flusses und gründete in einer sumpfigen Gegend nahe der Mündung ins Meer ein Kloster, das in den folgenden drei Jahrhunderten im Ruf großer Gelehrsamkeit stand. Tausend Jahre später, gegen Ende des 19. Jahrhunderts, wurde an dieser Stelle ein gewaltiger Kirchenbau im Stil französischer Frühgotik errichtet. Zu Füßen von St. Finbarr's Cathedral liegt die zweitgrößte Stadt der Republik Eire, CORK. Ihr Name erinnert noch an die Frühzeit: Corcaight bedeutet im Gälischen: sumpfiger Ort.

Die Stadt wird von Wasser eingefaßt und durchzogen, vom doppelarmigen Lee und seinen Kanälen – und am Wasser entlang, über Brücken und Stege, sollte man hier zu Fuß auf Entdeckungsreise gehen. Ein kleiner Stadtführer, der den *Tourist Trail* beschreibt, wird vom offiziellen Informationsbüro herausgegeben.

Jeder Stadtteil ist eine Insel für sich, mit eigenem Charakter. Südlich des Flusses, unter dem Turm der Red Abbey, dem ältesten Bauwerk der Stadt, ducken sich niedere Häuser. Hier scheint ein wenig die dörfliche Atmosphäre der mittelalterlichen Zeit bewahrt zu sein.

Die Innenstadt auf der mittleren Insel fiel im Laufe der Jahrhunderte immer wieder Zerstörungen und Bränden zum Opfer, zum letzten Mal im Bürgerkrieg, 1920, als man Cork *Rebel City* nannte. Heute ist hier die bunte und belebte Welt der Kaufhäuser

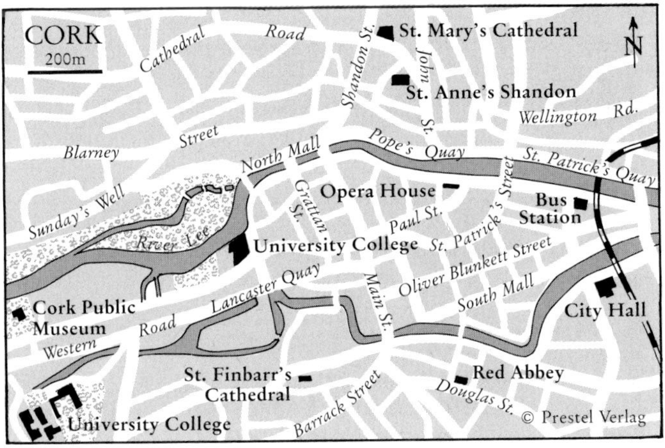

und kleinen Läden, der Kinopaläste und Markthallen, der exotischen Restaurants und – wie sollte es anders sein – zahlreicher verräucherter Pubs.

Im Norden des Lee steigen alte Quartiere mit krummen und engen Gassen hügelan, eine behagliche und kinderreiche Gegend mit dem Mittelpunkt der St. Anne's Church, von der später die Rede sein wird. Hier ist auch der ehemalige Buttermarkt zu finden. Die Bürger von Cork sind durch den Export von gesalzener Butter reich geworden. Sie wurde von hier aus zum Kontinent, aber auch bis nach Westindien verschickt. Erst 1924 kam die Ausfuhr zum Erliegen. Aus den alten Hallen wurde später ein *Craft Center.* Im Zeichen des Europäischen Marktes wird irische Butter, ungesalzen und gesalzen, aufs neue exportiert.

Je weiter der Tag fortschreitet, desto mehr lassen wir uns, wie in Galway, von einer beinahe südländischen Atmosphäre einfangen: Betriebsamkeit ohne Hektik, rasche Bewegungen, wache Augen. Der *Playboy of the Western World*, wie ihn John Millington Synge auf die Bühne gestellt hat – ein Träumer, der mit dem Leben nur spielt – konnte im irischen Westen gedeihen, gewiß nicht in der Stadt Cork.

Früher Morgen. Wir gehen von der St. Patrick's Street, dem Flanier-Boulevard, durch ein hohes Tor in die gußeiserne viktorianische Halle des English Market. Alle Stände sind besetzt, das Angebot lockt, besonders bei den Fischen und Meeresfrüchten. Brigitta greift mit langem Arm über eine nasse Marmorplatte und läßt sich eine frisch gegrillte Makrele geben. Nach einer Kostprobe fordern Thomas und ich Nachschub. Nun möchten wir eine Tasse Kaffee auf der Galerie trinken, von oben aus das Treiben beobachten, »als ob man auf einen winzigen Marktplatz herabschaute«. Leider ist die Treppe mit einem Seil versperrt: geschlossen.

An der baumbestandenen eleganten South Mall, am südlichen Lee, gibt es noch Häuserzeilen am Wasser, unter deren Außentreppen die reichen Kaufherren des 18. und 19. Jahrhunderts mit ihrem Boot anlegen konnten. Der Spiegel des Flusses muß damals höher gewesen sein. Dieser Wasserweg wurde von den Hausbesitzern zum Besuch der draußen, nahe dem Meer liegenden Handelsschiffe verwendet.

Wenn man an diesem Arm des Lee nach Osten schaut, stehen Schiffsmasten am Horizont. Gegen Westen verliert sich die Noblesse der Quais rasch. Hier ist Cork tüchtig, die Schornsteine rauchen. Whiskey wird destilliert, Bier gebraut, Leder verarbeitet. Kräne drehen sich. Am Fluß stehen alte und neue Speicher und Fabriken. Manchmal verschwindet das Wasser unter ihren Mauern, wir müssen zum anderen Ufer hinüberwechseln.

Noch weiter flußaufwärts, an St. Finbarr's Cathedral vorbei, liegen die Colleges der NATIONAL UNIVERSITY; ihre *Quadrangles*, viereckige, grasbewachsene, von würdigen Gebäuden umstandene Höfe, erinnern an englische Universitäten. Es ist früher Nachmittag; die nächsten Vorlesungen werden bald beginnen, aber noch stehen und sitzen die Studenten im Freien, kommen in Gruppen über die kiesbestreuten Wege, oder schieben ihre Fahrräder. Bei den Tennisplätzen unten am Wasser hört man Lachen und lautes Zählen. Nur einen Steinwurf entfernt steht ein Reiher in Ufernähe, bewegungslos.

Cork: Brücke über den Lee zur inneren Stadt

Blaue Stunde. In der Stadt gehen die Lichter an, ziehen sich mit den Brücken und Stegen übers Wasser, spiegeln sich in den Kanälen. Einige Gebäude werden angestrahlt. Im Mercy Hospital am Nordkanal, früher einmal Wohnsitz des Bürgermeisters, erkennt man durch hohe Fenster die schön stuckierten Zimmerdecken. Ein ehemaliger Kornspeicher nebenan, The Granary, lange Zeit Ruine, ist wieder aufgebaut und als Forschungsstätte eingerichtet worden; auch ein kleines Theater gibt es hier. Ein Scheinwerfer läßt den Fisch der Wetterfahne aufblitzen.

Zurück ins Zentrum. Mehrere hell erleuchtete Buchhandlungen locken sogar noch um diese Zeit. Mit dem Ladenschluß nimmt man es nicht so genau in Cork. Wir stöbern, mit anderen Besuchern, zwischen den Regalen, finden ein interessantes und umfangreiches Angebot. Gespräche ergeben sich. Ein junger Mann sagt zu Brigitta: »*We Irish are bookish*«, wir lesen gern.

In den engen Gassen der nördlichen Stadt werfen vor allem die Kneipen helles Licht aufs Pflaster. Katzen huschen vorbei. Ein Polsterer hat Sessel und Sofa über Nacht vor der Tür stehen gelassen. Es wird nicht regnen, und vor Dieben muß er in dieser Nachbarschaft keine Angst haben. Als strahlender Mittelpunkt des Quartiers steht im Flutlicht St. Anne's mit dem 37 Meter hohen Wahrzeichen Corks, dem »Pfefferstreuer«. Eben schlägt es elf Uhr von diesem Turm, mit lautem, weithin hallendem Klang. Wir wissen, wie es da oben im Gehäuse der Uhr zugeht. Wir haben das Wunderwerk schon am Tage besucht.

ST. ANNE'S SHANDON: ein kahler Bau mit schweren Mauern, im klassizistischen Stil errichtet. Auffällig ist nur der Turm: Er wird von drei immer kleineren, teleskopartig ineinandergeschobenen Aufbauten gekrönt, darüber schwebt ein großer goldener Fisch. Die zwei Wetterseiten des Turms – im Süden und Westen – sind aus hellem Kalkstein, die zwei anderen aus rötlichem weicherem Sandstein. Der Turm wurde der »viergesichtige Lügner« genannt, denn die Zeiger an seinen vier Zifferblättern gingen in der zweiten Hälfte jeder Stunde nicht regelmäßig. Zwei von ihnen waren zu früh dran und zwei zu spät. Zur vollen Stunde waren sie alle vier wieder pünktlich. Das war ein Fehler an der sonst so bedeutenden und dabei ganz einfachen Konstruktion des Uhrwerkes von 1847 – eine alte Geschichte.

Im ersten Stock des Turms sind die Züge für acht Glocken angebracht; ihre Seile laufen durch acht Öffnungen nach oben. Tafeln mit Zahlenreihen zeigen an, wie man die Glockentöne zu Melodien ordnen kann. Nicht nur zu frommen Liedern: da ist »when Irish eyes are smiling« ebenso notiert wie »the last rose of summer«. Ich versuchte mein Glück mit der »letzten Rose«. Indem ich mir die Zahlen der Tabelle laut vorsagte, zog ich die Seile an. Schwach und stockend, aber im richtigen Ablauf, kamen die Töne zurück vom Turm, klangen nicht nur in unsere Ohren, auch in die einer geduldigen Nachbarschaft.

Im zweiten Stock durchmißt ein Pendel den Raum, riesig und drohend und so langsam, als müsse es zwischen jedem Gang von neuem Atem holen. Die Uhr tickt laut. Wenn man lange stehenbleibt, glaubt man, es sei das eigene Herz, das da schlage.

An der Seite des Turms gehen die Gewichte des Uhrwerks durch alle Stockwerke, langsam abwärts, sechs eisendunkle schmale Zylinder, von denen jeder mehr als eine halbe Tonne wiegen soll. Im Lauf von drei Tagen senken sie sich von der Höhe des Turms bis zu seinem Fuß. Jeden dritten Tag kommt der Glöckner, um die Gewichte aufzuziehen. Er braucht 35 Minuten für diese Arbeit. Sein Amt ist erblich. Er ist nicht Kirchendiener, sondern Angestellter der Stadt, der *Corporation of Cork*, die die Uhr zum Wohle ihrer Bürger aufstellen ließ.

Im dritten Stock steht das eigentliche Uhrwerk. Ein Riesenspielzeug, grob und doch sinnreich zusammengefügt: Stangen und Bolzen, Propeller und Zylinder, Trommeln, über denen die Seile der Gewichte ablaufen. Schwarze glänzende Zahnräder drehen sich, die meisten langsam – man kann ihren Fortgang kaum erkennen. Nur das Sekundenrad hakt sich schnell und emsig weiter. Alle fünf Minuten schnarrt es im Mechanismus, erschreckend für den, der gerade vorübergeht. Schlimmer ist es, wenn alle Viertelstunde im Raum darüber die Glocken sich melden: der Turm zittert, die Töne scheinen durch den Stein zu ziehen wie ein starker Wind. Die Glocken hängen fest; sie werden nicht geläutet, sondern angeschlagen. Sie sind zweihundert Jahre alt. Keine Glocke in Cork ist älter. Feuersbrünste und Belagerungen haben der Stadt ja mehr als einmal zugesetzt. Cromwell ließ 1649 alle Glocken einschmelzen, um neue Kanonen daraus zu gießen. Die Bürger entsetzten sich. »Warum«, sagte da Cromwell, »soll man aus Kirchenglocken keine Schußwaffen machen, da doch ein Mann der Kirche das Schießpulver erfunden hat?«

Wir kletterten an den Glocken von Shandon vorbei zu einer offenen Plattform hinauf. Unter uns lag die Stadt im grauen Rauch ihrer Tüchtigkeit. Wir konnten den Lee ein Stück weit mit den Augen verfolgen, auf seinem Weg zur Mündung und nach Cobh.

Bei der Ausfahrt aus der Stadt, in Richtung Cobh, sahen wir zu unserer Linken ab und zu noch helle Villen und Landsitze an den Hängen über dem Fluß, halb versteckt im wuchernden Grün ihrer Parks; aber zur Rechten reihten sich Tank, Schuppen, Geleise. Die Mündung des Lee ist keine »liebliche Wasserallee« mehr.

FOTA ESTATE AND WILDLIFE PARK: das riesige Gelände auf einer Halbinsel war ursprünglich den Earls of Barrymore zugehörig. Die letzten Bewohner von Fota House, Major und Mrs. Bell, konnten noch das Leben im alten Stil der *Ascendancy* führen. Mrs. Bell hatte von ihrem Vater, dem Vorbesitzer, eine staunenswerte gärtnerische Kenntnis und seine Liebe zur Natur geerbt. Exotischen Bäumen, riesigen Gewächsen, galt ihr besonderes Interesse. Das Arboretum von Fota ist in der Fachwelt berühmt. Die Bells waren *improving Landlords*, und als solche von ihren Leuten verehrt. Zur Zeit des Bürgerkriegs blieben sie unbehelligt, an ihrer eigenen Bahnstation am Ende des Parks hielten weiterhin die Züge. Eine Photographie aus den vierziger Jahren zeigt das Ehepaar mit den Hausangestellten und den Gärtnern – insgesamt 48 Personen. Aber nach dem Tod des Majors mußte 1972 der Besitz an den irischen Staat verkauft werden. Heute sind Haus und Park zu besichtigen; in einem Teil des Geländes werden exotische Tiere gehalten.

Fota House ist ein weitläufiges weißes Gebäude in neoklassizistischem Stil. Erlesene Bilder, irische Landschaften darstellend, schmücken wie einst die Wände, Stuckornamente die Dekken. Unter den Säulen des Speisezimmers steht der große Eßtisch, auf seiner Damastdecke glänzen Silber und Kristall. Im oberen Stockwerk finden sich geblümte Waschschüsseln und Nachttöpfe an ihren angestammten Plätzen. Aber das Leben ist aus diesen Räumen entwichen. Man möchte die Fenster mit den Aussichten auf Gehölze, Wiesen, Terrassen und riesige Bäume weit öffnen und frische Luft einlassen. Nur in der Bibliothek brennt ein Torffeuer im Kamin. Hier kann man sich eine Tasse Tee servieren lassen.

Im friedlichen Wildlife Park von Fota wandern Giraffen und Antilopen über grünen irischen Rasen; aber noch besser gefiel mir der Stier auf einer benachbarten Weide: ein Muskelpaket mit stolzem Kopf und glänzend schwarzem Fell, hier zu Hause und der irischen Mythologie zugehörig.

COBH, zwischen den Meeresarmen des Lee, hat eine schöne Fassade: bunte Häuser säumen den Quai, klettern, mit Erkerfenstern in den schmalen Fronten, in gleichförmiger Reihe eine steile Anhöhe hinauf, auf deren oberster Terrasse die neugotische St. Colman's Cathedral mit ihrem schlanken Turm erbaut wurde. Aber die Geschichte dieses Hafenorts ist traurig. Cobh und das benachbarte PASSAGE WEST haben viel Leid gesehen. Immer wieder verließen Transporte des Jammers diese Küste. Gefangene in Ketten wurden zur Sklavenarbeit in überseeische Kolonien verfrachtet. Im Süden Irlands wütete die Hungersnot der vierziger Jahre des 19. Jahrhunderts besonders heftig. Die am Leben blieben, versuchten die Neue Welt zu erreichen: eng zusammengepfercht auf schlechten Schiffen, wahren Seelenverkäufern. Die Quais von Cobh waren, auch in den folgenden Jahrzehnten, Zeugen eines Abschieds ohne Wiederkehr. 1915 sank die Lusitania in diesen Gewässern, von einem deutschen Unterseeboot getroffen. Viele der Opfer sind in einem alten Friedhof am Ortsrand begraben.

Nördlich von Cork liegt BLARNEY CASTLE. Jeder Tourist, zumindest jeder amerikanische, will diese Burgruine gesehen haben. Dabei gibt es hunderte solcher Turmhäuser auf der Insel – verfallen, efeuumsponnen, romantisch. Aber gerade Blarney muß es sein. Die von Cormac MacCarthy 1446 erbaute feste Burg konnte lange im Besitz der Familie erhalten bleiben, nicht zuletzt durch schmeichlerische und wenig wahrhaftige Reden, mit denen ein späterer MacCarthy Königin Elisabeth I. immer aufs neue zu täuschen verstand. Schließlich durchschaute sie ihn aber und hörte ihn nicht länger an: »This is all Blarney« – das ist ja alles Angeberei. Der lächerliche Aberglaube, daß man einen gewissen Stein auf der Höhe des Turms küssen müsse, um solche trügerische Beredsamkeit zu erlangen, ist unbekannten und bestimmt weit späteren Datums.

Schon beim Besteigen des hohen Turms hört man Rufen und Reden und ein Lachen, das eher ängstlich als freudig klingt. Wer oben anlangt, hat keinen Blick für den Park in der Tiefe oder die Weite der Landschaft ringsum; er schaut nur auf eine Stelle am äußersten Rand der Plattform. Ein Besucher nach dem anderen tritt vor, legt sich auf den Rücken, bekommt von einem einheimischen Helfer ein Stück Pappe untergeschoben, versucht, mit den Händen rückwärts tastend, einen Halt zu finden und sich vorsichtig so weit über den – freilich vergitterten – Abgrund hinauszuschieben, daß er jenen berühmten Stein küssen kann. »Hier«, sagte Brigitta, »gefällt mir Irland gar nicht.« Auf unsere Küsse wartete der Stein vergeblich.

Blackwater und Suir – Flußlandschaften

So wie der Shannon die inneririschen Ebenen beherrscht, so sind Blackwater und Suir für den Süden der Insel wichtig. Sie fließen hier in west-östlicher Richtung, ehe sie nach Süden zum Meer hin abbiegen. Sie bilden Grenzen zwischen Grafschaften, queren solche aber auch. Kerry und Cork haben am Blackwater teil, Tipperary und Waterford am Suir.

Die Gewässer des BLACKWATER gehören zu den schönsten der Insel, sie sind fischreich und ihre Ufer baumbestanden. Von der Mündung bei Youghal aus fuhren wir flußaufwärts, auf einer *Scenic Route* wie durch einen gewundenen grünen Tunnel. Eichen, Ahorn und Buchen neigten sich über die Straße, zum Wasser hin gab es nur selten Ausblicke. Später mischten sich exotische Bäume unter die einheimischen, da konnte der Park eines Großen Hauses nicht weit sein, und Samen jener kostbaren Exemplare, die ein Vorfahre des Besitzers vielleicht aus dem Fernen Osten bezogen hatte, waren über die Mauer geweht.

Die liebliche Uferregion wurde von jeher von Anglo-Iren bevorzugt; besonders am Flußabschnitt zwischen Fermoy und

Cappoquin ließen sie sich gerne nieder. Hier fanden sie, was ihrer Vorstellung entsprach und ihnen wichtig war: »Eine anmutige Gegend, in deren Bezirk man ohne Entbehrung leben, reiten und fahren kann.« Hoch über dem Fluß, oder zumindest in seiner Nähe, reihten sich ihre Schlösser, in denen der Hausherr des Abends beim Dinner das Glas zum traditionellen Trinkspruch hob: »Ladies and Gentlemen – the Queen!« Und die Anwesenden fühlten sich der älteren Heimat, England, freudig näher. Tennisparties und winterliche Jagden hinter der Meute waren ebenso gesellschaftliche Treffpunkte wie der Royal Cork Yacht Club, angeblich der älteste seiner Art. Und heute? Einige Besitzer haben, des Verfalls ringsum und der schadhaften Dächer nicht achtend, bis zu ihrem Tode ausgeharrt. Manche Häuser wurden zur Zeit des Bürgerkriegs zerstört; andere, wenn nichts mehr zu retten war, von einem neuen Eigentümer des Geländes abgerissen. Aber LISMORE CASTLE, der irische Sitz der Herzöge von Devonshire – vieltürmig, neugotisch –, wird noch von Zeit zu Zeit bewohnt. Sein Garten prunkt mit einer Überfülle an Magnolien und Kamelien. Er kann besichtigt werden.

Keine Erinnerung blieb an das ältere Lismore, Gründung des heiligen Cárthach im 7. Jahrhundert, eine der großen Pflegestätten des Geistes, Universität und Klosterstadt mit zwanzig Kirchen, bis zu ihrer Zerstörung im 12. Jahrhundert blühend und berühmt, auch bei uns auf dem Kontinent. Hier, ganz im Süden der Insel, sind aus der großen keltischen Zeit nur wenige steinerne Zeugen geblieben.

Unsere Straße, THE VEE genannt, stieg langsam an: über die KNOCKMEALDOWN MOUNTAINS hinüber ins nächste Flußtal, das des SUIR. Wir sahen Schafe neben blühendem Rhododendron weiden, dahinter stand eine Tannenpflanzung. Die Berge vor uns waren kahl, von Heide bräunlich gefleckt. Wenige Meilen entfernt wußte ich MOUNT MELLERAY, ein Kloster der Trappisten, Oase in der Einsamkeit dieses Gebirges, mit weißen Gebäuden und einer Kirche, Feldern und Hainen, auch Gärten, in denen Vögel singen. Die Mönche sind gastfrei. Zudem haben sie sich schon seit Jahren eines irischen Problems angenommen: sie betreuen Alkoholiker.

Auf der Paßhöhe, ehe es in Serpentinen wieder abwärts ging, sahen wir ein ganz anders geartetes Flußtal unter uns liegen, das des Suir: weit und hell und fruchtbar, mit zahlreichen Siedlungen und kleinen Städten am Flußlauf. Eine von ihnen, CLONMEL, wird im Gälischen »Honigweide« genannt; und wenn auch der Name für den heutigen Ort mit seinen Fabriken und Wohnsiedlungen nicht mehr paßt, so beschreibt er doch treffend den Charakter dieser Landschaft.

Von all den kleinen Städten am Suir ist mir CAHIR noch immer die liebste. Der beinahe quadratische Marktplatz und sein »Cahir House Hotel« haben ihren altmodischen Charme bewahrt. Mit diesem Hotel, einem Hort der Gemütlichkeit, verbinden sich freundliche Erinnerungen. Der Schlag einer großen Uhr, nach Art des Big Ben, begleitete unsere Gespräche. Aus dem Nebenzimmer klang das Lied von der kleinen Geisha herüber, von einem Automaten dargeboten. Unter der Treppe hing eine alte Anordnung, die Beherbergung von Gästen betreffend, von Königin Viktoria unterzeichnet. Im Flur, im ersten Stock, roch es stark nach Seife und Lavendel.

Man kommt ja immer wieder nach Cahir. Hier kreuzen sich die großen Straßen von Dublin nach Cork, von Limerick nach Waterford. Bei einem meiner Besuche in dieser Stadt wurde im CAHIR CASTLE gerade ein historischer Film gedreht. Höfe und Hallen und Mauern des gewaltigen Bauwerks gaben eine perfekte Kulisse ab. Der River Suir breitet sich am Fuß des Schlosses fächerartig aus, als gefälliger Spiegel für dieses Stück Mittelalter.

Wir lehnten an einem Brückengeländer und sahen lange ins langsam strömende Wasser des Flusses, dessen weiterem Lauf zu folgen wir diesmal nicht im Sinn hatten. An Clonmel vorüber zieht der Suir ostwärts. In Carrick wird er von einer mittelalterlichen Brücke überspannt. Die Ufer bleiben ländlich und friedlich. In versteckten Buchten habe ich dort vor Jahren die regungslosen Gestalten von Anglern ausgemacht; sicher stehen auch heute noch die Sportfischer hüfthoch im Wasser. Erst vor

Cahir Castle am River Suir

WATERFORD ändert sich die Szenerie. Der Fluß, nun schon ein Strom, wendet sich nach Süden, vorbei am alten Reginald's Tower und der betriebsamen Wasserfront der Stadt. Hier ist der Suir bereits schiffbar. Industrieanlagen beginnen das Bild zu beherrschen.

Nur wenige Meilen jenseits von Waterford, ehe sich das Gewässer zur Mündung weitet, liegt PASSAGE EAST hoch am Ufer. Daß dort 1170 der Normanne Strongbow mit zwanzig Rittern und tausend Mann landete, daß nur ein Jahr später der englische König Heinrich II. ihm mit einer weit stärkeren Streitmacht folgte, kann man in den Geschichtsbüchern nachlesen. Hier nahm alles Unheil, das über Irland kam, seinen Anfang. Aber wer weiß noch, daß 1784 bei Passage East eine »freie Stadt« nach den Ideen Rousseaus zu entstehen begann, besiedelt von Schweizer Uhrmachern? Eine Universität freiheitlichen Geistes sollte hier gegründet werden, die Studenten aus ganz Europa anziehen würde. Man wollte wohl an die Tradition der keltisch-christlichen Frühzeit anknüpfen. Es wurde nichts daraus. Nur der kühne Entwurf für die utopische Stadt mit ihren Boulevards und Aussichtsterrassen blieb erhalten. Die Ruinen der Häuserreihen der ersten Siedler werden heute noch *Geneva Barracks* genannt.

Glen of Aherlow
Picknick bei den Geistern

Von Cahir aus bis zum Glen of Aherlow, das sich am Fuß der GALTEE MOUNTAINS versteckt, ist es kein weiter Weg. Und doch – welch eine andere Welt. Wir waren ins ältere, keltische Irland glücklich zurückgekehrt. Unter Bäumen fanden wir bei einer Wanderung ST. BERRAHERT'S KYLE, einen sehr seltsamen Ort. In seiner ovalen Umfassungsmauer aus losen Feldsteinen staken ringsum mehr als fünfzig alte *cross-slabs*, verzierte Standsteine, auch die Fragmente von frühen Kreuzen. Aus manchen Platten schienen uns Gesichter anzublicken. Der magische Bezirk, den die Steine umschließen und hüten, besitzt einen heiligen Brunnen, St. Berrahert's Well. Der fromme Mann, kein Ire, sondern ein Angelsachse, soll im 7. Jahrhundert hier gelebt haben. Sein Brunnen wird noch von Pilgern besucht.

GLEN OF AHERLOW: Die Schönheit einer solchen irischen Landschaft entzieht sich der Abbildung oder Beschreibung. Sie weckt ihr Echo in der Seele, nicht in den Augen des Betrachters. Alles, was an solchen Orten gedacht, gesagt, getan wurde, bleibt, so meinen die Iren, für immer bewahrt – in der Erde, in den Steinen, im Wasser. Aber wir Heutigen können nur in seltenen glücklichen Augenblicken solche spirituellen Bezüge wahrnehmen.

Wir lagerten uns, wieder einmal, zum Picknick. Ich werde mich hüten, eine genaue Ortsangabe zu machen. Thomas schnitt Brot und ließ dann zufrieden die Blicke schweifen. »Haben wir nicht einen besonders schönen Platz ausgesucht?« Das fragte er eher sich selber als uns. »Ja«, sagte ich, »bei einer Behausung der *sidhe.* Hoffentlich mögen sie uns.« Der Hügel, auf dem wir saßen, war mäßig hoch und rund. Starke, vom Wind zerzauste Bäume standen im Kreis. Blühende Dornbüsche bildeten einen äußeren Ring. Die Mitte des Hügels war topfeben, grasig, leer. »Hier tanzen sie.«

Zyniker und Zweifler behaupten, daß immer Alkohol im Spiele sei, wenn die Iren eine Begegnung mit dem Übersinnlichen haben. Aber weisere Leute, Fischer und Bauern, Dichter vor allem, wußten es besser.

Für sie war das Land ringsum belebt vom Zwischenvolk der Geister, besonders der *sidhe,* die in den Hügeln leben und von den alten Göttern abstammen. »Sie scheinen manchmal groß zu sein, manchmal sehr groß, manchmal aber nur etwa neunzig Zentimeter hoch. Es liegt an unseren Augen, ob wir sie groß oder klein sehen.«

Das Landvolk meidet noch heute die Wohnungen der *sidhe.* Man sagt, daß Kinder am Tag ihrer Geburt und Bräute am Hochzeitstag in die Gewalt der Geister gelangen könnten und dann auf immer bei ihnen bleiben müßten. Es gehe ihnen gut; aber am Tag des Jüngsten Gerichts würden sie wie Rauch vergehen, denn »die Seele kann nicht ohne Kummer leben«.

Von den *sidhe* werden gute und böse Taten berichtet, aber nicht eigentlich bösartige – es ist eher ein freundlicher Schabernack, den sie treiben. Das möge die Erzählung vom kleinen Buckligen zeigen, die mir die liebenswerteste aller irischen Geistergeschichten zu sein scheint:

Der Bucklige geht einmal spät abends über Land, er hat viel gearbeitet, denn er ist ein fleißiger Mann, ein Korbflechter, und er hat viel getrunken, denn er ist freundlich, und die Menschen in seiner Gegend haben ihn gern. In der Nähe eines Hügels der *sidhe* schläft er ein. Er wacht davon auf, daß er die zarten Geister im Berge tanzen sieht und ihren Gesang hört. Sie singen eintönig mit leisen und melodischen Stimmen und immer mit den gleichen Worten:

Yae Luan, yae Morth –
Yae Luan, yae Morth …
Montag, Dienstag –
Montag, Dienstag …

Der kleine Bucklige hört ihnen zu, es töne schön, meint er bei sich, wenn sie nur mehr Worte zu ihrer Melodie hätten. Also wartet er eine kleine Weile, und wie sie wieder am Ende ihrer Weisheit angekommen sind:

Yae Luan, yae Morth –
Yae Luan, yae Morth …

da hebt er den Kopf und ruft herüber:

Agus Dha Haed – yeen …
… und Mittwoch.

Die *sidhe* freuen sich, sie freuen sich so sehr, daß sie dem Buckligen gern einen Wunsch erfüllen wollen – und was wünscht er sich wohl: er will gerade sein wie andere Leute. Als er aufwacht, liegt er immer noch bei dem Hügel, die Sonne steht schon hoch, er springt auf, er hat keinen Buckel mehr.

Es gibt keinen, der ihm die Geschichte nicht geglaubt hätte, aber auch niemanden, der sich nicht für ihn freut. Man spricht überall vom kleinen Buckligen und seinem Glück. Das kommt einem andern Buckligen zu Ohren, einem der immer schlechte Laune hat und seine Mutter ärgert. »Da muß ich auch hin«, ruft er gleich – und die arme Mutter und noch zwei Nachbarn müssen ihn nach Süden bringen zu dem kleinen Glücklichen, der auch willig den rechten Ort angibt. Nun gut, man bringt den zweiten Buckligen zum Hügel der *sidhe*, trägt ihn beinah, da ihm der Weg zu mühsam ist, schimpfend legt er sich, schickt die anderen fort, schläft ein.

Auch er sieht die Geister im Berg, hört sie singen, nun die längere und schönere Strophe:

Montag, Dienstag,
Montag, Dienstag
und Mittwoch …

Der grantige Bucklige mag keinen Augenblick länger warten:

… und Donnerstag
und Freitag …

plärrt er dazwischen.

»Wer stört unseren Reim, wer stört unseren Reim?« rufen die Geister entsetzt, packen den Eindringling, zwicken und zwacken ihn, ja, laden ihm zu guter Letzt einen zweiten Buckel auf – und wie er, geschunden und betrübt, wieder im Dunkeln liegt und auf den Morgen wartet, hört er noch aus weiter Ferne die zarte Melodie der *sidhe*.

Yae Luan, yae Morth –
Yae Luan, yae Morth –
Yae Luan, yae Morth,
Agus Dah Haed – yeen!

Rock of Cashel – Die königliche Burg

Ehe ich zum ersten Mal nach Irland kam, hatte eine Photographie meine Phantasie beflügelt. Sie zeigte, schwarz-weiß, eine Landschaft unter dunklen Wolken. Aber am Horizont wurde der Himmel hell; vor ihm stand, dramatisch wie eine Theaterkulisse, auf steilem Felsen eine Burg, mit Kirchen, Türmen und Kapellen. Das war der Rock of Cashel, in seiner Frühzeit ein Königssitz, später Irlands berühmte Kirchenfestung.

Von den heutigen Bauteilen ist der Rundturm am ältesten. Einige Jahrzehnte später wurde CORMAC'S CHAPEL errichtet. Einer der Aufseher fragte mich dort einmal, woher ich käme. »Soso, aus Bayern. Regensburg liegt in Bayern, nicht war? Von dort hat sich unser Bischof Handwerker geholt. Conrad war Schreiner. Auch William kam. Gute Leute.« »Wann war das?«

fragte ich. »Zwischen 1127 und 1134.« Ich war sprachlos. So nah ist den Iren alles Vergangene.

Das Innere von Cormac's Chapel muß einmal in starken Farben geglüht haben und mit zahlreichen bildlichen Darstellungen geschmückt gewesen sein. Noch immer werden unter den Putzschichten späterer Zeit Entdeckungen gemacht. Dieser steinerne Schrein ist das schönste Werk iro-romanischer Architektur. Vierundzwanzig Köpfe schauen auf den Betrachter herab, der sich dem Altar nähert; drei von ihnen tragen den Kopfputz ägyptischer Könige, andere haben Knebelbärte und asiatische Gesichter. Aus allen Teilen der damals bekannten Welt sind die Spuren bis hierher, an den äußersten Rand des Kontinents geweht worden.

Die große Kathedrale des 13. Jahrhunderts ist nur noch ein edles Gehäuse, über dem Wolken ziehen und Raben krächzen.

Am »Kreuz des Patrick« soll der Heilige einen der Könige von Munster getauft und ihm dabei mit der Spitze seines Bischofsstabes versehentlich den Fuß durchbohrt haben. Der König hielt wortlos stand; er glaubte, es sei Teil der Zeremonie. Seinen noch heidnischen Vorstellungen muß eine solche Prüfung wohl selbstverständlich gewesen sein.

In der wechselvollen Geschichte von Cashel tauchen großartige Gestalten auf. Feidhlimidh wurde als »Schriftkundiger, Eremit, Bischof und König« bezeichnet. Er war nicht der einzige Herrscher auf dem Felsen, der gleichzeitig ein hohes geistliches Amt innehatte. Muiretach O'Briain schenkte 1101 den Felsen und seine Bauten der Kirche, eine königliche Gabe. Cormac MacCarthy ließ die Kapelle bauen und holte die Kunsthandwerker nicht nur aus Regensburg, sondern auch von anderen Orten des Kontinents und aus Skandinavien. In den Überresten seines Sarkophags, der heute in der Kapelle steht, sind nordische Einflüsse unverkennbar.

Aber auch von merkwürdigen Erscheinungen ist in den alten Berichten die Rede. Ende des 15. Jahrhunderts setzte Gerald Fitzgerald, Earl of Kildare, die Kathedrale in Brand. »Warum?« wurde er gefragt. »Ich war überzeugt, der Erzbischof sei in der Kirche.«

Miler MacGrath, der 1567 vom Papst zum Bischof geweiht wurde, brachte es später fertig, gleichzeitig protestantischer Bi-

Rock of Cashel: Kreuz des Patrick

schof von Königin Elisabeths Gnaden zu sein. Außerdem soll er andere hohe Ämter und Pfründen angestrebt haben. Er besaß deren schließlich siebenunddreißig. – Rock of Cashel: Vom Blick über die Burgmauer mochten wir uns kaum trennen. Ganz Tipperary breitete sich wie ein grüner Teppich zu unseren Füßen aus. Schließlich stiegen wir auf dem *Bishop's Walk* durch den Park hinunter zum ehemaligen Palast des Bischofs, der heute Hotel ist, und stärkten uns mit Kuchen und Kaffee.

Aber noch war unser Tag nicht zu Ende. Auf den geraden Straßen von Tipperary ging es ostwärts über wenig besiedeltes Land, durch Fethard und vorbei am SLIEVENAMON. Hier, so sagt die Legende, seien die Jagdgründe der Fenier gewesen. Finn Mac Cumhail, ihr Anführer, habe sich auf den Gipfel des Berges gesetzt und derjenigen Frau die Ehe versprochen, die am schnellsten zu ihm heraufgerannt käme. Viele hätten ihr Glück versucht, Grainne sei die erste gewesen. Wir unsererseits wissen besser, was sich zwischen den beiden zutrug – aber ein Körnchen Wahrheit steckt in jeder Legende. Der alte gälische Name des Berges, *Sliabh na n Bán Fheimheann*, bedeutet: der Berg der Frauen des Finn.

Die Hochkreuze von AHENNY sind im heckenreichen Grasland nur schwer zu finden. Aber wie sehr lohnt die Mühe. Wir kamen erst zur lange währenden Stunde der Dämmerung an. Die – wie man sagt – ältesten Hochkreuze Irlands stehen im Friedhof, zwei fromme Ausrufezeichen, von einer zerzausten Zypresse überragt. Ringsum leeres Land. Die Kreuze sind aus einem hellen, fast weißlichen Sandstein gehauen. Man nimmt das 8. Jahrhundert als Zeit ihrer Entstehung an. Da, wo bei den Metallarbeiten jener Periode die Nietnägel durch Silberbuckel verdeckt wurden, wölbt sich hier der Stein: im Mittelpunkt des Kreuzes ebenso wie an den Verbindungsstellen zwischen Kreuz und umfassendem Ring. Kreuz und Schaft sind wie ein Netz über und über von Ornamenten überzogen, mit einem feinen Flechtwerk

Rock of Cashel:
Ruine der Kathedrale und Rundturm

aus dünnen Bändern, dem wir vergeblich mit den Augen zu folgen versuchten. Wieder einmal kam mir der Satz in den Sinn: »Kelten haßten die leere Fläche.« Spiralen drehen sich, Vogelköpfe und menschliche Leiber scheinen aufzutauchen und wieder zu verschwinden: eine magische Schutzschicht, die wir nicht mehr enträtseln können. Im »Book of Kells« ist ähnliches zu sehen. Beiden Kreuzen von Ahenny sind kleine steinerne Hüte aufgesetzt. Das »Nordkreuz« ist besser erhalten. Im Abendlicht konnten wir die Figurengruppen auf seinem Sockel nur mehr erahnen. In einer Begräbnisszene wird dort ein kopfloser nackter Mann auf dem Rücken eines Pferdes vorbeigeführt. Raben machen sich am Leichnam zu schaffen. Einer der geistlichen Begleiter trägt den Kopf. Die anderen Seiten des Sockels zeigen Bäume und Tiere, auch einen Reiter und ein altes Kampfgefährt, das in die südlichen Ebenen hinauszurollen scheint. Von der alten Klosterstadt Kilclispeen, in deren Mitte die Kreuze einst standen, ist sonst keine Spur geblieben.

Der Zufall führte uns, als es schon dunkel geworden war, in ein Gasthaus aus der Postkutschenzeit. Das kleine Hotel und die wenigen umliegenden Gebäude heißen heute noch »Ninemile-House«, sie sind auch so auf den Landkarten eingetragen. Wir saßen in altmodischer Behaglichkeit in geblümten Sesseln an einem knisternden Holzfeuer. Von verblichenen Photographien und gerahmten Briefen im Speisezimmer nebenan war die interessante Vergangenheit dieses Hauses abzulesen. Wer alles mochte hier eingekehrt sein, während draußen die Pferde rasch gewechselt wurden: Schnelligkeit war die Devise der berühmt-berüchtigten *Bianconi-Cars*, die ein findiger Italiener über irische Straßen rasseln ließ. Vom Jahre 1815 an baute er systematisch ein öffentliches Verkehrsnetz auf. Struppige Pferde, die »eher wie Ratten aussahen«, legten die Wegstrecken in erstaunlich raschem Tempo zurück, bergab in halsbrecherischem Galopp. Die Reisenden seufzten vor der Abfahrt, wenn sie ihr bedenklich abgenütztes Gefährt bestiegen; aber bei der Ankunft waren sie meist heiterer Laune, befeuert vom Alkohol, an dem alle reichlich teilhatten.

Wir waren an diesem Abend die einzigen Bewohner dieses Hauses der Gespenster von einst, müde, aber zufriedene Gäste.

Kilkenny
Wer war Rory O'Tunney?

Wieder an einem Fluß, dem friedlichen River Nore, auf dem Weg nach Kilkenny. In den Uferwiesen fand ein *Show Jumping* statt. Thomas war beeindruckt: »Solche Tiere bekommt man bei uns nur bei großen pferdesportlichen Ereignissen zu sehen.« Die Zuschauer saßen auf Feldstühlen oder auf den Kühlerhauben der ringsum geparkten Autos, den Picknickkorb neben sich. Kinder waren in diesem Wettbewerb gleichwertige Teilnehmer neben Offizieren und jungen Frauen aus den Gutshöfen ringsum. Geruch zertretenen Grases, vertraute Geräusche: leises Schnauben, Knarren des Sattelzeugs, der behutsame und doch feste Tritt der Hufe. Die Stimme des Turnierleiters über einen

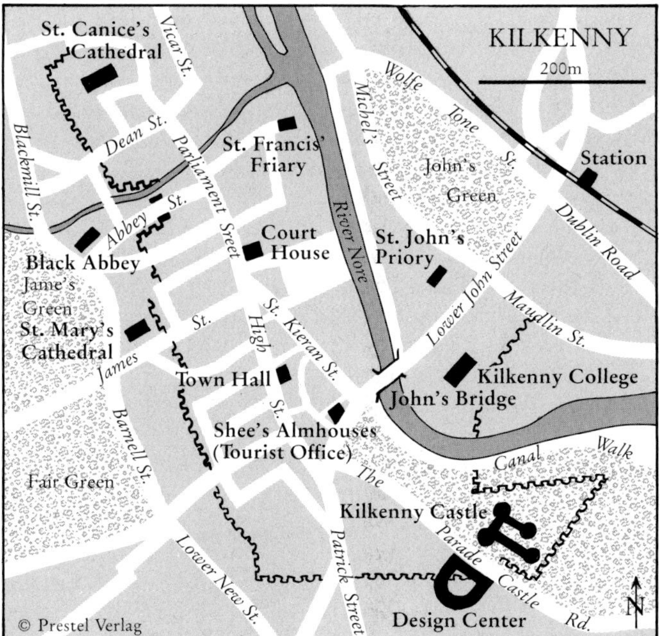

knackenden Lautsprecher. »Bravo, Gwendolyn, du hältst die Familientradition aufrecht, das ist lobenswert.« Ein vielleicht zwölfjähriges Mädchen hatte den schweren Parcours fehlerfrei genommen. Wir mußten weiter, die Stimme verhallte.

INISHTIOGE ist ein so hübscher alter Ort. Unter den eleganten Bogen einer Brücke aus dem 18. Jahrhundert fließt träge das Wasser. Da unten saßen wir am Ufer, ruhten uns aus.

Und dann kam JERPOINT. In den Mauern dieser Zisterzienserabtei waren im 16. Jahrhundert Steinmetze, Künstler von hohem Rang am Werk. Sie setzten Figuren zwischen die Säulenpaare in den Arkaden des Kreuzgangs und schmückten die steinernen Särge vornehmer Toten. Wir standen vor den Darstellungen in den Überresten des Kreuzgangs, gingen von Pfeiler zu Pfeiler. Da waren Menschen mit all ihren Schwächen dargestellt. Einem dickgesichtigen Mönch sah man an, daß er gerne gut aß. Eine Frau blickte allzu freundlich. Dann wieder die junge Gestalt eines Eiferers. Ein kleiner Ritter mit aufgeschlagenem Visier und dünnen Beinen, die Hände über dem Bauch gefaltet.

Wir gingen weiter zu den hohen und merkwürdig kurzen steinernen Sarkophagen in der Ruine der Kirche. Figuren, die – wie hier in Jerpoint – in einem umlaufenden Fries am Sockel des Grabmals angeordnet sind, nennt man im Englischen *Weepers*, im Französischen *Pleurants*, Trauernde. Sie weinen nicht, sie stehen nur auf ihrem Posten. Geistliche und weltliche Gestalten, Engel und Apostel sind nebeneinander aufgereiht. Sie tragen ihre Symbole in beiden Händen, die Gewänder sind faltig und steif, die Gesichter mit den weit geöffneten Augen von großer Ausdruckskraft; ein spätgotisches Bilderbuch, das anzuschauen wir nicht müde wurden.

Ich kann nicht von Jerpoint erzählen, ohne die Tochterabtei KILCOOLY zu erwähnen. Sie liegt jenseits von Kilkenny, bei Urlingford, in den Wiesen einer privaten Besitzung, darf aber besichtigt werden. Wenige finden den Weg dorthin, obwohl sich in dieser Abgeschiedenheit noch mehr Bildwerke als in Jerpoint erhalten haben. Die Trennwand zwischen südlichem Querschiff und Sakristei zeigt eine Kreuzigungsszene und einen heiligen Christophorus. Einer Meerjungfrau mit Spiegel folgen zwei sichtlich bezauberte Fische. Heilige und Kirchenväter stehen unter

»Trauernde« an einem Wandgrab in der Jerpoint Abbey

den *Weepers* am Sarkophag des Piers Fitz Oge Butler. Hier endlich erfährt man, von wessen Hand diese faszinierenden Kunstwerke geschaffen wurden: *Roricus O'Tuyne scripsit.* Diese Signatur des Meisters findet sich auch andernorts an Grabmälern, in Jerpoint fehlt sie.

Wer war Rory O'Tunney? Man weiß kaum etwas über ihn. Nur einige Werke tragen seinen Namen, die übrigen glaubt man nach bestimmten Merkmalen ihm zuschreiben zu können. Rory O'Tunney entstammte einer großen Familie von Steinmetzen, Meistern ihres Handwerks. Er selber nannte sich »Sohn des Patrick«. Seine Werke sollen etwa in den Jahren 1501 bis 1552 entstanden sein. Die Arbeiten des Patrick und des Rory und – vielleicht – ihrer Schüler sind vor allem in Kilkenny und den angrenzenden Grafschaften zu finden. Eine Pilgerfahrt von Werk zu Werk durch diese friedlichen, vom Tourismus noch unberührten Gegenden würde wohl lohnen.

In Jerpoint entdeckte Thomas ein winziges steinernes Männlein, unter einem Pfeiler im Kreuzgang zum Schlaf zusammengerollt. »Ist das Rory O'Tunney, der sich ausruht«, fragte er, »oder nur einer seiner faulen Lehrbuben?«

Wie langweilig pflegten manche irische Landstädte früher zu sein! An einer endlos langen Hauptstraße reihten sich die Läden für die Bewohner der Umgebung. Im ersten Hotel am Platz schlief der Hausdiener, unter künstlichen Palmen, auf seinem Stuhl hinter der Eingangstür. Wichtig war nur zu wissen, wann *Early Closing Day* sei, die Geschäfte schon Mittags geschlossen wurden. Für die zahlreichen Pubs im Orte galt diese Regelung nicht.

KILKENNY war immer anders, auch in schlechten irischen Zeiten: wach und lebendig, mit Kirchen und Klöstern und mittelalterlichen Gassen, die durch schmale Durchgänge, die *slips*, miteinander verbunden sind. Den schönen Flußauen des River Nore dreht die Stadt den Rücken zu. Ihre Häuser sammeln sich zu Füßen der Rundtürme eines gewaltigen Bauwerks, des Kilkenny Castle.

Das steinerne Männlein
im Kreuzgang der Jerpoint Abbey

Ich möchte aus einem englischen Führer durchs Schloß zitieren, indem ich den Text gleichzeitig frei übersetze:

»Seit mehr als 800 Jahren ist Kilkenny Castle das Wahrzeichen der Stadt und des süd-östlichen Irland. Ursprünglich als Symbol normannischer Herrschaft errichtet, kam es vor 550 Jahren in die Hände der Butler of Ormonde. In guten und schlechten Zeiten gelang es den großen Persönlichkeiten dieser bedeutenden Familie, sich den jeweiligen Verhältnissen geschmeidig anzupassen und politisch klug zu verhalten.«

1366 wurde an dieser Stelle das berüchtigte Statut von Kilkenny verfaßt, das jeden Verkehr der anglo-normannischen Siedler mit den »Eingeborenen« unter Strafe stellte. Wie andere wußten auch die Butlers, falls es darauf ankam, das Verbot geschickt zu umgehen.

»Sie waren auf ihre Weise der englischen Krone und Irland gleichzeitig treu. Wenn es gut um ihre Sache stand, wurde das Schloß erweitert und ausgeschmückt; fielen sie in Ungnade, so verfiel der Bau.«

Der Stadt zu Füßen der Burg erging es ebenso – ihre Geschicke waren unlösbar mit denen der hohen Herrschaften verknüpft. Aus »guten Zeiten« stammen schöne Bürgerhäuser, die Town Hall und mehrere Kirchen.

»Kilkenny Castle bewahrt in seinen Mauern die Erinnerung an Könige und Ritter, an Kavaliere und Politiker, Herren und Diener.«

Herren und Diener: Vor mir liegen zwei Photographien aus dem Jahre 1899, aufgenommen in der berühmten Picture Gallery des Schlosses. Das erste Bild zeigt den Duke und die Duchess of York, die mit Freunden im Castle zu Gast waren. Jede der Damen sitzt, im häßlichen Kostüm dieser Zeit, mit Federhut, Boa und Muff, als Denkmal ihrer selbst da. Das zweite Bild wurde ebenfalls in der Bildergalerie aufgenommen. Die Anordnung der Personen zur steifen Gruppe ist ähnlich, ebenso die Bekleidung der Damen. Erst bei genauerem Hinsehen wird der Unterschied deutlich: Hier handelt es sich um die Schloßköchin, die einen der Diener des Hauses geheiratet hatte und »wie die Herrschaften« in deren Räumen feiern durfte.

Im Bürgerkrieg verschanzten sich »Irreguläre« im Schloß und wurden von den Truppen des Freistaats angegriffen. Dem Hausherrn, wiederum dem alten Butler-Clan entstammend, wurde freigestellt, mit Familie und Personal das Schloß zu verlassen. Alle entschlossen sich zu bleiben – die Dienerschaft im Kohlenkeller, Lord Ossory, seine Frau und ihr Pekinese in einem der Türme, ungemütlich nahe dem Geschehen. Ab und zu schaute einer der Soldaten nach ihnen. Ob sich »Herself« auch nicht fürchte, wollte er wissen. Die zweitägige Belagerung richtete viel Schaden an.

1967, als sich zeigte, daß ein Gebäude dieses Ausmaßes von einem Privatmann auch mit bedeutenden Mitteln nicht mehr zu halten sei, wurde Kilkenny Castle vom Staat übernommen. Lord Ormonde, 6. Marquis, 24. Earl, 30. Hereditary Chief der Butler of Ireland, übergab sein Haus.

Das Schloß wurde wiederhergestellt und kann besichtigt werden. Aus den Fenstern des Dining Room und den Erkern der Long Hall sieht man auf die dunklen Wasser des River Nore hinunter. Eine Promenade führt dort zur Stadt zurück. Im Ostflügel des Schlosses ist eine Galerie moderner Kunst untergebracht. Aus der ehemaligen Küche wurde eine Teestube. Wir saßen dort unter Kupferpfannen und Tiegeln neben dem Herd, einem Prachtstück aus der Blütezeit des Gußeisens und Denkmal früherer Gastlichkeit. Im Fortgehen hielt uns der Park gefangen, sein bis zum Horizont langsam ansteigender, durch keine »Gartenkunst« unterbrochener Rasen in leuchtendstem Grün. Gewaltige Bäume begrenzen ihn seitlich, einer steht in seiner Mitte.

Jenseits der Straße ist in den ehemaligen Stallungen des 18. Jahrhunderts das »Kilkenny Design Center« untergebracht. Weben, töpfern, Silber schmieden, mit Holz und Stein arbeiten – in allen diesen Künsten sind Iren begabt. Ursprünglich von schwedischen Fachleuten angeleitet, haben sie hier in Kilkenny diese Fertigkeiten zur Vollendung entwickelt, sind selber Meister geworden wie in der Frühzeit ihres Landes. Die Werkstätten können besichtigt, deren Produkte gekauft werden. In der Stadt und im weiten Umkreis, in restaurierten Scheunen und ehemaligen Mühlen, begegnet man den Ideen des Design Center.

Die ST. CANICE'S CATHEDRAL liegt, erhöht, in der alten Irish Town von Kilkenny. Man bezeichnet sie zu Recht als »eine der schönsten Kathedralen Irlands«. Ein Rundturm steht ihr zur Seite und überragt die Kirche des 13. Jahrhunderts. In ihrem Inneren bewahrt sie mehr als hundert Grabsteine, Sarkophage und Gedenkplatten.

Wir begegneten von neuem den Werken des Rory O'Tunney. Seine steinernen Ritter auf ihren Sarkophagen haben nicht, wie sonst wohl üblich, die Hände gefaltet; ihre Arme liegen locker in einer schönen Gebärde des Ausruhens.

Nordwärts auf dem Weg nach Kildare, durchs Tal des BARROW. Dieser bescheidene Fluß versteckt sich öfters hinter Dämmen, so daß man ihn im flachen Land von der Straße aus kaum sieht. An Abzweigungen zum Wasser hin ist jeder Wegweiser eine Lockung für Angler. *Coarse Fishing* steht da; sogar die hier zu fangenden Fische sind angegeben, *tench*, *beam*, *rudd*, *perch* – Schleie, Brasse, Rotfeder und Barsch. Der Barrow ist mit dem

Das Hochkreuz von Moone erzählt biblische Geschichten

Boot befahrbar; aber Irlands Wasserstraßen gehörten diesmal nicht zu unserer Reiseroute.

Eine alte Erfahrung: nach Tagen und Wochen unterwegs ist der Geist kaum noch aufnahmefähig, die Augen werden blind. Wir übersahen die Abzweigung zu den Hochkreuzen von Castledermot. Wenig später, am Kreuz von MOONE, waren wir wieder hellwach. Die meisten irischen *High Crosses* sind aus Sandstein gearbeitet. Hier in Moone hat der unbekannte Meister Granit verwendet. Das Gestein ist weit härter und zwingt zur Vereinfachung. Zwölf Männlein im kurzen Umhang schauten uns aus großen runden Augen an: die Apostel. Sie stehen »wie Puppen in einem Dorfladen« – so hat es die beste Kennerin irischer Hochkreuze, Françoise Henry, beschrieben. Zwei Fische, fünf runde Brotlaibe: die Speisung der Fünftausend. Auf Sockel und Schaft des hoch aufragenden Kreuzes sind fast ausschließlich Notsituationen dargestellt: Daniel in der Löwengrube, die Jünglinge im Feuerofen, die Flucht nach Ägypten. Ein steingewordener Ruf nach Rettung – Herr, hilf! Als habe der Künstler des 9. Jahrhunderts Irlands »Geschichte im Schatten« vorausgeahnt.

Kildare – Pferde

Kildare ist vor allem Pferdeland. Hinter Mauern und hohen schmiedeeisernen Toren liegen die Gestüte und die Rennställe; in den Großen Häusern dieser Gegend lebt die merkwürdig klassenlose Gesellschaft der Züchter. Es sind meist Leute von Rang, daran kann kein Zweifel sein; aber man pflegt sie nur in Reit- oder Arbeitshosen anzutreffen, der Stall ist ihnen vertrauter als das Wohnzimmer, sie nennen sich allgemein beim Vornamen, und es gibt nur ein Thema, das allen am Herzen liegt: die Pferde – ihre Eigenschaften, ihre Gesundheit, ihre Launen und ihre Erfolge. An den Stallwänden und den Türen prangen in leuchtenden Farben die Siegesrosetten. Wenn im Sommer die Fenster offenstehen, so zieht ein gesunder Duft nach Leder und Heu und warmem Fell durch alle Räume, und immer wieder ist Hufschlag zu vernehmen. Dann werden die Stuten und ihre feingliedrigen Fohlen ausgeführt; zwischen ihnen geht der Stallbursche und hält sie rechts und links am Halfter. »Man verbinde mir die Augen«, sagte mir einmal ein englischer Turnierreiter, »und man lasse mich nur die Fessel eines Pferdes anfühlen. Ich werde sagen können, ob das Pferd in Irland gezüchtet wurde. Solche Fesseln, die wie poliertes Elfenbein sind, gibt es sonst nirgendwo.«

In den Ställen dieser Häuser stehen auch die Zuchthengste mit den großen Namen, die jeder ein Vermögen wert sind und die noch, wie alle Vollblutpferde, von jenen drei sagenhaften Arabern abstammen, die man zu Ende des 17. Jahrhunderts nach Europa brachte.

Mut, Härte und Ausdauer sind die ersten Tugenden des irischen Pferdes – das macht es zum idealen Gefährten für schlechtes Wetter und schlechte Zeiten. Napoleons weißes Schlachtroß, Marengo, war ein Ire – und irisch soll auch der schwarze Hengst gewesen sein, den sein Gegner Wellington bei Waterloo ritt. In nächtlichen Märschen des Burenkrieges, wenn es galt, fünfundzwanzig Meilen und mehr hintereinander zu bewältigen, blieben viele der mitgeführten Pferde zurück und verendeten; aber die irischen kamen ans Ziel, »sie schrien nur nach Futter und wollten sich im Gras rollen«.

Man kennt irische Pferde als Sieger in den klassischen Flachrennen der Dreijährigen, wie dem Derby und dem St. Leger. Auch im englischen »Grand National«, dem schwersten Hindernisrennen der Welt, pflegen irische Pferde siegreich zu sein; sie finden ja bei dieser Prüfung die gleichen Bedingungen vor, unter denen sie in der Heimat, an Wintertagen, so oft mit der Meute ritten: über Mauern, Hecken und Wälle, durch Wassergräben und unüberschaubares, ja gefährliches Terrain. Nur ein Drahtzaun ist für den irischen Reiter und sein Pferd ein ungewohnter und unerfreulicher Anblick.

Als wir nach Kildare und zu der Ebene der Pferde kamen, die CURRAGH heißt, war es noch früher Morgen. In einem ungewissen Licht lag eine unabsehbare Grasebene vor uns, mit feinem, dichtem Weiderasen bewachsen. Das war der berühmte Boden

Folgende Doppelseite: Tipperary ist das Land der winterlichen Fuchsjagden hinter der Meute

aus vulkanischem Kalkgestein, der den Hufen der Pferde gerade das rechte Maß an Elastizität und Härte entgegensetzt, um die besten Züchtungen möglich zu machen.

Ab und zu liefen niedere weiße Zäune neben unserer Straße her, es waren auch einmal Hindernisse zu erkennen. Plötzlich tauchte als hoher Schatten der Umriß des Grand Stand, der großen Tribüne, aus dem Morgennebel. Aber der Platz, der an den Tagen der großen Rennen, wie dem Irischen Derby, vielleicht hunderttausend Menschen sieht, lag jetzt leer und still. Nur glaubten wir, in der Ferne einige Reiter zu erkennen; die Pferde schritten langsam aus, so langsam, als sei die dunkel hokkende Gestalt über ihnen noch in Schlaf befangen.

Wir waren nicht ohne Absicht so früh aufgebrochen; man hatte uns zugesagt, daß wir das Morgentraining in einem Gestüt sehen dürften, dessen Galopper berühmt sind. So bogen wir also nach einiger Zeit von der großen Straße ab und kamen gerade an, als die Jockeys mit der ersten Gruppe der Pferde ausritten. Wir folgten ihnen. Man konnte noch ohne Mühe zu Fuß Schritt halten, nach der Nachtruhe im Stall durften die kostbaren Tiere ihre Glieder erst langsam und vorsichtig regen. Unter den Reitern sah man erstaunliche Gestalten. Da waren ältere Männer, Zwerge mit Greisengesichtern, aber auch Halbwüchsige, fast Kinder noch. Sie sahen dünn, ja ausgemergelt aus, wie sie so mit krummem Rücken über ihrem Tier hingen. Trotzdem konnte man annehmen, daß es nur Begeisterung war, die sie zu diesem Beruf getrieben hatte, bei dem man unter dem unsicheren Stern des Glücks steht und obendrein noch riskiert, alle Knochen zu brechen.

So zogen Pferde und Reiter langsam den Weidegründen entgegen, an schönen uralten Bäumen vorbei; aber niemand schien darauf zu achten, wie silbern und frisch das Gras ringsum leuchtete, wie hoch die Wolken standen und wie angenehm ein leiser Wind ging. Nur die Bewegungen der Tiere waren wichtig, während man sie nun im Kreise gehen ließ. Auch ihr Besitzer, der hinzugetreten war und in der Mitte stand, sah nur auf seine Pferde. Er war von seinem australischen Jockey begleitet, auch vom ersten Verwalter, einem hageren und schweigsamen Menschen. Neben ihm wirkte der Jockey – ein Mann in den besten Jahren – winzig und wie ein Kind.

Nur einmal, am Ende der Morgenarbeit, durften die Pferde die Rennstrecke mit der klassischen Länge von einer und einer halben Meile durchlaufen. Sie kamen einzeln oder zu zweien angaloppiert, Staub zog in breiten Fahnen hinter ihnen her. Dann wurden sie zu den Stallungen zurückgeführt, mit Wasser begossen, mit Tüchern gerieben und gebürstet. Wieder stand das fachkundige Trio dabei. Jede Bewegung der Tiere schien wichtig. Ihr Aussehen an diesem Morgen wurde eingehend besprochen. Dann führte man die Pferde, eines nach dem anderen, zurück in die sauberen und heuduftenden Boxen; die hölzernen Türen schlossen sich, die Vorstellung war zu Ende.

Wicklow
Fürs Wochenende

Von Kildare aus ist Dublin schon nahe. Aber Thomas und Brigitta kannten die WICKLOW MOUNTAINS noch nicht.

Über den Bergen hingen dunkle Wolken. Wir fuhren, in südöstlicher Richtung, schlechtem Wetter entgegen. An diesen letzten Tagen unserer Reise war der irische Himmel launisch und wild. Er begoß uns erbarmungslos. Plötzlich zeigte er türkisfarbene Risse in der Schwärze, schickte leuchtende Strahlen auf einen nassen Hang, wischte sie mit der nächsten Regenwand fort. »Ziemlich feucht, aber keinen Augenblick langweilig«, sagte Brigitta, als wir wieder einmal im Auto Schutz suchten. An solchen Tagen sind die braun und purpurn gefleckten Hänge der Wicklow Mountains menschenleer. Nebelfetzen ziehen um die Gipfel. Bei Sonne, vor allem am Wochenende, sieht es hier anders aus. Die Dubliner lieben ihre »Berge vor der Tür«. Es gibt genug Wanderwege. Manche Besucher blieben einfach im Auto sitzen, vielleicht am Ufer eines versteckt liegenden Sees, kurbeln die Fenster hinunter und stellen das Radio an.

Einsamkeit gibt es trotzdem noch genug. Nur wenige Straßen ziehen sich bergauf, bergab durch diesen Bezirk ohne Ansiedlungen. Eine wird Military Road genannt. Der alte Name erinnert daran, daß in den Jahrhunderten der Unterdrückung diese Hochtäler Schlupfwinkel für Rebellen und Empörer waren. So mußte eine besondere Zufahrt gebaut werden, um ihrer schließlich doch Herr zu werden.

Ganz versteckt in diesen Bergen liegt GLENDALOUGH, die einst berühmte Klosterstadt, im Rang einer Universität; eine Gründung des heiligen Kevin im 6. Jahrhundert.

Coemgen, Kevin, verkörperte den Typ des irischen Eremiten in seiner reinsten Form. Er »begehrte das grüne Martyrium«, wollte als Einsiedler ein Leben der Askese und der inneren Schau in der Natur finden. Das abgelegene schmale Waldtal mit seinen zwei Seen bot ihm, was er suchte. Wie später der heilige Franziskus war er der Legende nach immer von Vögeln begleitet; sie ließen sich auf seinen im Gebet ausgestreckten Händen nieder. Die wilden Tiere des Waldes gehorchten ihm. Der Ruf seiner Frömmigkeit und Gelehrsamkeit verbreitete sich rasch. In Scharen strömten ihm – gegen seinen Willen – Schüler zu. Kevin ließ sie auf dem Talboden ihre Bethäuser und Hütten bauen, und lebte selber in einer Höhle jenseits des oberen Sees.

Kevin soll nicht nur eine kluge und faszinierende Persönlichkeit gewesen sein, sondern auch »schön von Angesicht«. Die Mär von der liebestollen Cathleen, die er aus seiner Höhle in den See gestoßen habe, war eine Erfindung der Viktorianer, die Glendalough gerne aufsuchten. Aber in einer der vielen Legenden aus früher Zeit wird berichtet, er habe eine Maid von der Liebe zu ihm kuriert, indem er sie – und sich selber – mit Nesseln schlug.

Als der Heilige 618 in hohem Alter starb, hinterließ er eine bedeutende geistliche Stätte mit bald mehr als tausend Mönchen, die bis ins 13. Jahrhundert hinein Bestand hatte. Dann eroberte die Natur sich das Tal zurück, ließ nur die Wände der einstigen Kirchen stehen, überzog die Ruinen mit Efeu, stürzte die alten Grabsteine. Dem Rundturm, um den sich Gräber und Bethäuser scharen wie Schüler um ihren Lehrer, konnte sie kaum etwas anhaben. Seine Spitze wurde in unserer Zeit restauriert, ebenso einige der frühen Bauten, so St. Kevin's Church, mit ihrem kleinen Rundturm auf dem steinernen Dach. Die Pfade wurden geebnet, Grabsteine und Kreuze wieder aufgerichtet, Fragmente gesammelt und für die Besucher geordnet. Man betritt den frommen Bezirk durch einen doppelten Torbogen der einst ummauerten Stadt.

Glendalough sollte man früh am Morgen besuchen, ehe die Busse anrollen, oder abends, wenn die Parkplätze wieder leer

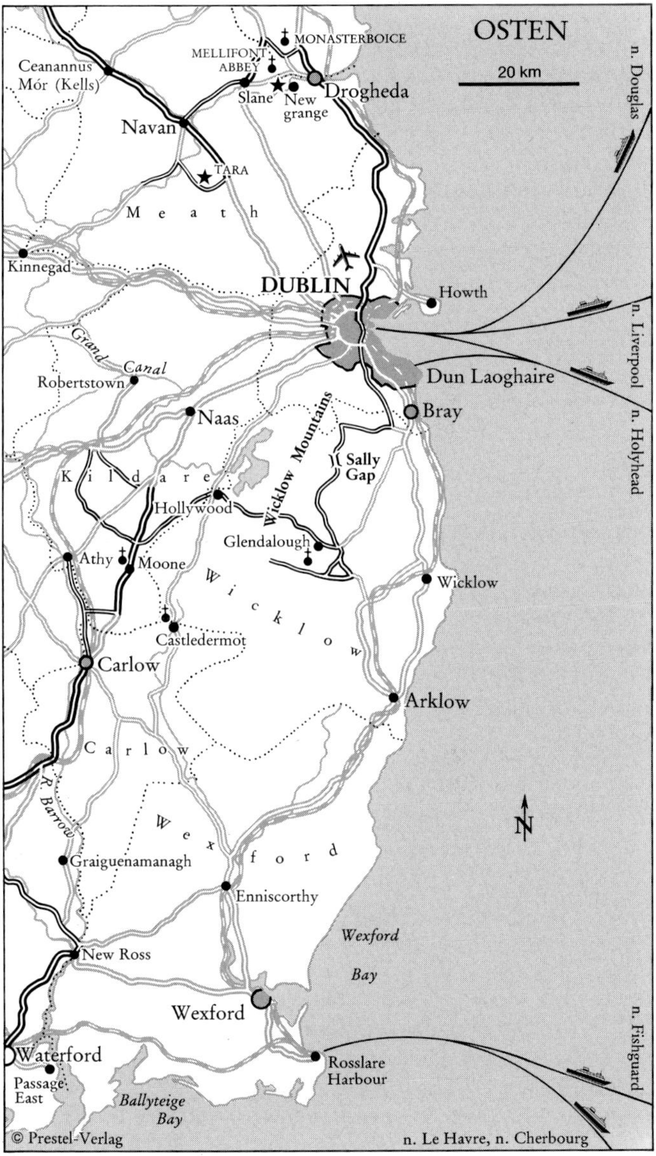
OSTEN
20 km
MONASTERBOICE
MELLIFONT ABBEY
Ceanannus Mór (Kells)
Slane
New grange
Drogheda
Navan
TARA
Meath
Kinnegad
DUBLIN
Howth
Grand Canal
Robertstown
Dun Laoghaire
Bray
Naas
Wicklow Mountains
Sally Gap
Kildare
Hollywood
Glendalough
Athy
Moone
Wicklow
Castledermot
Carlow
Arklow
R. Barrow
Wexford
Graiguenamanagh
Enniscorthy
Wexford Bay
New Ross
Waterford
Passage East
Ballyteige Bay
Rosslare Harbour
n. Douglas
n. Liverpool
n. Holyhead
n. Fishguard
n. Le Havre, n. Cherbourg
N

liegen, die Gäste im benachbarten Royal Hotel aufs Essen warten – oder bei schlechtem Wetter. Wir hatten beides: Regen und Morgenfrühe. Über die Gipfel zogen aufs neue Wolken heran, nur auf dem oberen See lag zaghaftes Licht. Glendalough ist für mich immer ein Ort der Melancholie gewesen; darin bin ich mir mit Thackeray einig, der von »lieblicher Melancholie« sprach. Er glaubte, an diesem Ort müßten Melodien entstehen. Das ist nicht meine Meinung. Als wir von Ruine zu Ruine und talaufwärts zu den Seen gingen, konnte ich mir eher vorstellen, im Rauschen des Regens und der Wasserläufe Stimmen der Mönche im Chorgebet zu hören:

»... Ich erhebe mich heute
durch die Kraft der Liebe der Cherubim
im Gehorsam der Engel
im Dienste der Erzengel
in der Hoffnung auf die Auferstehung ...«

Jenseits von Glendalough, bergwärts, gelangt man nach GLENMALURE, in eine schöne tannenduftende Einsamkeit der Felsen und Wasserfälle. Da würde es dem Heiligen heute noch gefallen.

Unser Weg nach Dublin führte, abseits, zu einer grünen, von einem Bach durchflossenen Senke, zum deutschen Friedhof von GLENCREE. Wer im Ersten und Zweiten Weltkrieg durch ein besonderes Schicksal in diesem Teil Europas starb, fand hier sein Grab:

»Mein Los war der Tod
unter irischem Himmel und
ein Bett in Irlands guter Erde ...«

Ich habe diesen Friedhof nie ganz verlassen gefunden; immer gingen Menschen, leise redend, zwischen den Reihen der Gräber oder versuchten, Verse zu entziffern, die in Englisch, Gälisch und Deutsch einem Stein eingemeißelt sind:

»... aber mich wies der Krieg
zum Schlaf in Glencree.«

POWERSCOURT, am Fuß der Wicklow Mountains, bis 1961 Familienbesitz, war vielleicht das großartigste aller anglo-irischen

Anwesen. Die Buchen der Zufahrtsallee, mit dem Umfang ihrer Stämme und den weit ausladenden Ästen, geben den machtvollen Auftakt. Der Barockbau des Schlosses steht in seinem Haupttrakt als Ruine. Die Zerstörung stammt hier nicht aus der Zeit der *troubles.* Das Haus brannte 1974 aus. Der Park zieht sich, wie einst, in makellosen Rasenfluchten, von steinernen Treppen und Statuen begleitet, zu einem künstlichen See hinab, aus dem der Strahl einer Fontäne aufsteigt. Die steile, spitz zulaufende Flanke des Sugar Loaf Mountain, des großen Zukkerhuts, beherrscht den Horizont. Gartenkunst und Natur vollendet mischen: hier, in den Gärten von Powerscourt, ist es wieder einmal gelungen.

Abends kamen wir in Dublin an, hielten vor einem weißen Haus mit zwei Säulen im Vorort Ranelagh. Wir waren drei Wochen unterwegs gewesen. Thomas zählte die Kilometer zusammen: »3878 – ich dachte immer, Irland sei eine kleine Insel.« Brigitta räumte Bücher, Prospekte, Broschüren, Stadtpläne und bunte Steine zusammen. »Eine reiche Ernte. Ich glaube, wir brauchen einen neuen Koffer.« Ich klappte, dankbar und zufrieden, mein Notizbuch zu.

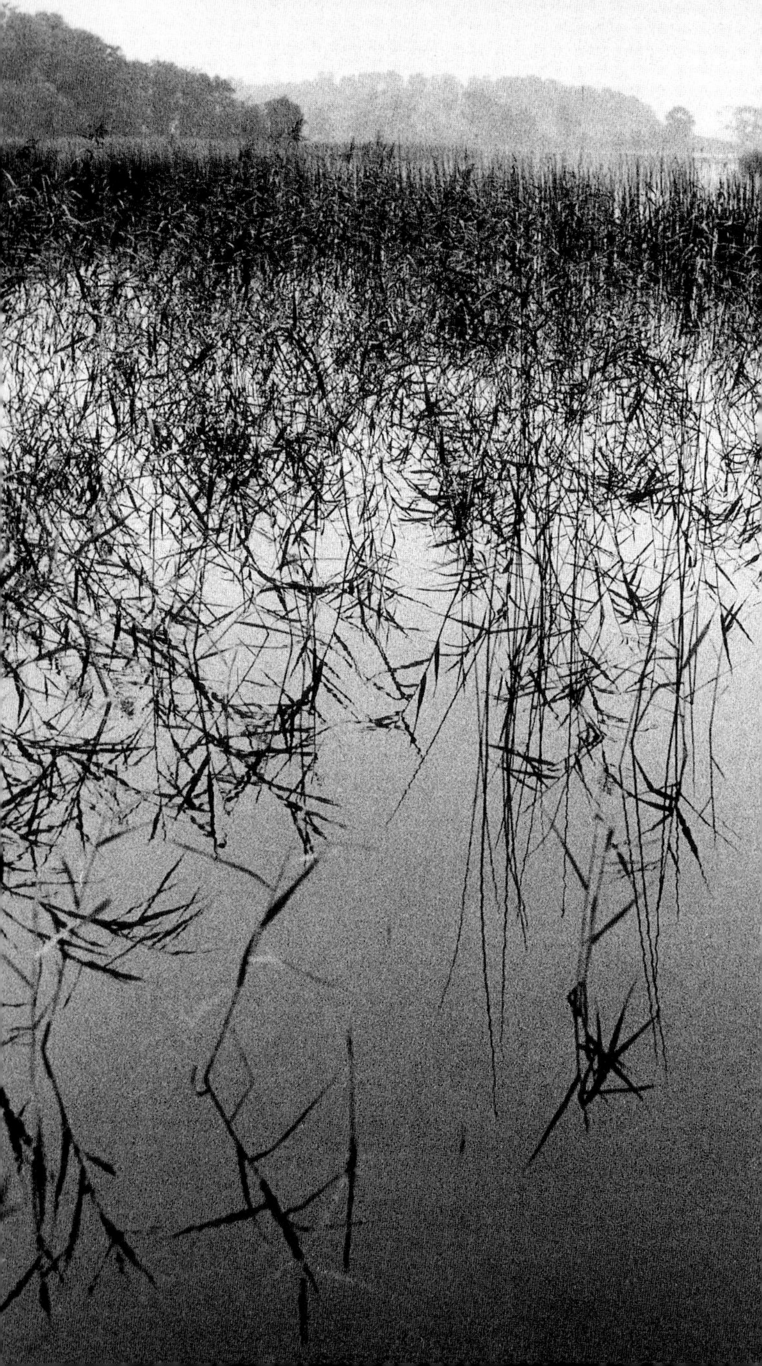

WASSERFAHRTEN

Shannon

Mit dem Boot lernt man ein ganz anderes Irland kennen als von den Straßen aus. Wir waren bei einer solchen Unternehmung zu viert und hatten eine Woche Zeit. Ein gemeinsames Bordtagebuch wurde geführt; ich habe es aufbewahrt. Und wie in einem Kaleidoskop, wenn man es schüttelt, ein Bild nach dem anderen sich formt, stehen mir bei der Lektüre jener Seiten Szenen unserer Fahrt vor Augen.

Der Shannon beherrscht mit dem Geflecht seiner Seen, Kanäle und Nebenflüsse die stillen inneririschen Ebenen – ein Fünftel der Insel. Er ist 370 Kilometer lang und darf von Battlebridge im nördlichen Cavan bis Killaloe in der Grafschaft Clare mit gemieteten Kabinenkreuzern befahren werden.

Wir bestiegen unser Schiff an einem Samstag, an der Marina von CARRICK-ON-SHANNON. Im Bordtagebuch heißt es: »Boote schaukeln in langer Reihe auf dem Fluß, werden ausgeräumt, geputzt, aufgetankt. In kleinen Grüppchen stehen die neuen Mannschaften auf den Stegen: Schichtwechsel. Einer von uns wird zum Skipper geschlagen. Er bekommt alles gezeigt und erklärt. Mitfahrer mit nautischen Kenntnissen sind willkommen und nützlich. Sie behaupten, zumindest rechts und links unterscheiden zu können.«

Ich gestand aber später, daß ich dies in kritischen Momenten nicht einfach fand. Wir beschlossen, zunächst flußaufwärts zu fahren. Da, sagte man uns, seien weniger Boote unterwegs. Der »Shannon Guide«, wasserfest, zeigte uns auf dreißig ausführlichen Karten, wo Untiefen und Felsen und andere Gefahren lauern. Wir nahmen uns Zeit und gelangten bei letztem Licht bis LEITRIM. Nördlich von uns lag der Karte nach Battlebridge, dann hieß es *End of Navigation*, Ende der Schiffahrt. Am Hori-

Stille Welt abseits der Fahrrinne

zont standen Berge. Dort entspringen die Wasser des Shannon einem tiefen Loch und fallen im Lauf der ersten sechzehn Kilometer um mehr als hundert Meter dramatisch ab. Bis zum südlichen Ende der Fahrstrecke ist dann nur noch ein Höhenunterschied von achtzehn Metern zu überwinden; dafür genügen sechs Schleusen.

»Sonntag morgen: die Wiesen sind voller Tau, das Boot auch. Wir sehen die Brücke, vor der wir gestern nacht festgemacht haben, im Sonnenlicht. Kirchgänger auf dem Heimweg ziehen hoch über unseren Köpfen vorüber. Frauen sind in der Überzahl; Männer, die Pfeife anzündend, freuen sich auf ihre Sonntagszeitung. Kurzer Besuch in Leitrim. Das Dorf kommt mit einer Straße aus. Zwei Reihen niedriger bunter Häuser stehen Spalier.«

Ein Stück zurück bis zum River Boyle, der hier mündet und in dessen Fahrrinne wir einbogen. Die Ufer – undramatisch, grasreich, menschenleer – zogen zum Greifen nah vorüber, während wir Gewürze sortierten, Angelhaken prüften, den Malkasten auspackten und im Shannon Guide eine neue Seite aufschlugen. Unserer Reise schauten nur Kühe und Pferde zu. »Schwarze Kühe, bunte Kühe, alle Farben, nicht nach Rassen getrennt. Sie weiden friedlich zusammen. Zwischen ihnen die Pferde. So etwas kennen wir nurmehr von alten Bildern aus Holland.«

Unsere erste Schleuse lag bei KNOCKVICAR. Auf vielen Prospekten ist ihr breites Wehr abgebildet, über das die Wasser des River Boyle blitzend fallen. Bäume und Büsche lassen ihre Zweige und Wurzeln in den Fluß hängen. Am Quai hatten schon mehrere Boote festgemacht; wir mußten weiter. »Wir drehen an einem altmodischen Telefon. Nach geraumer Zeit kommt der Schleusenwärter auf schwarzem Fahrrad durch den Auwald. Gemächlich schwingt er die hölzernen Tore hinter uns zu. Alle Sinne müssen sich nun auf Schleusenwände, Bootshaken, Balken, Tender und Tauenden konzentrieren.«

Das Wasser sprudelte, schon ging es aufwärts, aus der Kühle und dem Dämmerlicht, die Tore öffneten sich in eine neue Landschaft. Später kamen wir aus der Enge des Flusses, aus

Ruine der Boyle Abbey am River Boyle, nahe dem Shannon

Schilfmauern und Urwalddunkel hinaus in die Weite des LOUGH KEY. Der See lag so schön in der Sonne, daß wir das Boot, wie befreit hinausfahren ließen in die Fläche des blinkenden Wassers, bis dahin, wo die Welt mit dem Schild *End of Navigation* wieder einmal zu Ende war.

»Dieser Schlupf, am Ende des Lough Key, scheint ergiebiger Fischgrund zu sein. Rechts und links stehen die Angler im Wasser, blicken mißmutig, wenn wir, vorsichtig vorüberziehend, ihre Beute vertreiben. Die Boote dieser Männer sitzen tief im Schilf; so schnell wollen sie nicht wieder fort von hier. Vielleicht sind jene, die ein Boot mieten und zu ihrem Lieblingsplatz fahren, dort festmachen und bleiben, die Klügsten von allen.«

In der Abenddämmerung, unter hohen Bäumen, legten wir an einer Steinmole des LOUGH KEY FOREST PARK an. Bei Tage sieht man hier Omnibusse und Restaurants, einen Aussichtsturm aus Beton, Souvenirs und Postkartenständer. Bei Nacht ist alles anders. Wir hatten Vollmond. Orchard Island, Green Island und Castle Island standen wie grün-silberne Marmorgebilde weit draußen im Wasser. Da löschten wir die Lichter und verließen das Boot. Im Park endlose Wiesen, vom Mondlicht gebadet. Bäume, die im Gras zu schwimmen schienen, mit runden, riesigen Schatten. Wir hatten taunasse Schuhe, es war drei Uhr, als wir wieder zum Boot kamen.

Zurück auf bekannter Strecke, an Carrick vorbei, südwärts. Wiesen und Weiden, kaum eine Ansiedlung. Ruhiges Dahingleiten. »Der Shannon ist breit geworden; mehr Boote und Menschen sind unterwegs. Sie fädeln auf ihrer Route einen See nach dem anderen auf. Die übliche Begrüßung von Boot zu Boot: zwei lässig gehobene Finger.«

Wir verließen die große Straße am Lough Boderg, tauchten in geheime Schilfpfade ein, auf dem Weg zum Vogelparadies der CARRANADOE LAKES. Tauchenten duckten sich. Von seinem

Folgende Doppelseite:
Bei den Carranadoe Lakes: Boote sind hier seltener

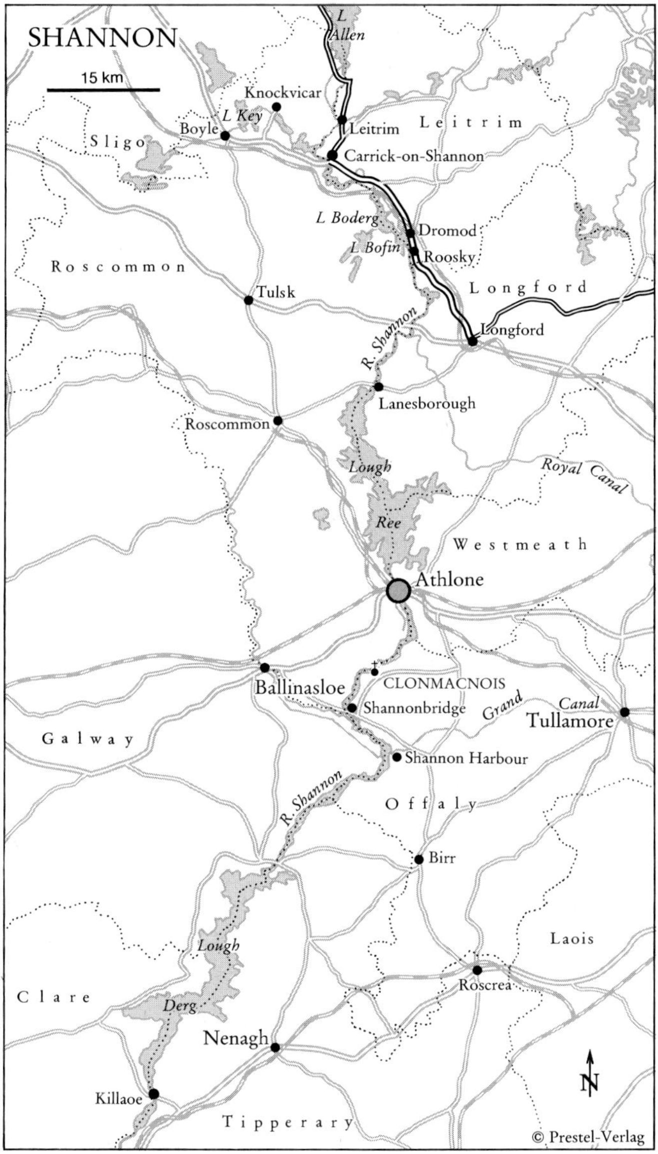
SHANNON
15 km
L Allen
Knockvicar
L Key
Boyle
Leitrim
Leitrim
Sligo
Carrick-on-Shannon
L Boderg
Dromod
L Bofin
Roosky
Roscommon
Longford
Tulsk
R. Shannon
Longford
Lanesborough
Roscommon
Lough
Ree
Royal Canal
Westmeath
Athlone
Ballinasloe
CLONMACNOIS
Shannonbridge
Grand Canal
Tullamore
Galway
Shannon Harbour
R. Shannon
Offaly
Birr
Lough
Derg
Laois
Roscrea
Clare
Nenagh
Killaoe
Tipperary
N
© Prestel-Verlag

Schlafbaum auf einer Insel erhob sich ein Reiher. Wir folgten mit den Augen seinem trägen Flügelschlag. Es wurde kalt. Zeit, sich einen Ankerplatz zu suchen.

Am nächsten Tag hielt Nebel unser Boot im Schilf fest. Ein Tag der Ruhe. Wir malten. Gelassenheit herrschte. Sogar das Tagebuch wurde vernachlässigt.

Und wieder: im großen Strom. Wir überholten eine Dschunke, die aus Mark Twains Zeiten hätte stammen können, zählten ohne Mühe sieben Kinder, die auf dem Deck herumhüpften und durch die Fenster lugten, und hielten uns in sicherem Abstand.

»Vorsicht, größere Brücke voraus! Im Shannon Guide heißt es: ›Die Navigationsbögen aller Brücken, mit Ausnahme der offensichtlichen Zugbrücken, sind mit roter und schwarzer Farbe markiert.‹ Wer wird schneller sein: unser Skipper, der den betreffenden Bogen mit dem Fernglas suchen muß, oder die Brücke, die rasch näher kommt?«

An diesem Abend mußten wir mit einem belebten Ankerplatz vorliebnehmen. Wir rochen gebratenen Speck, besahen unseren Vorrat an dieser Ware und fanden ihn ungenügend. »Ringsum Landsleute. Die einen haben ihre Taue an Deck zu ordentlichen Schnecken geringelt; andere vergessen überm Skatspiel ihr Hemd auf der Leine, in das ein kleiner Regen fallen wird.«

Aber im Pub, landeinwärts, waren wir mit dem Wirt und seiner Tochter allein. Wir luden uns gegenseitig zum Guinness ein. Der Wirt war um die Welt gefahren; an den Wänden hingen seine Erinnerungen – und seine Geigen. Die Tochter saß mit Lockenwicklern an der Kasse. Der Wirt holte seine beste Fiedel und spielte uns auf, Tanzmelodien, die in endloser Folge die Tonleiter hinauf- und hinabstiegen. Als wir zu später Stunde heimkehrten, brannte noch auf einigen Booten Licht. Das waren die Skatspieler.

Der Shannon Guide sagt, die neunbogige Brücke von LANESBOROUGH sei mit Respekt zu behandeln, mehr noch die unendliche Weite des LOUGH REE, die sich hier öffnet. Sturmwarnungen dürften in keinem Fall mißachtet werden. Das Wetter am nächsten Tag wäre gut gewesen, die Luft so klar und durchsichtig, daß man weit entfernte Ziele auch ohne Glas erkennen konnte. Aber wir mußten umkehren, unsere Woche ging zu Ende. Melancholie breitete sich aus. Am Albert Lock beschenkte der Schleusenwärter jede Dame, die vorüberfuhr, mit Blumen aus seinem Garten.

»Auf den Shannon passen Leute, die zuschauen und zuhören können. Freunde der Vögel und der Stille. Bücher und Kartenspiele. Kinder, die schwimmen können. Auch Menschen, die sich kennenlernen wollen.«

Grand Canal und River Barrow

Der »Große Kanal« verbindet Dublin mit dem Shannon. Er wurde im 18. Jahrhundert gebaut und sollte, ehe die Eisenbahnen kamen, die Hauptstadt des Landes mit dem Westen verbinden, quer durch die Moorebenen des inneren Irland. Die Bezeichnung »Ebene« ist hier aber irreführend; sie wird nicht der vielen kleinen Anhöhen und Senken gerecht, die diesem Landstrich eine gewisse Lebendigkeit verleihen. Dem Bau des Kanals stellten sich also Hindernisse entgegen; mit einer großen Anzahl von Schleusen mußten die Höhenunterschiede ausgeglichen werden. Heute befahren nur noch Kabinenkreuzer diese Gewässer, Boote mit kleineren Maßen als die auf dem Shannon. Eine

Der Grand Canal – einst ein Reiseweg

geruhsame Reise auf dem Großen Kanal gehört zu den großen Erlebnissen, die dieses Land zu bieten hat. Als ich eine solche Fahrt unternahm, waren die Schleusen noch bemannt. Die Wärter kamen gemächlich aus ihren Häuschen, drehten Räder und schwenkten Balken, die Holztore öffneten und schlossen sich knirschend. Während man, im Boot sitzend, in der Kammer der Schleuse lautlos emporgetragen wurde oder sich in eine kühle Tiefe senkte, hörte man über sich Reden und Lachen, vernahm die neuesten Nachrichten und Mutmaßungen über das Wetter. Wenn es regnete, konnte man bei den Frauen am Kamin sitzen, auch zu essen bekommen. Diese Zeiten sind vobei; heute müssen die Touristen sich wohl bei den meisten Schleusen selber bemühen. Am Kanal gab es zweiflügelige, schloßähnliche Bauten für die Reisenden auf der langsamen Fahrt nach Dublin oder zurück in den Westen. Auf der einen Seite schliefen die Damen, die andere war den Herren bestimmt. Nichts konnte auf unserer Fahrt melancholischer sein als der Anblick solcher Gebäude, in deren leeren Fensterhöhlen heute das Gras wächst. Aber in ROBERTSTOWN ist eines dieser Rasthäuser wiederhergestellt worden. Man kann dort, im Sommer, an einem Diner bei Kerzenlicht teilnehmen, auch eine Falknerei besichtigen, und zur Probe in einem der alten Boote ein Stück weit fahren. Wenn man von einem solchen Ausflug zurückkehrt, wird man sich, angesichts der ebenfalls restaurierten Häuserzeile am Wasser, ins frühe 19. Jahrhundert zurückversetzt fühlen.

In Robertstown mündet ein Kanal, der zum RIVER BARROW führt. Diesen Fluß habe ich noch nicht befahren. Ich würde es gerne tun. Er ist – wie wir von der Straße aus sahen – manchmal so schmal, daß man glauben könnte, die hohen, grün überwachsenen Ufer würden den Bootsrand streifen. Im Tal des Barrow verstreut stehen Hochkreuze, die von Old Kilcullen, Moone und Castledermot. Ganz im Süden, ehe der Fluß sich bei New Ross

Clonmacnois am Shannon:
der Rundturm ist schon von weitem zu sehen

mit dem River Nore vereint, lockt in idyllischer Lage GRAIGUENAMANAGH. Die Duiske Abbey als Kirche der Zisterzienser, die im 13. Jahrhundert hier siedelten, ist Mittelpunkt der alten Stadt. Auch hier, im Friedhof, zwei kleine Hochkreuze. Die Fahrt auf dem River Barrow bis zu seiner Mündung dauert etwa eine Woche. Bei Athy soll eine neue Marina entstehen.

Wieder auf dem Grand Canal, im Moor. Nur selten überquert eine Straße in steilem Bogen das Gewässer, noch seltener begleitet sie uns ein Stück. Die einzigen Bauten, die in der Leere dieser Landschaft hoch aufragen, sind Kühltürme. Zu ihren Füßen wird in weitem Umkreis das Moor bearbeitet. Wie riesige Spinnen ziehen gelbe Maschinen ihre langsamen Bahnen, durchschneiden den Boden, wühlen ihn auf, wenden ihn, daß er trocknet. Unter der Aufsicht von »Bord na Mona«, der zuständigen Behörde, wird hier Moor in Energie verwandelt.

Bei SHANNONHARBOUR mündet der Kanal in den Fluß. Die Ruinen ehemaliger Lagerhäuser und eines Rasthauses des 19. Jahrhunderts erinnern daran, wie geschäftig es hier einst zuging. Heute ankern Kabinenkreuzer vor den alten Bauten und der Ort ist zu neuem Leben erwacht.

Clonmacnois

Von Shannonharbour aus fuhren wir flußaufwärts, unter einer Brücke mit sechzehn Bogen hindurch bis dahin, wo, von Ferne, über dem Ufer, wie eine Vision die Klosterstadt Clonmacnois mit den Ruinen ihrer Kirchen, mit Hochkreuzen und Rundtürmen auftauchte.

Der heilige Ciarán kam im Jahre 545, mit acht Gefährten den Shannon hinabtreibend, zu diesem Ort in der Einsamkeit. Er war dreiunddreißig Jahre alt, gelehrt und in vielen Künsten bewandert. Der Legende nach half Diarmaid, Hochkönig von Leinster, dem Heiligen beim Errichten der ersten Kirche. Am »Inschriftenkreuz« des 10. Jahrhunderts ist diese Szene dargestellt.

Ciarán soll bereits sieben Monate nach seiner Ankunft gestorben sein; aber seine Ideen wirkten fort. In wunderbarer Weise entwickelte sich seine Gründung zu einer Stätte der Gelehrsamkeit und der Künste. Zwischen den Holzhütten der Mönche und der Schüler – die auch in großer Zahl vom Kontinent kamen – entstanden Bethäuser und Kirchen, Werkstätten, Skriptorien und Bibliotheken. Von weit über hundert Bauten ist später die Rede, und dreitausend Schüler sollen hier gleichzeitig unterrichtet worden sein.

In den Schreibstuben entstanden so einmalige Dokumente wie das »Book of the Dun Cow«, *Lebor na hUidre.* Als die Mönche des 9. Jahrhunderts auf diesen Pergamenten das Leben des Ciarán aufnotierten, wußten sie aus mündlicher Überlieferung noch alles über den Heiligen – auch, daß eine schwarzbraune Kuh ihm überall hin gefolgt sei und ihn und seine Brüder mit Milch versorgt habe. Daher der Name des Buches, das in der Bibliothek der Royal Irish Academy in Dublin gehütet wird.

Clonmacnois:
Grabstein mit der Bitte um ein Gebet

Hochkreuze wie jene, die heute noch im Klosterbezirk stehen, bezeugen die Kunstfertigkeit der Bildhauer. Aus metallverarbeitenden Werkstätten stammen Arbeiten von höchstem Rang: reich verzierte Vortragskreuze, Krummstäbe, Schreine. Im Nationalmuseum werden einige dieser Kostbarkeiten aufbewahrt.

Ein Ort, an dem solche Schätze hergestellt wurden und in Gebrauch waren, konnte nicht unbehelligt bleiben. Die Reihe der Plünderungen und Zerstörungen begann im Jahre 834 mit den Wikingern und endete erst – nachdem Soldaten der englischen Garnison von Athlone 1552 das Kloster ausgeraubt hatten – mit der endgültigen Verwüstung durch Cromwells Truppen hundert Jahre später.

16 *Rock of Cashel –*
»Dramatisch wie eine Theaterkulisse«

17 *In der Grafschaft Clare –*
»Mauern ohne Mörtel«

18 *Kenmare Bay mit den Caha Mountains –*
»Buchten dringen weit ins Land vor«

19 *Blick vom Ring of Kerry auf die Skellig Rocks –*
»An klaren Tagen deutlich zu erkennen«

20 *Friedhof in der Grafschaft Tipperary –*
»Die Scharen der Kreuze«

Auch in Clonmacnois haben sich Gräber und Kreuze unserer Tage unter die Ruinen gemischt. Und wie in Glendalough sollte man hier die Gunst einer ruhigen Stunde abwarten. Dann kann der Besucher ungestört die Darstellungen an den Hochkreuzen enträtseln, oder an einer langen Reihe von Grabplatten entlanggehen, die in eine Wand eingelassen wurden, und mit den Augen ihren schönen Verzierungen folgen, auch dem ständig wiederkehrenden *or do*, bete für mich. Wenn gegen Abend vom Fluß Nebel ziehen und die Konturen der Kreuze verwischen, scheinen die Toten unserer Zeit denen von einst näher zu rükken – zu einer Gemeinschaft der Frommen.

DUBLIN UND SEINE TAGESZEITEN

6 Uhr

Iren sind keine Frühaufsteher. Wer jetzt unterwegs ist, kann die Stadt ohne Verkehr, ohne Menschen betrachten. Nur ein Mann der Polizei, der Garda, geht einsam seine Runde und läßt unbehelligt einen Mann passieren, der einen Kinderwagen vor sich herschiebt – mit allem, was er auf Erden besitzt. Das Gefährt und sein Herr haben diese Nacht im Schutz einer Brücke zugebracht, als sei man in Paris. Der Dubliner Fluß Liffey hat ja in vielem Ähnlichkeit mit der Seine. Wie sie geht auch sein Weg mitten durch die Stadt. Wie in Paris heute noch, sollen früher einmal fliegende Stände der Buchhändler seine Ufer gesäumt haben.

Die Häuser an den Quais sind – mit wenigen Ausnahmen – sehr alt, handtuchschmal und hoch. Manche leuchten bunt; aber zwischen ihnen haben andere noch ihre rötlichbraunen oder schwärzlichen Fassaden bewahrt. Sie zeigen Charakter – was man von den Neubauten in ihrer Nähe nicht behaupten kann.

Dublin ist keine türmereiche Stadt. Wenn ein Gebäude aus den strengen Reihen der Häuser herausragt, so trägt es vielleicht eine Kuppel, aber sonst strebt es nicht in die Höhe, sondern majestätisch in die Breite. Fast allen großen Bauten der Stadt ist das zu eigen: die weit ausgreifenden grauen Fassaden, in die die Reihen der Säulen gesetzt sind. Das wirkt nie protzig oder überladen, sondern immer würdig und festlich.

Zwei dieser Bauten liegen am Fluß, sie wurden in Dublins Blütezeit im 18. Jahrhundert errichtet: FOUR COURTS und CUSTOM HOUSE. Wieviel Phantasie hat ihr Architekt, James Gandon, auf diese Häuser verschwendet, die doch so prosaischen Institutionen dienen sollten: dem Zolldienst und der Gerichtsbarkeit. Über die Säle, in denen Recht gesprochen wurde und wird, türmte er eine hochgebaute, aber flache Kuppel, von

Four Courts, Gerichtsgebäude,
1786 bis 1802 erbaut von James Gandon

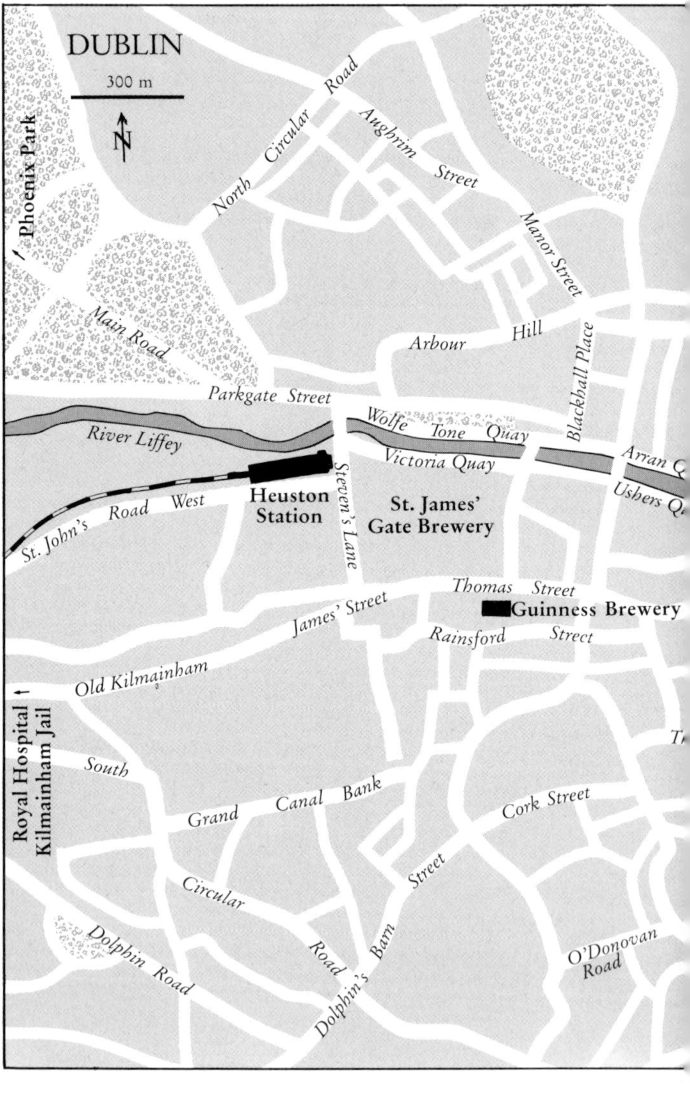
DUBLIN
300 m
N
Phoenix Park
North Circular Road
Aughrim Street
Manor Street
Main Road
Arbour Hill
Blackhall Place
Parkgate Street
River Liffey
Wolfe Tone Quay
Victoria Quay
Arran Q
Ushers Q
Heuston Station
Steven's Lane
St. James' Gate Brewery
St. John's Road West
Thomas Street
Guinness Brewery
James' Street
Rainsford Street
Old Kilmainham
Royal Hospital Kilmainham Jail
South Grand Canal Bank
Cork Street
Circular Road
Dolphin's Barn Street
Dolphin Road
O'Donovan Road

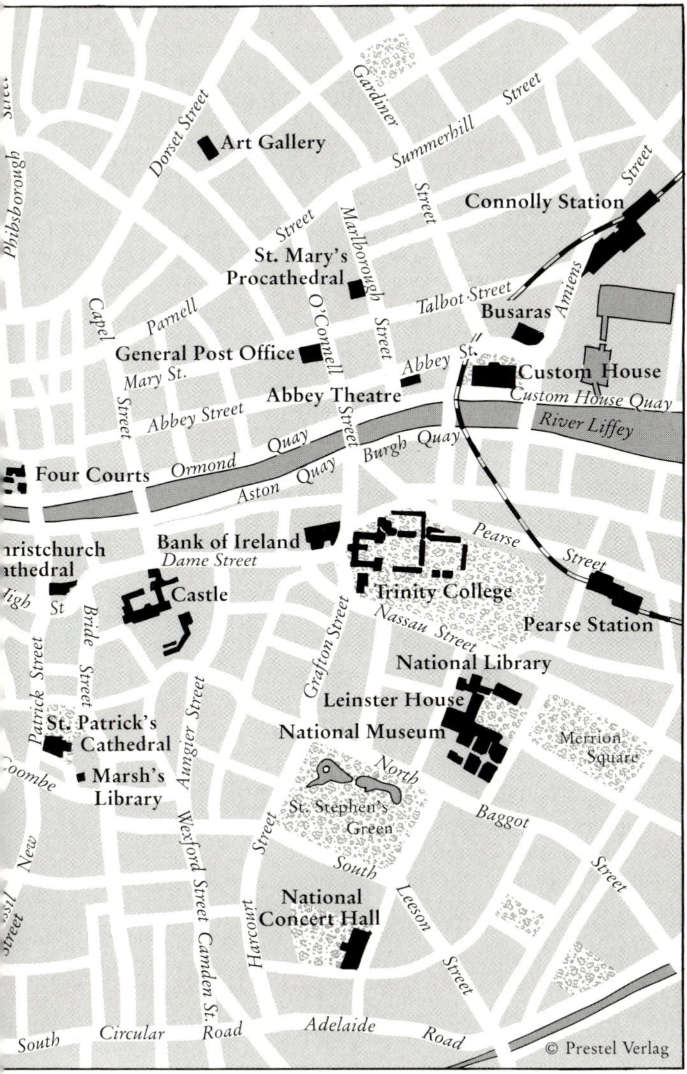

Art Gallery
Dorset Street
Gardiner
Summerhill
Street
Street
Connolly Station
Phibsborough
Street
Marlborough
St. Mary's
Procathedral
O'Connell
Street
Talbot Street
Busaras
Amiens
Capel
Parnell
General Post Office
Abbey St.
Custom House
Mary St.
Abbey
Abbey Theatre
Custom House Quay
Street
Abbey Street
Street
River Liffey
Quay
Burgh Quay
Ormond
Four Courts
Aston
Quay
Pearse
Bank of Ireland
Dame Street
Street
Castle
Trinity College
Bride
St
Nassau Street
Pearse Station
Grafton Street
National Library
Patrick Street
Street
Leinster House
Aungier Street
St. Patrick's
Cathedral
National Museum
Merrion
Square
North
Marsh's
Library
Baggot
St. Stephen's
Green
Street
Wexford
New
South
Street
Leeson
National
Concert Hall
Street
Harcourt
Street
Camden St.
South
Circular
Road
Adelaide
Road
© Prestel Verlag

einem Kranz schmaler Säulen getragen; mit Säulenbalustraden schloß er die flachen Dächer der übrigen Bauteile ab. Ähnlich ist Custom House; auch hier die schönste Harmonie der Maße, in einer Reinheit, die zu erlangen heute nicht mehr möglich scheint. Und alles, Säulen und Statuen, Wappen und Gitter, spiegelt sich in den dunklen, moorbraunen Wassern des Liffey, in denen man auch die Konturen der Brücken wiederfindet, sanfte Bögen aus Stein und aus Eisen – zu dieser frühen Stunde noch nicht gestört durch den Strom der Autos und der Passanten. Nur die Möwen sind da, schreien mißtönig, sitzen unbewegt auf den Quaimauern.

Der Liffey ist doch anders als die Seine: Man spürt das weite Moorland, aus dem der Fluß kommt, und man ahnt die Irische See, in die er sich bald ergießen wird. Das Licht ist Licht vom Meer, und die Luft schmeckt nach Salz.

In die Nachbarschaft des Custom House hat man, schon vor Jahren, das siebzehnstöckige Gebäude der Gewerkschaften gesetzt. Bis heute habe ich mich an seinen Anblick nicht gewöhnen können. Sein gewelltes grünes Dach sieht aus, als schäme es sich und sei darüber eingeschrumpft. Da sind dort, am Nordufer, der zentrale Busbahnhof, Busaras, und ein neues Finanzzentrum besser gelungen. Moderne Konstruktionen, bei denen Glas vorherrscht, erinnern an die Aufbauten großer Dampfer.

An dieser Stelle weitet sich der Liffey zum Hafen. Schiffe fahren fast bis ins Herz der Stadt. Die berühmte Firma Guinness hat zwar ihre Brauerei weiter flußaufwärts – aber hier am Südufer liegen ihre Boote, stapeln sich die Container am Quai. Bierfässer und jene starkknochigen Pferde, die sie früher auf hochbeladenen Wagen herbeischafften, sind leider kaum noch zu sehen.

Wo der Wald der Kräne anhebt und der Liffey sich in vielen Seitenarmen und Bassins verzweigt, wo gerade das Hämmern auf den Werften beginnt, kehre ich um.

Mein Weg führt nun durch das SÜDLICHE DUBLIN, jenes der ›Georgianischen Epoche‹, das man einen Glücksfall der Architektur genannt hat. Seine Häuser reihen sich ebenmäßig und würdig, in geschlossener Front, an leicht ansteigende Straßen. Oder sie sind im Viereck um stille Plätze geordnet, schauen auf Fliederbüsche und gepflegte Rasenflächen. Sie sind aus rotem Backstein erbaut.

Hier genügen zwei Säulen, um jedem Haus ein nobles Aussehen zu verleihen. So sieht das aus: schmiedeeisernes schwarzes Gitter, schmiedeeisernes Tor. Ein schmaler Vorgarten. Und dann die Haustür, von den zwei hellen Säulen eingefaßt, von einem fächerförmigen Oberlicht gekrönt. Gleichmäßige Reihen der Fenster, in denen sich das Morgenlicht spiegelt. Der farbige Lack der Haustüren leuchtet weithin, die blank geputzten Türklopfer glänzen. Mit jedem Stockwerk werden die Fenster niedriger; unter dem geraden Sims, mit dem das Dach beginnt, sind es nur noch Luken. Darüber ducken sich die Schornsteine. Manchmal findet sich Schmiedeeisen auch an den Fassaden, in schmalen Balkonen, die nur zur Zierde dienen und nie betreten werden. Jedes dieser Häuser – heute meist von Regierungsstellen und Organisationen besetzt – wurde einst kunstvoll ausgeschmückt, mit Stuckarbeiten oder Fresken verziert. Häuser, die in den vergangenen Jahrzehnten der Spitzhacke zum Opfer fielen, sind – jedenfalls äußerlich – in der überkommenen Form neu errichtet worden. Die Lücken schließen sich wieder. Manche Straße präsentiert sich makellos. An ihrem Ende stehen die Dublin Mountains wie eine Fata Morgana, blaß im Morgendunst und trotzdem ganz nah.

7 Uhr

Wer mit Pferden zu tun hat, ist früh unterwegs, auch in Dublin. In den Gehölzen und Wiesen des PHOENIX PARKS, des größten Stadtparks der Welt, kann man um diese Stunde schon den Herren der Army School of Equitation begegnen, in Zweierreihen beim Morgenritt. In den Reitschulen erscheinen die Kinder zur Stunde; sie traben so mutig los wie die Alten, und wenn eines von ihnen abgeworfen wird, macht man weiter keine Umstände mit dem armen Wesen, das sich verdutzt und halb betäubt aufrichtet und dem man kühl befiehlt, gleich wieder aufzusteigen.

In diesen Tagen im Mai findet die *Spring Show* statt. Sie gibt einen Vorgeschmack auf die unter Reitern und Pferdekennern hochberühmte *Dublin Horse Show* im August.

Durch die Merrion Road im Vorort BALLSBRIDGE fahren am frühen Morgen die Autobusse nur mit verminderter Geschwindigkeit, besonders wenn sie zu jenem Ort kommen, an dem die Straße zur einen Seite von weitläufigen Stallungen gesäumt ist, zur anderen von einem edlen und würdigen Gebäude in Weiß. Dahinter ahnt man weite Rasenflächen und Tribünen: das Gelände der Horse Show. Zwischen den Ställen zur Linken und den Toren zur Rechten werden immer wieder Pferde vorbeigeführt. Manche tänzeln nervös, verweigern auch wohl angesichts eines Doppeldeckers das Weitergehen, aber viele der Tiere queren den Verkehr so sicher, als seien sie hier zu Hause und nicht in den stillen Ebenen von Westmeath und Tipperary.

Die Horse Show ist weltberühmt; aber daß sie von einer Gesellschaft organisiert wird, die auch der Pflege von Kunst und Wissenschaft dienen soll, das wissen die wenigsten.

Die Royal Dublin Society wurde im Jahre 1731 in den Räumen der philosophischen Fakultät des Trinity College von vierzehn anglo-irischen Gentlemen gegründet, denen das Wohl ihres Landes am Herzen lag. Die Herren dieser Gesellschaft errangen rasch Einfluß und Ansehen, sie müssen auch immer über reichliche Mittel verfügt haben, sonst wäre es wohl nicht möglich gewesen, daß jede gute und auch jede geniale Idee ihrer Mitglieder über kurz oder lang verwirklicht werden konnte. So sind durch die Initiative der Royal Dublin Society ein botanischer Garten entstanden, eine Veterinärschule und eine Akademie der Künste; so trug man eine bedeutende Bibliothek zusammen, die später den Grundstock der National Library bilden sollte, und so veranlaßte man die Gründung des Nationalmuseums von Irland. Man verteilte Prämien für das Anpflanzen von Bäumen, das Vernichten von Ratten; man schickte junge Künstler zum Studium nach Rom. Man war an frühen Handschriften ebenso interessiert wie an preisgekrönten Zuchtstieren und an Kammermusik, man unternahm vieles vom Standpunkt eines Amateurs aus und blieb doch nie im Dilettantismus stecken. Wenn eine neue Institution herangereift war und fest und gesichert dastand, dann wurde sie meistens an den Staat weitergegeben: die Royal Dublin Society – mit achttausend Mitgliedern auf

Dublin Horse Show, Ballsbridge

TOTE INVESTORS
6

ein Jahr und tausend Mitgliedern auf Lebenszeit – hatte ihre Aufgabe erfüllt.

So hat die Society auch die Dublin Horse Show ins Leben gerufen, ursprünglich nur in der Absicht, die irischen Pferdezüchter zu unterstützen. Und wenn die Horse Show inzwischen zu einem wichtigen internationalen Ereignis geworden ist, so sind ihr doch ein paar Merkmale geblieben, die sie von jeder anderen Veranstaltung dieser Art unterscheiden: die Prüfungen und Prämierungen der Pferde in den einzelnen Klassen sind im Grunde wichtiger als die Turniere; die Farmer des irischen Landes sind ebenso vertreten wie die internationalen Größen des Reitsports, und mit Ausnahme weniger, meist ausländischer Tiere sind alle Pferde, die zur Horse Show kommen, verkäuflich. Ein gewaltiger Pferdemarkt mit über tausend Tieren.

8 Uhr

Dichter haben schon immer eine besondere Zuneigung zu Türmen gehabt, diesen symbolträchtigen Bauten. In ihnen emporzusteigen, auf enger gewundener Treppe, nahe den kühlen Mauern, im Dunkeln, um dann hinabschauen zu können ins alltägliche Treiben, darüber zu stehen – das fasziniert und lockt. Kein Wunder, daß auch die Großen der irischen Literatur, Yeats und Joyce, zwei Türme unsterblich gemacht haben: Thoor Ballylee und den MARTELLO TOWER in Sandycove, südlich von Dublin. Beide Bauten sind zu Museen umgewandelt worden. Aber schon äußerlich: welch ein Unterschied! Thoor Ballylee in der Einsamkeit stehend, im milden Westen, eckig, sehr alt, von Efeu umsponnen, »mit der Musik der Vögel in diesem Tal«. Der Martello-Turm: ein runder kriegerischer Nutzbau, errichtet in den ersten Jahren des 19. Jahrhunderts, als die Engländer eine napoleonische Invasion fürchteten. Hart am Wasser gelegen, der Dublin Bay, hinter einer Barriere aus rötlichen Felsbrocken, Vorortvillen in krauser Vielfalt als Nachbarn.

Yeats schuf sich seine Behausung im Turm selber, machte sie zu seiner Heimat. Joyce war, im September 1904, nur für kurze Zeit im Martello Tower, als Gast von Oliver St. John Gogarty, den er, wenig schmeichelhaft, als Buck Mulligan porträtieren wird. Joyce läßt das erste Kapitel seines schwierigen Meisterwerkes »Ulysses« in und auf dem Turm spielen. Zehn Jahre nach seinem kurzen Aufenthalt holt er in der Emigration, die für ihn unabwendbar war, alle Erinnerungen an diese Zeit aus seinem Gedächtnis, mit einer Genauigkeit, als sei er erst am Tage zuvor die Wendeltreppe hinaufgegangen, habe an der Brustwehr der Plattform gestanden.

Als Buck Mulligan, der geistvoll-zynische, wenig sympathische Medizinstudent, im Roman diesen mauerumgrenzten engen Raum zum ersten Mal betritt, ist es früher Morgen, acht Uhr. Er ruft nach dem Freund. Joyce hat diesem seinem alter ego, wie schon im früheren autobiographischen »Portrait«, den Namen Stephen Dedalus gegeben.

Ich sitze am Rand der Plattform des Martello Tower, zu Füßen der Brustwehr, die alle Aussicht nimmt, mir nur den Himmel läßt. Vor mir ist eine eiserne Schiene in den Boden eingelassen, der Rundung des Turmes folgend, einst Lager für den Umlauf der Lafetten. Ich bin, vorhin, aus dem Dunkel des Treppenschachts aufgetaucht, erst mein Kopf, dann der Körper, so wie es Buck Mulligan, wie es Stephen Dedalus hier erging, und allein geblieben mit diesen Gestalten der Dichtung, denen ich bisher nur zwischen zwei Buchdeckeln zögernd begegnete. Buck: »Das dicke helldunkle Gesicht mit dem ovalen mürrischen Kiefer erinnerte an einen Prälaten, den Förderer der Künste im Mittelalter.« Und Dedalus, an der Brustwehr stehend: »Stephen stützte einen Ellenbogen auf den schartigen Granit, legte die Hand an die Stirn und sah auf den abgeschabten Rand seines glänzenden schwarzen Rockärmels. Und Kummer, es war noch kein Liebeskummer, zerfraß ihm das Herz.«

Dedalus ist nicht die wichtigste Figur des Joyceschen Romans. Die Hauptperson ist Leopold Bloom, jüdischer Annoncenakquisiteur. Ihm werden wir in Dublin selbst begegnen.

Ich stehe auf. Über mir flattert blau und golden eine zerschlissene Fahne der Stadt. Eine Möwe, oben auf dem Mast, schaut mir schläfrig-unverschämt zu. Ich trete an die Brustwehr, Land und Wasser werden sichtbar. »Rotzgrünes Wasser«: diese Bezeichnung der Dublin Bay aus dem ersten Kapitel des »Ulysses« wird oft zitiert, auch von Leuten, die nicht wissen, von wem und in welchem Zusammenhang sie gebraucht wurde.

Tief unter mir, in den Felsen, an der Stelle, die sie Forty-Foot nennen, tummeln sich auch an diesem kühlen und windigen Morgen einige blaugefrorene Gestalten an und im Wasser, nur männliche Gestalten, fast oder ganz nackt: ein eigenartiger Badeplatz.

Der Treppenschacht schluckt mich von neuem. Im heutigen Museumsraum, ein Stockwerk tiefer, sind alle Wände mit Photos bedeckt, ernst blickenden Persönlichkeiten, die meisten Dichter: Italo Svevo mit seiner Frau Laura; Ezra Pound; Gogarty, Freund der Musen. Sylvia Beach auch, die von ihrer Pariser Buchhandlung »Shakespeare & Co.« aus 1922 die erste Veröffentlichung des »Ulysses« ermöglichte. Im Verkaufsraum im Erdgeschoß hängen Zeichnungen von Matisse, Illustrationen zum Buch. Die viel begehrte Karte ist hier zu haben, in der sämtliche Wege des Leopold Bloom am 16. Juni 1904 minuziös eingezeichnet sind. Wie den Dulder Odysseus läßt ihn der Dichter in seinem Roman einen Tag und eine halbe Nacht lang durch die Stadt Dublin irren, eine Redakteursstube und eine Bibliothek, eine Kirche, ein öffentliches Bad und eine Entbindungsanstalt besuchen, in zahlreichen Kneipen und einem Bordell einkehren, an einer Beerdigung teilnehmen, am Strand ausruhen – immer in dem Bewußtsein, daß seine Frau Molly ihn an diesem Tag betrügen wird, betrogen hat.

An jedem 16. Juni, dem Bloomsday, machen sich, heute noch, zahlreiche Joyce-Verehrer auf und gehen, so weit dies möglich ist, die verschlungenen Wege des Irrfahrers nach. Aber jene Zitronenseife, die er sich unterwegs besorgte, könnten sie – außer in dem einschlägigen Geschäft in der Stadt – auch hier im Turm kaufen.

Noch ein Blick auf die »langsame Eisentür«, hinter der einst das Pulvermagazin lag. Zeit zu gehen. Durch besondere Gunst durfte ich den Turm zu solch früher Stunde besuchen. Er ist viel zu selten geöffnet für die Neugier der Literaturbeflissenen. Ich hole mir an der Ecke, an einer Holzbude, ein süßes Brötchen gegen den ärgsten Hunger, und fahre zurück in die Stadt.

Wer eine Verabredung in der Stadt hat, einen Geschäftsfreund antreffen will, ist jetzt unterwegs. Autobusse und Autos stauen sich. Die vielen Herren aus Stein oder Bronze auf ihren Sockeln, heftig gestikulierende, ernst deutende, auch in Gedanken versunkene, stehen wie verloren in der Brandung des Verkehrs. Ihre Augen gehen in weite Ferne, als wollten sie vor dem Forum der Geschichte immer noch mahnen, warnen, anfeuern; ein Strom geistvoller Reden scheint ungehört von ihren steinernen Lippen zu fließen; und aus den hohen Sälen, die heute die BANK OF IRELAND beherbergen, tönt das Echo längst verhallter Worte zurück.

In dem vornehmen, mit großer Kühnheit ersonnenen Gebäude tagte, bis es im Jahre 1800 zur Union mit England kam, ein irisches Parlament. Dadurch hat das Haus eine gewisse Würde bewahrt. Unwillkürlich verhält man den Schritt, wenn man die kühle Halle betritt, und sei es auch nur, um sein deutsches Geld in irische Pfund umzuwechseln. Auf einem Bild aus dem Jahr 1780 sind das alte Parlament und seine Zuhörer dargestellt. Die Herren der Ascendancy im Kostüm der Zeit, die Geistlichen im

Bank of Ireland,
das frühere Parlamentsgebäude

schwarzen Rock der »Established Church« sitzen recht ungezwungen in ihren Bänken. Man schien hier in einer Schule des Geistes versammelt, und nicht so sehr Vertreter des Volkes zu sein als Verfechter eigener Meinungen. Katholiken waren nicht unter den Parlamentariern.

Nur durch eine Straße ist dieses Haus von Irlands ältester Universität, dem TRINITY COLLEGE, getrennt. Wer im Parlament so leidenschaftlich zu reden verstand, hatte es mit Sicherheit drüben im College erlernt.

Wenn man die Einfahrt mit den vier Säulen durchschritten hat, wird man von einer unerwarteten, fast klösterlichen Stille empfangen. Eine Universität im Herzen einer großen Stadt, mit weiten Höfen, einer Kapelle, den Wohntrakten der Studenten, der Bibliothek – das ist heute etwas Ungewöhnliches. Die ausgedehnten unverbauten Rasenflächen ringsum sind an ihren Sonnenseiten von jungen Leuten besetzt, die in solch idealer Umgebung lernen dürfen.

Trinity war die erste Universität des Landes, 1591 für die jungen Herren der anglo-irischen Ascendancy gegründet. Falls Katholiken studieren wollten, mußten sie Universitäten auf dem Kontinent besuchen, in Frankreich oder Spanien. Da sich nicht viele einen solchen Luxus leisten konnten, stand es schlecht um die Bildung der irischen Jugend. Erst 1793 wurden Studenten katholischen Glaubens zugelassen, aber noch lange blieben ihnen alle Ämter und Ehren, auch Stipendien, versagt. Da Trinity auch weiterhin »protestantischen Geistes« war, wurde in Dublin eine zweite Universität gegründet. Dieser National University – entstanden aus dem katholischen College, dessen erster Rektor Kardinal John Henry Newman war – gehören inzwischen auch die Colleges von Cork, Galway und Maynooth an.

Trinity College hat eine kaum zu überschätzende Rolle in der Geistesgeschichte, in der Geschichte Irlands überhaupt gespielt. Einige Namen ehemaliger Schüler mögen das zeigen: Der Dichter Oliver Goldsmith studierte hier und der Philosoph Edmund Burke, auch Jonathan Swift. Die Patrioten Theobald Wolfe Tone, Henry Grattan und Robert Emmet. Oscar Wilde und John Millington Synge gehörten Ende des vorigen Jahrhunderts zu den Studenten. Wenn in Irlands wechselhafter Geschichte der letzten Jahrhunderte eine neue Idee sich entzündete, eine verän-

Hof des Trinity College; in der »Long Hall« wird das Book of Kells gezeigt

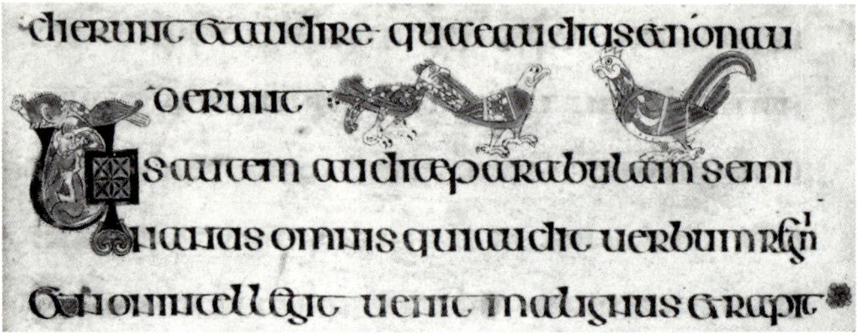

Aus dem Book of Kells, folio 67r

derte Lage neue Entschlüsse notwendig machte: hier, in den Höfen und Häusern, wurde darüber diskutiert. Zwischen der Universität und dem Schloß des Vizekönigs, nur eine halbe Meile voneinander entfernt, entschied sich immer wieder Irlands Schicksal.

Der Fremde, der Trinity College besucht, wird seinen Schritt vor allem in die Bibliothek lenken. In dem hohen hölzernen, mit Büchern beladenen Schiff ist es still wie in einer Kirche. Die Besucher flüstern nur. Sie schieben sich in langer Reihe langsam vorwärts – vorbei an den weißen Büsten der Geistesheroen der Antike, aber auch Irlands; vorbei an den Nischen, die bis unters Dach mit Folianten gefüllt sind, und an himmelhohen Leitern, auch sie aus Holz, die wohl schon Generationen von Bibliothekaren gedient haben. Vorbei am »Book of Durrow« aus dem 7. Jahrhundert, und am »Book of Dimma« aus dem 8., die freilich nur in Kopien aufliegen, und an Irlands ältester Harfe. Alle Besucher streben ein Ziel an: unter Glas, gut bewacht, liegt »das schönste Buch der Welt«, das »Book of Kells«. Täglich werden neue Seiten aufgeschlagen. Was wird der Besucher vorfinden? Ich wünsche ihm etwa »Folio 201 r« mit der Genealogie Christi aus dem Lukas-Evangelium, bei der das »qui fuit« in langer Reihe untereinandersteht; die Q ineinander verfilzt wie altes Moos, im U jedes »fuit« ein schwerer Tropfen Farbe – aber der Querstrich des letzten Buchstabens, das T, weiterlaufend, kaum aufgehalten vom Zug der phantastischen Tiere und Gestalten, die die Reihen beschließen. Oder eine der Schmuckseiten, auf denen die Heiligen grüne oder blaue Haare haben, ein Harlekingewand tragen, uns aus erschrockenen Augen anschauen. Die Gesetze der Perspektive sind aufgehoben.

11 Uhr

Das typische Geräusch der GRAFTON STREET ist für mich das Klappern von Sammelbüchsen. Jeden Tag scheinen neue Gruppen für einen guten Zweck unterwegs zu sein: Schülerinnen in ihrer Uniform, Klosterschwestern, Sportler. Und sie ernten reichlich. Iren, auch die ärmeren, sind willige Geber. Durch die Jahrhunderte der Unterdrückung scheint bei ihnen das Mitgefühl für die Leiden anderer stärker ausgeprägt, für Minoritäten oder von Katastrophen heimgesuchte Menschen und Völker. Irische Hilfe pflegt in solchen Fällen relativ umfangreicher zu sein als die der großen und reichen Nationen. Wohltätigkeit ist in diesem Land noch eine Selbstverständlichkeit.

Die Grafton Street, zwischen Trinity College und Stephen's Green, ist Fußgängerzone und allgemeiner Treffpunkt. Die Auslagen in den Schaufenstern sind elegant, aber die Atmosphäre der Straße ist trotzdem nicht großstädtisch. Alles ist so angenehm überschaubar. Boutiquen mögen kommen und gehen; die Bollwerke der beiden großen Kaufhäuser bestehen unverändert, »Brown Thomas« vornehm und kühl, »Switzer's«, gegenüber, um eine Nuance volkstümlicher. Die Tasse Kaffee nach dem Einkauf trinkt man, wie eh und je, bei »Bewley's«, hinter farbigen Glasfenstern, in Jugendstil-Dekorationen. »Wir servieren das Frühstück ab 8 Uhr« ist auf einem Plakat zu lesen, »aber wir laden unsere Kunden ein, schon zuvor in unseren wohldurchwärmten Räumen Platz zu nehmen.«

Rechts und links der Grafton Street zieht sich ein Geflecht schmalster Gassen und Durchlässe, früher ein trister Hinterhofbezirk, den man mied, heute ein lockender Basar, ein westlicher Souk: jeder Laden eine winzige Höhle. Mehr als zwei Kunden haben da kaum Platz. Aber man kann seine Geschäfte ja auch vor der Tür abschließen. Die Arkaden sind überdacht. Andere Läden haben sich in die oberen Stockwerke eines Hauses vorgeschoben. Im POWERSCOURT HOUSE, einem ehemaligen Stadtpalais, gelangt man über Rolltreppen hinauf zu den Kunsthandwerkern, zu Töpfern, Webern, Goldschmieden. Man läuft als neugieriger Besucher mit Vergnügen durch das Gewirr, trifft Freunde. Ein Springbrunnen rauscht; aus dem nächsten kleinen Hof ist Klaviermusik zu hören. Ins alte gußeiserne Gerippe der ehemaligen Markthalle wurden Geschäfte eingefügt, nicht größer als Kabinen. Gebilde solcher Art müssen natürlich und selbstverständlich wachsen, dann sind sie liebenswert und nützlich zugleich – ein Glücksfall für Dublin, wo sonst Neues oft weniger gut gelingt.

Im Bereich der Grafton Street begegnet der literaturkundige Fremde dem Joyceschen Ulysses, Leopold Bloom. An mehreren Stellen – in der Duke Street gleich zweimal – sind Bronzeplatten ins Straßenpflaster eingelassen, die jeweils einen wandernden Mann mit Melone zeigen. Dazu sind die entsprechenden Textstellen des »Ulysses« angegeben, sogar mit Seitenzahl. Vor Davy Byrne's Bar, einem noch immer geschätzten Treffpunkt, heißt es zum Beispiel: *He entered Davy Byrnes. Moral Pub. He doesn't cheat. P. 140.* Die Platte ist von den Füßen der Durstigen blankgetreten. Nur ein kleines Stück weiter heißt es: *His heart astir he pushed in the door of the Burton Restaurant. P. 138.*

Dieses Lokal gibt es nicht mehr, an seiner Stelle wurde ein *Gas Emporium* eingerichtet. Hier kann man Kamine fürs Wohnzimmer kaufen, die mittels Gas ein flackerndes Holzfeuer vortäuschen.

Anreisende Joyce-Kenner benötigen die Gedenkplatten eigenlich nicht. Sie schauen auf der Straße den Vorübergehenden ins Gesicht und glauben, Gestalten aus den Buchseiten des »Ulysses« oder der »Dubliner« zu begegnen. Sie gehen an Häuserzeilen nördlich des Liffey entlang und finden dort eine vertraute Atmosphäre. Vor allem suchen sie gewisse alte Pubs in der Innenstadt auf. Je öfter sie den Bartresen wechseln, desto besser. In den oft düsteren Lokalitäten treffen sie nicht nur heftig trinkende und redende Einheimische, Männer mit schrägen Mützen, sondern auch zahlreiche Landsleute. Nach langen Tagen und Abenden des *Pub-crawlings*, des »Kneipenkriechens«, kommen sie zur freudigen Überzeugung, sie wüßten nun alles über Irland, und der Charakter der Iren sei ihnen offenbart worden. Das wird sich als Irrtum herausstellen.

LEINSTER HOUSE, der Sitz des irischen Parlaments, ist eher ländliches Schloß als Stadtpalais. Im Jahre 1745, als James Fitzgerald, der erste Herzog von Leinster, sein Haus in einer noch kaum bebauten Gegend Dublins errichten ließ, da mußte er manches abfällige Wort hören. Er zuckte die Achseln. »Man wird mir folgen.« Und er behielt recht. Sein Palais war das erste aller schönen Häuser im südlichen Dublin.

In der beinahe privaten Atmosphäre dieses Hauses versammeln sich Irlands Volksvertreter: der Senat in einem Salon, Dáil Eireann in einem größeren Saal. Bei wichtigen Anlässen beginnen die Abgeordneten ihre Rede mit einigen Sätzen in irischer Sprache, um dann, flüssiger, in Englisch fortzufahren. Gesetze und Verordnungen werden zweisprachig herausgegeben. Dabei hat es sich gezeigt, daß das Irische die präzisere Sprache ist.

Ehe die Abgeordneten ihr Haus betreten, durchqueren sie zuvor einen weiten steinernen Hof, der von zwei weiteren Gebäuden flankiert ist: NATIONALBIBLIOTHEK und NATIONALMUSEUM. So werden die Mitglieder des Parlaments vor Beginn der Arbeit an die große Vergangenheit ihres Volkes erinnert.

Im Land der Erzähler und der Schreibenden hat die National Library eine besonders umfangreiche und interessante Sammlung von Büchern und Dokumenten. Aus dem Nationalmuseum gegenüber wird der Besucher die stärksten Eindrücke mitnehmen, die Dublin zu vermitteln hat. Wer wird nicht als Ire stolz sein, als Fremder staunen angesichts des kostbaren Schmucks aus der Bronze- und der Eisenzeit, der Halsbänder, Armreifen, Fibeln. So viele goldglänzende Zeugnisse einer frühen Kultur gibt es nur in wenigen Museen der Welt; das erinnert an den Schatz von Mykenae in Athen.

Es folgen die Schätze aus frühchristlicher Zeit; der Kelch von Ardagh, das Kreuz von Cong, die Reliquienschreine und Bischofsstäbe, die kostbaren Umhüllungen für Glocken und Bücher. Mit krausen und doch klaren Ornamenten von fremdartiger hoher Schönheit wurde in Gold und Silber gearbeitet, mit Edelsteinen verziert.

Weitere Kostbarkeiten können in diesem Museum erwartet werden. Irlands Boden scheint unerschöpflich. Den Kelch von

Glockenschrein aus dem Nationalmuseum

Ardagh brachte seinerzeit ein Bauernjunge ans Licht, als er seinen Hund aus einem Dachsbau ziehen wollte. 1980, bei »unerlaubten Grabungen« in der Klosterruine von Derrynaflan in der Grafschaft Tipperary, wurde der bisher größte Fund der letzten Jahrzehnte gemacht. Ein silberner zweihenkliger Kommunionskelch ist in der Form und Ausschmückung dem von Ardagh so ähnlich, daß er vermutlich der gleichen Werkstatt entstammt. Ferner wurden entdeckt: eine reich verzierte, ungewöhnlich große Patene zur Darreichung der Hostie; ein Sieb mit dazugehörigem Löffel. Die Gegenstände wurden im 9. Jahrhundert verfertigt. Sie waren unter einem umfangreichen Kupferkessel verborgen. Ob sie nun den Findern oder dem irischen Staat gehören sollten, blieb lange Zeit umstritten. Der Staat gewann den Prozeß. Kelch und Patene stehen nach ihrer Restaurierung im Nationalmuseum. Und schon ist von neuen Funden im Süden die Rede.

Zum ältesten Dublin, nahe dem Liffey, im Südwesten der Stadt, steigen die Straßen an. Jedesmal, wenn in diesem Teil der Stadt gegraben wird, stößt man in der Tiefe auf Überreste aus der Zeit der Wikinger. Sonst ist von dem frühen oder dem mittelalterlichen Dublin kaum etwas übriggeblieben. Im DUBLIN CASTLE werden die Gemächer gezeigt, in denen die englischen Vizekönige Hof hielten. Thackeray sagte zu seiner Zeit: »Das ist highlife auf der Hintertreppe.« Aber im Zeichen der Europäischen Gemeinschaft haben die Räume neuen Glanz und eine neue Bedeutung gewonnen: hier finden die Sitzungen statt, wenn Irland Gastgeber ist.

CHRISTCHURCH CATHEDRAL. Kaum noch ein alter Stein auf dem anderen, restauriert im 19. Jahrhundert auf Kosten von Mr. Henry Roe, einem Whiskeyfabrikanten. Trotz aller Erneuerungen ist diese Kirche ein ehrwürdiger Bau, durch seine Grabmonumente und Gedenkplatten freilich ein wenig museal. Strongbow, der erste Eroberer Irlands, soll hier begraben liegen. Aber ob der düstere Sarkophag mit dem Ritter im Harnisch, mit geschlossenem Visier die richtige Stelle anzeigt, ist ungewiß. Nur im dunklen und labyrinthischen Gewölbe der Krypta, die sich unter dem ganzen Schiff hinzieht, bewahren Säulenstümpfe und schön skulptierte Kapitellreste die Erinnerung an frühere Bauperioden vom 12. Jahrhundert an.

Von Christchurch sind es nur ein paar Schritte bergab zu der Senke, in der ST. PATRICK'S CATHEDRAL liegt, die größte Kirche Irlands. Es gibt also zwei Kathedralen in Dublin, und sie gehören beide den Restgemeinden der Church of Ireland der ehemaligen Eroberer. Von der Möglichkeit einer Rückgabe an die Katholiken ist wohl gesprochen worden, aber es wurde nichts daraus. So sind ST. MARY'S PROCATHEDRAL, die provisorische Kathedrale, hinter der O'Connell Street versteckt, und die kleineren katholischen Kirchen weiterhin überfüllt, während in St. Patrick die weißen Standbilder manchmal ebenso zahlreich sein mögen wie die Andächtigen.

Beim Eintritt in St. Patrick's muß man zunächst, angesichts der Verkaufsstände, an die Händler und Wechsler im Tempel denken. Mir fiel hier auch die Geschichte von Sir James Butler

Jonathan Swift
Büste in der St. Patrick's Cathedral

ein, dem Earl of Ormonde, der 1492 vor seinem Feind, dem Earl of Kildare, in diese Kirche flüchtete. Sein Gegner harrte vor der Tür aus. Schließlich schlug James Butler ein Loch ins Holz, streckte seinen Arm hinaus und bat um Frieden. Und so endete die Fehde.

»Er ruht, wo wilde Empörung nicht länger sein Herz zerreißt.« Jonathan Swift hat sich selbst diesen Grabspruch geschrieben – und niemand hätte es besser vermocht als er. Man kann seine Worte noch in der Kirche lesen, sie stehen über der Tür zum Robing-room; man findet dort auch das Grab von Swift und seiner Seelenfreundin »Stella«, Esther Johnson.

»Er ruht, wo wilde Empörung nicht länger sein Herz zerreißt.« Die Worte scheinen noch in den hohen Hallen nachzuklingen, hinaufzudringen zu den verschlissenen und zerfetzten Fahnen des Ordens von St. Patrick. Gedenktafeln sind mit rotem Mohn geschmückt. »Gallipoli« lese ich, »Afghanistan«, »Indien« – die Anglo-Iren haben überall für England gekämpft.

Auch St. Patrick's Cathedral wurde im 19. Jahrhundert restauriert. Die Kosten übernahm ein Mitglied der bierbrauenden Familie Guinness. Mehr noch als in Christchurch ist in dieser Kathedrale der Geist der Vergangenheit lebendig. Jonathan Swift war 35 Jahre lang ihr Dekan.

Zwischen Kathedrale und Schloß liegen die roten Backsteinkasernen der »Liberties«, mit denen man im letzten Jahrhundert der Wohnungsmisere dieser traurigen Slumgegend begegnen wollte. So nahe waren sich Elend und Glanz im damaligen Dublin. Die letzten Spuren dieser Zeit sind noch nicht beseitigt.

MARSH'S LIBRARY ist eine Oase der Stille, auch wenn eine alte Uhr laut und unerbittlich tickt. Erzbischof Narcissus Marsh schuf zu Beginn des 18. Jahrhunderts diese Bibliothek, durch deren hohe Fenster man auf die Kathedrale schaut. Jedes Regal mit seinen kostbaren, in Leder gebundenen Folianten ist ein dunkles geschnitztes Gehäuse, von einer Mitra bekrönt. Goldene Buchstaben, weiß-golden umrahmt, weisen dem Leser den Weg, der hier ein theologisches, philosophisches oder historisches Werk sucht. Die kostbarsten Stücke, Erstausgaben aus der frühen Zeit des Buchdrucks, liegen auf Schautischen unter Glas. Wer früher in einem dieser Bände zu blättern wünschte, wurde zur Sicherheit mit seiner Lektüre in einen hölzernen Käfig gesperrt. Ich verlasse ungern diesen schönen Raum. Die Besucherglocke bimmelt. Hinter mir wird die Tür abgesperrt.

Zu diesem Stadtteil gehört als weiteres »Monument«, nahe dem Liffey, die ST. JAMES' GATE BREWERY. Hinter dem alten, fast vergessenen Namen verbirgt sich die weltberühmte Firma Guinness. An Stelle der früheren Führungen durch das riesige Areal gibt es nun ein kleines Museum, dessen Besuch mit einer Filmvorführung und einer Kostprobe verbunden ist. Hier habe ich gelernt, daß das »Guinness Book of Records«, von einem der weitblickenden Männer dieser tüchtigen Familie ersonnen, zunächst als Handbuch für Kneipenwirte gedacht war. Mit seiner Hilfe sollten abendliche Streitgespräche an der Bar, am Tresen geschlichtet werden.

15 Uhr

ROYAL HOSPITAL und KILMAINHAM JAIL liegen im Westen der Stadt und nahe beieinander. Wäre ein altes Tor an der South Circular Road nicht ständig geschlossen, könnte man zu Fuß, an zwei vergessenen Friedhöfen vorbei, in kurzer Zeit vom Hospital zum Gefängnis gelangen. So ist man zu einem längeren Umweg gezwungen.

Größere Gegensätze lassen sich kaum denken: Monument imperialer Macht das eine Gebäude, Mahnmal englischer Unterdrückung das andere. Das Royal Hospital wurde vor dreihundert Jahren für die Invaliden und Veteranen der britischen Kolonialkriege errichtet. Der ausgedehnte eindrucksvolle Bau umschließt im Viereck einen Arkadenhof. Seit der geglückten Renovierung vor einigen Jahren dient er mit der Reihe seiner Prunkräume vorwiegend repräsentativen Zwecken. Wo früher die Invaliden in ihren blauen Kitteln an langen Tischen saßen, finden nun Staatsbankette statt. Ein »National Center for Culture and the Arts« sowie eine Galerie moderner Malerei sind Nachbarn in diesem Haus.

Kilmainham Jail ist heute Museum. Über der eisernen Tür zum Gefängnis-Komplex ein steinerner Knäuel von sechs furchterregenden Schlangen. Auch im Inneren: Stein und Eisen. Die große Halle mit den eisernen Treppen und Galerien ist eine Welt des Echos; Stimmen bellen, Schritte hallen wider. Im »Gang der Verurteilten« blättert der Putz von den Wänden. An diesem Ort des Unheils gab es einen »Galgenraum«. Unter gewissen Umständen fand die Hinrichtung im Hause statt. Die Zelle der Todeskandidaten war mit einem Guckloch versehen. Der Henker – eigens aus England angereist, denn kein Ire hätte sich für diesen Zweck bereitgefunden – konnte unauffällig am Delinquenten Maß nehmen. Vom Jahre 1798 an bis 1924 wurden im Kilmainham Jail unzählige irische Patrioten eingekerkert und viele von ihnen hingerichtet. Berühmte Namen lassen sich von den Eisentüren zu dunklen und engen Zellen ablesen. Die Zeiten des Aufbegehrens werden in diesem Haus auf unheimliche Weise lebendig.

Im ummauerten Gefängnishof bezeichnet eine irische Fahne jene Stelle, an der im Mai 1916 fünfzehn Rebellen hingerichtet wurden. Ihr Aufstand am Ostermontag war schlecht organisiert, somit von Anfang an zum Scheitern verurteilt. Was konnte man von Anführern erwarten, von denen einige Dichter waren, einer Sanskrit und Ägyptologie studierte, fast alle dem aktiven Leben fernstanden? Sie nahmen, stellvertretend, den Opfertod auf sich, wie es schon die keltischen Helden getan hatten. Ihre Niederlage war ihr Sieg. »Man konnte ihnen und ihrer Sache keinen größeren Dienst erweisen, als sie zu erschießen«, hieß es später. Patrick Pearse, Thomas MacDonagh und Tom Clarke waren in der Frühe des 3. Mai die ersten Opfer. In der nächsten Nacht, um halb zwei, durften Joseph Plunkett und seine Braut Grace Gifford in der Gefängniskapelle getraut werden. Plunkett trug Handschellen. Ein britischer Soldat hielt eine Kerze hoch, zwanzig Bewacher standen mit aufgepflanztem Seitengewehr hinter ihm aufgereiht. Nach der Zeremonie wurde das Paar getrennt. Kurz vor der Hinrichtung am Morgen konnte Grace Gifford ihren Mann noch einmal für zehn Minuten sehen, in Anwesenheit von fünfzehn Soldaten in der Zelle, von denen einer mit der Uhr in der Hand die Zeit kontrollierte. Dann wurde Plunkett mit weiteren Rebellen erschossen; am Tag darauf John MacBride zur gleichen Stunde. Die Todesurteile für Eamon de Valera und Gräfin Markiewicz wurden in Gefängnisstrafen umgewandelt. Am 8. Mai fanden vier weitere Hinrichtungen statt. Am 12. starben als letzte Sean MacDermott und der Arbeiterführer James Connolly. Mit grimmiger britischer Gründlichkeit waren die Militärrichter zum schwer verwundeten Connolly ans Krankenlager gekommen und hatten ihm dort den Prozeß gemacht. Der Verurteilte wurde nach Kilmainham befördert, auf einem Stuhl festgebunden und so erschossen.

Die Führer im Museum haben auch Freundlicheres zu berichten. Ein legendärer Rebell des Aufstands von 1798, Michael Dwyer, konnte sich jahrelang in den Wicklow Mountains versteckt halten. Als man ihn endlich einfing, wurde er zur Deportation nach Australien und einer Gefängnisstrafe verurteilt. Nach seiner Entlassung bot ihm die dortige Regierung sofort einen hohen Posten bei der Polizei an.

17 Uhr

Das ist die Stunde der O'CONNELL STREET. Feierabend. Aber Läden und Lokale bleiben hier noch lange geöffnet. »Sie liegt im Glanze ihrer Eisdielen und Lichtspielhäuser«, so wurde diese Straße einmal beschrieben. Und damit entspricht sie ganz zwei Eigenheiten der Iren: Sie essen gerne Eis, und sie gehen mit dem größten Vergnügen ins Kino.

Die Abendblätter werden ausgerufen, dicht an dem Platz, wo man früher die Nelsonsäule zu sehen gewohnt war – ein Wahrzeichen der Stadt, aber auch eine Erinnerung an die Zeit englischer Herrschaft. Daher wurde das Denkmal als unirisch verdammt und zu nächtlicher Stunde zerstört.

Das Gebäude des GENERAL POST OFFICE nahebei erinnert an 1916. Damals war hier das Hauptquartier der aufständischen Iren. Aus der Zeit der Erhebung und, später, des Bürgerkriegs gibt es traurige Photos der O'Connell Street. Die Hälfte aller Häuser sind Ruinen; Männer im Zivilrock stehen in dunklen Gruppen beisammen, manche scheinen mit vergeblichem Mut in ihr Unglück zu rennen; Artillerie ist aufgefahren, Rauch zeigt an, wo die Bomben ihr Ziel fanden.

Wer sind die Menschen, die sich heute, zu dieser Stunde, in der O'Connell Street drängen? Die wenigsten sind Arbeiter. In Liverpool oder Boston, da konnte der Typ des irischen Fabrikarbeiters entstehen; in Irland fängt man erst an, ihn zu kennen.

Die meisten Dubliner scheinen einem Mittelstand anzugehören, der allerdings mit unserem gesättigten Bürgertum wenig Gemeinsames hat. Sie sind nicht einmal Großstädter in unserem Sinn, obwohl es fast eine Million von ihnen gibt. Wenn sie einem der Autobusse entsteigen, der sie in schneller Fahrt aus der City gebracht hat, dann haben sie vielleicht einen Golfplatz in der Nähe ihres Hauses, auf dem sie noch eine Runde spielen. Das kann man sich hierzulande auch leisten, wenn man nur ein kleiner Buchhalter ist. Oder sie gehen zum Angeln. Gewässer gibt es überall. Nur zehn Kilometer vom General Post Office entfernt kann man Wildenten jagen. Im Norden und im Süden der Stadt gibt es die schönsten Strände. Die Berge von Wicklow liegen in Sichtweite. Da sind die Dubliner zu beneiden.

19 Uhr

Von der NORTH WALL am Liffey legt jeden Abend das »Nachtboot« nach Liverpool ab. Man hat von der O'Connell-Brücke aus ein gutes Stück flußabwärts zu gehen, am Custom House und dem neuen Finanzzentrum vorbei, später an Schuppen und Lagerhäusern, bis man zum Schiff kommt, vielmehr zur geduldig wartenden Herde der Reisenden. Immer noch gibt es viele Menschen in Irland, die sich den einstündigen Flug nach London nicht leisten können. Wer es gut mit den Aufsehern versteht, darf seine Freunde mit an Bord nehmen, dort mit ihnen einen letzten Umtrunk veranstalten. Und wenn dabei auch Tränen fließen sollten – im Grunde genießt jeder diese kurze Spanne zwischen Aufbruch und Abschied, in der die Zeit aufgehoben zu sein scheint. Welch irischer Zustand!

Am 8. Oktober 1904 stand hier an Deck, von einigen Freunden umringt, der junge James Joyce. Nicht weit entfernt wartete eine zwanzigjährige Person, der man nicht anmerken durfte, daß sie zum Dichter in Beziehung stand. Das war Nora Barnacle, Hausmädchen in »Finn's Hotel«, die an diesem Abend mit Joyce zusammen Dublin heimlich verließ. Er nahm sie, sein »Stück Irland«, mit ins freiwillige Exil, und sie harrte bis zum Ende seines Lebens bei ihm aus. Geheiratet haben »Jim« und Nora allerdings erst siebenundzwanzig Jahre später.

Wenn das Schiff ablegt, unter Rufen und Winken, pflegen die Männer der Bar zuzustreben, die Frauen ihre müden Kinder und zahlreichen Koffer und Kartons für ein paar kurze Nachtstunden zu verstauen. Auch Möwen scheinen mitreisen zu wollen. Sie sitzen – fast so eng gedrängt wie die Passagiere der zweiten Klasse – an erhöhten Orten, aber am liebsten auf der Fahnenstange über der irischen Flagge.

Dublin zeigt sich dem Scheidenden von seiner liebenswertesten Seite. Wie immer das Wetter am Tage auch war, gegen Abend pflegt es meist aufzuhellen. Man hockt auf einer harten hölzernen Bank, den Blick auf die leuchtende Kulisse gerichtet, die Irland heißt, während das Schiff lautlos stromabwärts gleitet, bis das Land aufhört und der Reisende im Auf und Ab der Wellen die Irische See zu spüren beginnt. Noch ist Dublin zu erkennen, seine weite Bucht, die Vorberge von HOWTH im Norden und von DALKEY im Süden. Die Zuckerhutgipfel der Wicklow Mountains, die man auch »Guilded Spears« nennt, glänzen tatsächlich wie vergoldete Speere. Es wird kühl. Soll man zum Essen gehen oder gleich in die Kabine?

In diesem Augenblick wollen wir den Reisenden verlassen. Noch sind wir in Dublin, noch ist der Tag dieser Stadt nicht zu Ende gegangen.

Dublin wird im Norden und Süden von schmalen Kanälen eingefaßt, die sich im Westen zur alten Wasserstraße des GRAND CANAL vereinen. An den nördlichen Ufern sieht's traurig aus. Aber die Straßen, die im Süden die Ufer säumen, gehören zu den liebenswertesten der georgianischen Stadt. Die Zeit steht still. Bäume hängen ihre Zweige ins träge Wasser; Nichtstuer, die die Zeitung zu lesen vorgeben, sitzen auf den Balken längst verrosteter Schleusen. Kinder spielen am Wasser.

Eine Erinnerung: Ich schellte an der Tür des Hauses Nr. 28. Die Dame, die ich dort abholen sollte, wohnte vier steile Treppen hoch. Geld für Vorhänge konnte sie sich sparen – was wäre schöner gewesen als der Blick auf abendlich schweigsame Backsteinfassaden, auf langsam aufflammende Hafenlichter und die Schatten der Kräne über dem Liffey? »Viermal unten schellen und warten«, war mir gesagt worden. Ich tat es. Dann öffnete sich die Haustür in den dunklen, schmalen Vorplatz. Ich sah meine Bekannte, zwei Gläser und eine Sherryflasche. »Es lohnt doch nicht, wegen eines Aperitifs vier Treppen hoch zu steigen.« Wir tranken also den Sherry unter der Treppe, im Schatten einer riesigen englischen Standuhr. Wir nahmen auch ein zweites Glas, denn es hatten sich ein malayischer Student und ein Pianist dazugefunden, die in anderen Stockwerken wohnten; wenn uns nicht der Schlag der Standuhr an die nächste Einladung gemahnt hätte, wäre es ein kleines Fest geworden, im Treppenhaus hinter der Haustür.

Damals schienen in Dublin nur die Kinder und die Nichtstuer zu wissen, wie angenehm es sich im Freien sitzen läßt. Hat sich vielleicht das Klima verändert? Heute sitzen an warmen Abenden die – zumeist jüngeren – Gäste der Pubs reihenweise am Rinnstein, auf leeren Bierfässern oder dem nackten Pflaster. Bevorzugter Platz sind die Kneipen am Kanal. Man holt sich sein erstes Glas Guinness und sucht sich dann draußen, an der grünen Böschung des Kanals eine freie Stelle – oder, noch besser, auf den Schleusenbalken dort. Aus einem geöffneten Fenster hört man Musik und läßt sich vom trägen Rauschen am Wehr verzaubern. Auch hier werden die Lichter angezündet. Sie spiegeln sich im Wasser.

21 Uhr

Um diese Zeit finden in einer hell erleuchteten Arena, im SHELBOURNE PARK, gut besuchte Windhundrennen statt. Diesen nackt und hochmütig aussehenden Tieren kann man öfters begegnen, wenn sie zu zweit oder in größeren Gruppen über Landstraßen geführt werden. Die Iren nehmen großen Anteil an ihrem Ergehen. Windhundrennen sind ein Fest der kleinen Leute, die Tiere fast magische Erscheinungen für sie; ihre Kämpfe und Siege beflügeln die Phantasie des Volkes.

Die eigentlichen Rennen sind in kürzester Zeit vorbei. Kleine Gatter heben sich automatisch, der elektrische Hase schießt über die ovale Grasbahn, die schnellen Schatten der Hunde folgen ihm. Manchmal gibt es Zusammenstöße, Zwischenfälle. Aber alles geht viel zu rasch, das Auge kann kaum folgen. Schon wird der Sieger, mit der automatischen Zielkamera ermittelt, bekanntgegeben. Man ist begeistert oder verzweifelt – in diesen wenigen Sekunden haben große Beträge den Besitzer gewechselt. Was das Zuschauen bei solchen Veranstaltungen amüsant macht, ist das Gehabe der Buchmacher in den Pausen. Ähnlich wie bei den seriösen Pferderennen beherrscht ein Rudel von Mittelsmännern den Platz; schneller, als ein Windhund laufen kann, gehen die Nachrichten von einer Ecke zur anderen. Da werden Hüte ruckartig angehoben, zwei- oder dreimal; da spreizt einer die Finger, die in weißen Handschuhen stecken, und signalisiert seine Botschaft: der Favorit des nächsten Rennens soll gut in Form sein, die Miene seines Besitzers sei heiter, es werde kaum noch auf ein anderes Tier gesetzt.

In Irland gibt es ein steinernes Denkmal für einen siegreichen Greyhound.

Das Nationalmuseum liegt im Schlaf. Die hölzernen Heiligen haben die Augen geschlossen, die Kelche von Armagh und Derrynaflan schimmern nicht mehr. Auch in der Nationalgalerie, im selben Viertel, ist alles dunkel. Niemand geht zwischen den großen Italienern und Flamen und den Bildern von Gainsborough, Turner und Hogarth auf und ab oder wundert sich, daß es verhältnismäßig wenig irische Werke gibt in diesem irischen Museum. Nur an Donnerstagen würde in beiden Häusern jetzt erst das Licht gelöscht. Aber in der Nationalbibliothek sind die Fenster noch hell. Man kann hinaufgehen in den Leseraum, mit leiser Stimme seine Wünsche anmelden, sich unter eine der grün abgeschirmten Lampen setzen und arbeiten. Man wird nicht der einzige sein. Bis zehn Uhr hat der Besucher Zeit, bibliophile Kostbarkeiten und alte Landkarten in der Gesellschaft von Gleichgesinnten zu betrachten.

Kunst anderer Art ist in Dublin auch zu solch später Stunde zu genießen. Ich kann zu kleinen Galerien ins Souterrain hinabsteigen, zu einer Dichterlesung gehen, in einer Kirche oder der schönen NATIONAL CONCERT HALL – früher Aula des University College – Musik hören. Das berühmte ABBEY THEATRE mit seinem Werkraum, dem PEACOCK, hat sich von einer Phase der Stagnation erholt. Iren sind hervorragende Schauspieler, vor allem in Charakterrollen. Ihnen schreiben irische Autoren wie Brian Friel neue, aufregende Stücke. Klassiker wie Sean O'Casey sind nicht vergessen. »Irische Kultur«, schrieb der Dichter James Stephens, »wird sich in Freiheit von neuem entfalten.« Dublin ist auf dem Weg dazu.

22 Uhr und später

Um diese Zeit wirken manche Straßen der südlichen Stadt wie ausgestorben. Der Park von ST. STEPHEN'S GREEN liegt dunkel, seit der Wärter mit seiner Glocke letzte Besucher verscheucht und die Gittertore geschlossen hat. Wo sind die Dubliner und wo die Touristen? Im »Shelbourne Hotel« wird noch gespeist. Vielleicht findet dort später ein Ball statt. Wer in einem Pub sitzt, hält an seinem begehrten Platz fest, bestellt, nach einem Blick auf die Uhr, gleich mehrere Gläser seines Getränks und baut sie vor sich auf, damit das gnadenlose Herunterrasseln des Gitters vor dem Ausschank ihn nicht unvorbereitet trifft. In den Singing Pubs will keiner das nächste Lied versäumen.

Vor mir, in einer der stillen Straßen, sind nur zwei junge Männer unterwegs, mit jenem unverwechselbar irischen Gang,

Shelbourne Hotel

SH

bei dem der Oberkörper bis zum Kreuz steif gehalten wird und nichts von der Bewegung der unteren Gliedmaßen zu wissen scheint. Beim Tanzen machen sie's ja ähnlich. Die beiden biegen in eine Seitenstraße ein; ich bin wieder allein. Aber hinter geschlossenen Türen weiß ich Dublin so lebendig wie einst in seiner Blütezeit.

Auf meinem nächtlichen Gang komme ich zum MERRION SQUARE. Hier wohnten, im Hause Nr. 1, die Eltern von Oscar Wilde. Sir William Wilde war Augenarzt. Er soll, einem boshaften Gerücht zufolge, den Vater von Bernard Shaw an einem Augenübel behandelt und es verschlimmert haben. Im Haus Nr. 58 lebte Daniel O'Connell, der Befreier. Das Haus Nr. 70 gehörte Joseph Sheridan Le Fanu, einem zu Unrecht vergessenen Autor. Er schrieb dunkle Geschichten im Stil eines Edgar Allan Poe. 82, Merrion Square war die Adresse von Yeats. Auch ELY PLACE war einmal ein vornehmes Quartier. Als Bewohner des Hauses Nr. 4 sammelte George Moore das Material zu seinem autobiographischen Roman »Hail and Farewell«.

Es werden im Weitergehen Erinnerungen wach an die literarischen Abende der Jahrhundertwende, zu denen so viele Menschen strömten, daß man schließlich die Fenster zu ebener Erde aushängen mußte, da durch die Tür niemand mehr ins Haus gelangen konnte. Das waren Stunden, in denen nicht nur von neuen Werken und Problemen der Dichtkunst gesprochen wurde, sondern weit mehr vom geheimen und leidenschaftlichen Streben nach einem glücklicheren Irland.

Ich gehe am Gitter des Parks von Trinity College entlang und vermisse auf der anderen Seite »Jammet's«. In diesem Restaurant in geistvoller Runde zu speisen, vielleicht mit dem Schauspieler Michael MacLiammóir an der Spitze der Tafel, unter dem Bild einer früchtestreuenden Göttin, von jenen älteren oder alten Herren perfekt bedient, die man für Franzosen hielt und deren Kellnerfrack in würdigster Weise schäbig war – das wurde damals zum großen Erlebnis.

Nur wenige Schritte weiter steht als Neuerung eine bronzene Dame mit bronzenem Karren auf dem Bürgersteig. Das ist Molly Malone. »In der schönen Stadt Dublin, wo die Mädchen so hübsch sind« hat sie, wie es im Liede heißt, einstmals *cockles and mussels*, Muscheln verschiedener Art, noch lebend, verkauft. Ob sie bei dieser Tätigkeit tatsächlich in einem faltenreichen Gewand mit elegantem Kragen und wohlfrisiert unterwegs war? Ich bezweifle es.

Ein Stück am Liffey entlang, zur letzten Verabredung des Tages. Im Bezirk von TEMPLEBAR waren die alten Häuser schon zum Abbruch bestimmt; sie sollten einem neuen großen Projekt Platz machen. Die Pläne wurden geändert. Daraufhin zogen kleine Restaurants ein, kuriose Läden, Galerien und Werkstätten, zahlreiche Pubs. Ein gemütliches Viertel entstand, wenn auch vielleicht nur für kurze Zeit. Die Türen stehen offen, Musik und Lachen sind zu hören; Kommen und Gehen auf den Gassen bis zum späten Aufbruch. Eine eiserne Fußgängerbrükke, die HALFPENNY BRIDGE, zieht sich als spinnwebfeine Silhouette in schönem Bogen über den nächtlichen Fluß. Mitternacht ist vorbei.

Der Adler des Evangelisten
aus dem Book of Durrow

ABGESANG –
EIN LOB DEN IRISCHEN DICHTERN

Kaum ein anderes Volk wird sich rühmen können, ihm seien aus der Frühzeit seiner Geschichte Verse überliefert worden wie diese:

»Habicht heute, gestern ein Eber,
Oh Wunder im Wandel!
Von Tag zu Tag mir näher vertraut,
Gott, Freund, der meine Gestalt auswählt.

Im Wildschweinrudel war ich,
heute im Vogelschwarm.
Und ich weiß, was bevorsteht:
Währen werd' ich auch in andrer Gestalt.«

Iren waren und sind wortgewaltig. Alle anderen Künste sind seit der Frühzeit zu kurz gekommen. In diesem Land, dessen Natur so malerisch ist, hat es wenig Maler gegeben. Gelegentlich einen, der die eigenwilligen Schädel seiner Zeitgenossen porträtierte. Von großen Bildhauern weiß man seit der Zeit der O'Tunneys nichts mehr. Was nach den iro-romanischen Kirchen an Bauten entstand – von den Klöstern der Zisterzienser und der anderen kontinentalen Orden über die Burgen der Normannen, die Schlösser der Anglo-Iren bis zur »Georgian Architecture« im Dublin des 18. Jahrhunderts – wurde von fremden Ideen stark beeinflußt. Wo Orchester und kostbare Instrumente fehlen, entstehen keine Kompositionen.

Was blieb den Iren? Nur ihre Stimme, die flüchtige Phantasie. Und wenn es auch nur ein Flüstern sein durfte, ein Dichten im geheimen, so gingen diese Verse doch von Mund zu Mund, und lebten so weiter.

Irische Dichter – wie wichtig nahm man sie in diesem Land. Einstmals, zur Zeit des ersten Columba, war man freilich der Ansicht, der Einfluß der *filí* gehe zu weit und man müsse sich irgendwie dieser arroganten Gesellen entledigen. Der Hochkönig rief eine Versammlung ein, *Druim Ceatt* genannt. Colmcille verließ seine Insel der freiwilligen Verbannung, Iona, und kam zurück nach Irland, um den bedrängten Dichterbrüdern zu helfen. Mehr als tausend von ihnen hatten sich auf Tara versammelt. Man bedenke: tausend Dichter auf einer kleinen, nicht allzu stark bevölkerten Insel. Welches andere europäische Land jener Zeit hätte eine solche Elite vorzeigen können? Es ist Colmcille damals gelungen, zwischen dem irischen Volk und den Dichtern Frieden zu schließen. Aber ein wenig von ihrer Macht mußten die filí abgeben – und so boshaft wie zuvor durften sie auch nicht mehr sein. Trotzdem: es ist ein Vertrag aus dem Jahre 1539 erhalten, in dem einem O'Connor, falls er seine Versprechungen nicht erfüllt, von den mitunterzeichnenden Geistlichen die Exkommunikation angedroht wird, von den Poeten Irlands aber, deren Vertreter ebenfalls unterschrieben haben, die Vernichtung durch Spott. Das war, grob gerechnet, tausend Jahre nach Druim Ceatt; ein Jahrtausend lang und länger hatten die Dichter solche Gewalt über das irische Volk.

Irische Dichter! Ein paar aus ihrer Gilde, recht sonderliche Gestalten zumeist, habe ich besonders ins Herz geschlossen.

Da ist der Mönch des 9. Jahrhunderts, der zu dem Manuskript, das er kopieren sollte, seine Verse setzte: vom weißen Kater, Pangur bán, der in der Zelle Mäuse jagt, während der Schreiber der Weisheit auf der Spur ist. Und die Katze, so meint er, kann sich nicht mehr über ihren Fang freuen als der Scholar, wenn er ein »schwieriges, sehr geliebtes Problem« plötzlich begreift.

»Messe ocus Pangur bán
cechtar nathar fria saindán:
bíth a menmasam fri seilgg,
mu menma céin im saincherdd ...«

Solche Worte, in unserer Schrift wiedergegeben, verraten freilich nichts von der fremdartigen Schönheit der irischen Minuskel, die der unbekannte Katzenfreund verwendet hat.

Unter den Barden finde ich keinen, der mir besonders lieb wäre. Ich weiß, sie waren hochgelehrt – aber doch eher Versschmiede als Dichter. Ihre Reime wurden nach festen Gesetzen gebaut, immer zu Ehren des großen Herrn, in dessen Schutz sie und ihre Schule standen. Der Beruf des Barden vererbte sich vom Vater auf den Sohn. Jeder irische O'Dálaigh weiß, daß seine Vorfahren Poeten waren – und er ist stolz darauf.

Cromwell ließ Barden ermorden und ihre Schriften verbrennen, andere, zuvor und danach, taten es ihm gleich, aber die Dichter auszurotten, das vermochten sie nicht. Im Gegenteil – die Fesseln der überkommenen Reimgesetze fielen, und in den Zeiten der Not sprach das Volk so, wie es ihm ums Herz war. »Dream Visions« entstanden, Traumgedichte, in denen die Dichter dem leidenden Land eine schönere Zukunft in leuchtenden Farben malten. Einer von ihnen und unsere Zuneigung wert ist Owen Roe O'Sullivan. Ein wilder Kerl, der herumzigeunerte, trank und liebte. Eines armen Farmers Sohn – aber mit achtzehn Jahren schon so umfassend gebildet, daß er eine Schule aufmachen konnte. Man nannte ihn »Owen mit dem süßen Mund«, weil er mit seinen gedichteten Träumen so schön zu trösten verstand. Als er einmal als Wanderarbeiter auf einem Gut wohnte, bat ihn eine arme Frau, er möge ein Gesuch an den Landlord für sie so abfassen, daß es Gehör fände. Der Herr des Gutes staunte, als man ihm die Bittschrift überbrachte, die völlig fehlerfrei in vier Sprachen übersetzt war. Er ließ Owen Roe kommen und machte ihn zum Hauslehrer. Natürlich gab es Schwierigkeiten um eines Mädchens willen; der Dichter mußte fort. Er führte von da an ein wildes, liederliches Leben. Vielleicht war es das beste für ihn, so meint einer seiner Biographen, daß ein Kutscher Owen Roe O'Sullivan mit dem Schürhaken erschlug.

Der nächste meiner Dichter war ein Harfner und »a dark man«, wie die Iren sagen, ein Blinder: Turlough O'Carolan. Als er 1738 starb, hinterließ er mehr als zweihundert Lieder; zu den meisten verfaßte er den Text selber. Von seinem Leben weiß ich nicht viel, aber von seinem Tod, daß der zu einem großartigen

Fest wurde. Vier Nächte lang dauerte die Leichenwache, und zehn Harfner erschienen, den Freund zu besingen. Jeder, der in diesen denkwürdigen Nachtstunden dabei war, trug in seinem Gedächtnis ein Stück irischer Dichtung mit sich fort.

Ein anderer Blinder, Raftery, gab folgende Antwort, als ein Fremder ihn fragte, wer er sei:

»Raftery bin ich, der Dichter,
voller Hoffnung und Liebe;
meine Augen sind ohne Licht,
meine Sanftmut ist ohne Bitternis.

Siehe, hier stehe ich
mit dem Gesicht gegen eine Mauer
und mache Musik
vor leeren Taschen.«

Auch der »schwarzen Eileen« muß gedacht werden. Ihr Mann, Arthur O'Leary, liegt in der Abteikirche von Kilcrea begraben. Er besaß, obwohl es den Iren verboten war, ein sehr edles Pferd. Das Tier gewann bei einem Rennen. Da trat ein Mann namens Morris auf ihn zu, ein Engländer, und sagte: »Papist, fünf Pfund für dein Pferd.« O'Leary weigerte sich, ihm das Pferd zu geben, und ritt eilends fort, aber eine Magistratsperson war zufällig anwesend und erklärte ihn zum Geächteten, noch ehe der Hufschlag des Pferdes verhallt war. Das war nach den Gesetzen jener Zeit ein rechtmäßiger Vorgang. Es war Morris, der »den Papisten« erschoß. Die Witwe des O'Leary, die »schwarze Eileen«, sang über dem Toten ihr Klagelied:

»Geliebter meines standhaften Herzens,
ich wollte nicht glauben, daß du tot liegst,
nicht, bis dein Roß zu mir zurückkam,
seine langen Zügel im Staube schleiften.
Dein Herzblut floß von seiner Stirn,
und blutbefleckt war der kostbare Sattel.«

O'Leary wurde am 4. Mai 1773 ermordet. Den Morris klagte man an, aber das Gericht sprach ihn frei. Bald darauf wurde er »in seiner Wohnung nahe Hammonds Marsh« vom jüngeren Bruder des O'Leary erschossen. Dem Rächer gelang es, nach Amerika zu entkommen.

Auch die irischen Bettler möchte ich den Dichtern zurechnen, freilich nur einer der niederen Ordnungen, und ich denke dabei an jenen Alten, der das Mitleid einer vorbeifahrenden Lady zu wecken verstand. »Seht den Blinden«, rief er, »seht den Blinden, liebe Dame, der Euch nicht sehen kann und der nicht weiß, ob Eure Schönheit Eurer süßen Stimme gleicht.«

Selbst die Opfer dieser Bettler, die englischen Reisenden, gaben zu, »daß ihr Witz und ihre gute Laune so sprichwörtlich seien wie ihre Lumpen und ihr Elend«. Ja, es drängt sich bei manchen Bettler-Anekdoten der Verdacht auf, daß die Männer und Frauen am Straßenrand das Betteln auch als einen Spaß angesehen haben müssen, als Spiel um ein bißchen Glück. Einer dieser Bettler wurde gefragt, warum er, so jung, schon ohne Zähne sei. »Wie soll ich sie noch besitzen«, antwortete er, »wenn ich schon so lange keine Arbeit mehr für sie hatte?« – »Mach die Tür zu«, rief ein aufgebrachter Reisender seinem Kutscher zu und entfloh einer Schar von Bettlern. Da schüttelte ihm eine Alte, der er nichts gegeben hatte, die Faust nach und murmelte: »Mach die Tür zu. Aber wenn dieser Geizkragen einmal an die Himmelspforte kommt, werde ich schon da sein und zu Petrus sagen: ›Mach die Tür zu, der Mensch verdient nicht, hereinzukommen, er war schlecht; mach die Tür zu.‹«

Damit sind wir unversehens von den Dichtern des Gälischen zu jenen gekommen, die sich des Englischen bemächtigt hatten und nach ihrem Geschmack zu formen wußten. Michéal MacLiammóir meint, man könne an dem Spiel mit einer fremden Sprache, die man vollkommen beherrsche, mehr Freude haben als am Reimen in der eigenen.

Sicher ist, daß die Iren mit dem Englischen Erstaunliches getrieben haben und es noch immer tun, man lese nur ihre Kurzgeschichten. So wie sie auch in andern Dingen zäh am Überkommenen hängen – etwa den Gregorianischen Kalender erst zweihundert Jahre später einführten als das übrige Europa –, so gefällt es ihnen, gewisse Ausdrücke aus der Zeit eines Dickens weiter zu gebrauchen, wenn sie auch in England selbst schon lange vergessen sind. Auch haben sie manche Redewendungen aus dem Gälischen in ihre »zweite Sprache« übernommen. Im Irischen gibt es kein »Ja« und »Nein«. So wird auf die Frage »Bist du traurig?« die Antwort lauten: »Ich bin's.« Das verleiht den Dialogen eine gewisse reizvolle Sprödigkeit und jeder Aussage ein größeres Gewicht.

Es gibt irische Lieder, in denen englische und gälische Zeilen miteinander abwechseln. Manche dieser schwermütigen Strophen erinnern an deutsche Weisen. Aber während bei uns meist von einem ganz persönlichen Kummer die Rede ist – sie hat die Treu' gebrochen –, steht hinter allen irischen Liedern der Schatten der nationalen Tragödie: Man hat meinen Liebsten geholt – er hat fliehen müssen – sie haben ihn eingesperrt. Das gibt den einfachen Worten Gewicht und Größe.

»Ich wollt' auf jenem Berge stehen,
ich ließe meine Tränen gehen,
und jede könnt' ein Mühlrad drehen …«

so beginnt eines dieser Lieder. Sein Titel ist irisch: Shule Aroon. Am Ende jeder Strophe bittet das Mädchen, daß der Geliebte behütet sein möge:

»I would I were on yonder hill,
'tis there i'd sit and cry my fill,
and every tear would turn a mill –
Es go deh thu, mavourneen slaun.«

Wie viele solcher Verse des Kummers gibt es, auch des Zorns, Straßenballaden, die von einem Sänger, der oft ein Blinder war, an den Ecken vorgetragen wurden. Als Oliver Goldsmith, Sohn eines armen Pfarrers, in Trinity College in Dublin studierte, fertigte er den Straßensängern Balladen an. Sie gaben ihm ein Silberstück für jedes Lied. Des Nachts stahl er sich in die dunklen Straßen von Dublin, seine Verse zu hören. Waren sie nicht eines Geistes, die irischen Straßensänger und der Student aus der Ascendancy, in dessen Elternhaus »Großzügigkeit, Durcheinander, Güte und Armut« herrschten? Es war ihm unmöglich, einen Menschen leiden zu sehen – so heißt es von Goldsmith. Wenn es in seiner Macht stand zu helfen, so half er. Wie oft siegte in ihm der leichtere irische Geist über die strenge englische Art! Noch in einer so moralischen Geschichte wie der vom Vikar von Wakefield kommt sein schwarzer Humor zum Vorschein in der Elegie auf den Hund, der einen Herrn beißt. Goldsmith läßt diesen Herrn sehr besorgt sein: »Ist der Hund etwa tollwütig? Wird der Biß schädlich sein?« – »Nein«, sagte der Dichter: »It was the dog, that died«, der Hund war's der starb! Solch irischer Galgenhumor, einst aus trauriger Notwendigkeit geboren, wurde ein kostbares Erbteil der Poeten dieses Landes, ob sie nun Laurence Sterne, Oscar Wilde oder George Bernard Shaw hießen.

In unserer Zeit sind die Dichter der ersten Ordnung wieder so zahlreich wie einst. Wenn ich William Butler Yeats und James Joyce nenne, Sean O'Casey und Samuel Beckett, John Millington Synge und James Stephens, Brendan Behan, Liam O'Flaherty, Sean O'Faolain und Frank O'Connor, so ist damit nur ein Anfang gemacht, der Namen von Rang sind es weit mehr. Sie alle haben, wenn man es recht betrachtet, nicht nur den Galgenhumor ihrer Vorväter geerbt, sondern vieles von dem, was den Dichtern ihres Landes seit frühester Zeit zu eigen war. Denken wir nur an einen von ihnen, den die Schreibenden vieler Länder als ihren Lehrer betrachten: an Joyce. Da sind noch immer die Macht des Wortes und die Sehergabe. Auch die Kraft, durch Spott zu vernichten. Da ist die Liebe zur Heimat, die man trotzdem verläßt. Auch die Liebe zur Welt der Antike, die Kenntnis des alten Griechenland ist da, und die Götter von Hellas werden eins mit jenen aus Irlands Vergangenheit. War nicht auch Joyce, dessen Augenlicht fast erlosch, ein »dunkler Mann« wie Carolan, wie manche der Alten? Ein schwieriges, sehr geliebtes Problem zu lösen, war auch seine Freude; auch sein Geist »windet sich durch die seltsamen Fragen, die vor ihm auftauchen«.

Joyce »fühlt die Gedanken und die Wünsche der Rasse, zu der er gehört«. Viele der irischen Dichter vermögen das. Noch kennen sie, wie Yeats, die Geheimnisse, die in den Hügeln und den Wassern ihres Landes beschlossen sind. Immer aufs neue lassen sie Irlands Landschaft in magischen Beschwörungen erstehen. Abend und Morgen kommen und gehen: »Die schläfrige Sonne steigt lässig aus dem Meer ... ein süßer, wilder Morgen ist's ... ein Tag, den meergetragene Wolken sprenkeln ... hoch im Blauen schwimmen blendend goldene und weiße Wolkenbänke wie Tore zum Paradies ...« Manche unter den irischen Dichtern haben den »süßen Mund« eines Owen Roe. »Ich will in meinen Armen die Lieblichkeit halten, die noch nicht in die Welt gekommen ist.« Das ist wieder Joyce. Wer lehrte sie die Kunst der drei Singweisen, die des Schlafes, die Lachen erregende und die des Jammers? Sie wechseln mühelos von der Wirklichkeit in eine Welt des Traumes hinüber und kehren unversehrt aus ihren Träumen zurück. Traumgedichte: auch heute entstehen sie aus irischem Geist, und wie einst vermögen sie zu trösten und zu entrücken. Es sind allerdings, wie zur Zeit des Druim Ceatt, auch arrogante Gesellen unter den irischen Dichtern, und wie die Heckenschulmeister verachten sie die Regelmäßigkeit und sind so den Bürgern ein Ärgernis. Ein jäh ausbrechender, wilder Zorn kann sie befallen. Der Sinn für das Dramatische ist stark. Ihre Welt ist nicht unwiderruflich in Gut und Böse eingeteilt. Sie sind barmherzig – und sie sind Kinder des »Brehon Law«, nicht des starren Römischen Rechts. Sie sind Meister des Worts, die Iren, des magischen und des musikalischen Worts, und sie schmücken ihre Sprache aus wie die alten Mönche ihre Initialen. Monologe, Gespräche, flammende Reden und Gedanken – das alles verknüpfen sie zu Bildern von großer Schönheit.

Und die Dichter der zweiten Ordnung? Brendan Behan, enfant terrible der Poeten, berichtet: »In einer Ortschaft im Westen, in der Kneipe, bat uns ein Mann zu warten. Er wolle nur einen Dichter holen. Er kam mit John, dem Verkäufer in der Drogerie, zurück. Nicht überall auf der Welt läuft ein Wirt auf die Straße, um einen Dichter zu suchen – und ist sicher, ihn zu finden.«

PUB
GRUB
THE
WHITE
HOUSE
Snacks
Lunches
Steaks

Irland auf einen Blick

308 Provinzen und Grafschaften

317 *Sehenswertes – Eine Auswahl*

Prähistorische Monumente 317 · Klöster und Kirchen 317
Hochkreuze 321 · Rundtürme 321 · Burgen und Festungen 322
Schlösser und Gärten 323 · Museen und Bibliotheken 326
Freilichtmuseen 327 · Höhlen 327

328 Gaeltacht – Sprachinseln

329 Musik und Instrumente

330 Irische und anglo-irische Literatur

331 Glossar

334 Zeittafel

337 Quellen

339 Reisehinweise

354 Personenregister

358 Orts- und Sachregister

Karten

Übersichtskarten:

Vordere und rückwärtige Einband-Innenseiten
Grafschaften und Provinzen 309

Regionalkarten und Stadtpläne:

Nordwesten 66 · Westen 114 · Galway 127
Südwesten 184 · Süden 201 · Cork 205 · Kilkenny 225
Osten 239 · Shannon 247 · Dublin 268/269

Provinzen und Grafschaften

Die Insel ist seit altersher in vier Provinzen aufgeteilt: *Leinster*, *Munster*, *Connacht* und *Ulster*. Cathleen na Houlihan, die Symbolfigur Irlands, spricht von ihren »vier schönen grünen Feldern«. In dieser Übersicht werden die Provinzen und ihre Grafschaften nach irischer Weise »deiseal«, kreisförmig im Uhrzeigersinn umschritten und in Stichworten beschrieben; eine Auswahl ihrer Sehenswürdigkeiten findet sich auf den Seiten 317-327.

Provinz Leinster

DUBLIN Die Grafschaft Dublin umfaßt nur ein kleines Gebiet mit der Hauptstadt der Republik und einer Reihe freundlicher Küstenorte. Das Land ist hier flach, Ausläufer der großen Kalkebenen des Inneren. Nur im Süden steigen die Höhen der Wicklow Mountains, eines Granitstocks, langsam an. Die Bucht von Dublin wird im Norden vom schönen felsigen Vorland von Howth, im Süden von den Vorbergen bei Dalkey und Bray eingerahmt. Fährschiffe, von Holyhead kommend, landen in Dun Laoghaire (»Liery«). Das frühere Fischerdorf hat sich zu einem beliebten Ort für den Ruhestand entwickelt: mit Häuserreihen der Jahrhundertwende, einem berühmten Yachthafen und zwei langen Piers, von denen der East Pier der populäre, der West Pier der stillere ist. Mit den schnellen Zügen der Green Line, auch »Dart«, Pfeil, genannt, kann der Reisende zwischen Howth und Bray die Küste und ihre sehr verschiedenartigen Ansiedlungen in Augenschein nehmen.

WICKLOW Es erstaunt den Fremden, so nahe bei Dublin, im Süden, ein einsames und rauhes Bergland zu finden mit steilen Granitkegeln wie dem Sugar Loaf Mountain und romantischen Schluchten. Der Weg zu den berühmten Gärten von Powerscourt und einem Wasserfall in der Nähe führt über das alte Dorf Enniskerry. Im Herzen von Wicklow liegt die alte Klosterstadt Glendalough. Die Küsten sind flach, oft sandig, zum Baden geeignet. Hauptort der Grafschaft ist Wicklow.

WEXFORD Die Grafschaft im Südosten der Insel: meist eben, oft fruchtbar, mit ausgedehnten Küsten an der Irischen See und am Atlantik. Die Hauptstadt Wexford ist hübsch und altertümlich, typisches Beispiel einer Siedlung der normannischen Eroberer. In Rosslare Harbour landen die Fähren von Fishguard und vom Kontinent. Der Küste vorgelagert sind die Saltee Islands, Irlands größtes Vogelschutzgebiet.

KILKENNY Eine sehr freundliche und liebliche Landschaft, die von den Touristen oft nur durchfahren wird – ganz zu Unrecht; allein

in der Umgebung der interessanten alten Hauptstadt Kilkenny, deren Häuser sich um ein großes Schloß scharen, gibt es zahlreiche Sehenswürdigkeiten wie z. B. die Jerpoint Abbey. Der Fluß Nore durchzieht die Grafschaft.

CARLOW Die zweitkleinste der irischen Grafschaften, von Wexford durch einen der typischen schmalen Gebirgszüge Inner-Irlands, die Blackstairs Mountains, getrennt. Drei Kilometer östlich der Hauptstadt Carlow findet sich im Gelände von Browne's Hill der größte Dolmen Irlands mit einer hundert Tonnen schweren Deckplatte. Der Fluß Barrow kann mit Booten befahren werden.

KILDARE Flaches Land, zumeist der Zentralebene aus Kalkgestein zugehörig. Eine der wenigen nennenswerten Erhebungen ist der Hill of Allen mit weiter Aussicht – einst Stammsitz des Sagenhelden Finn Mac Cumhail und seiner Schar, der Fenier. In der Stadt Kildare erinnert eine vielfach restaurierte Kathedrale an St. Brigid, die Nationalheilige Irlands, die hier im 5. Jahrhundert ein Doppelkloster der Mönche und Nonnen gegründet haben und erste Äbtissin gewesen sein soll. Ein ewiges Feuer brannte jahrhundertelang neben der Kathedrale; der Brauch wurde wohl aus heidnischer Zeit übernommen. Der Rundturm an diesem Ort kann ohne Mühe bestiegen werden. Im berühmten Terrain des Curragh finden sich die Rennbahn des Irish Derby und zahlreiche Gestüte. Hauptort der Grafschaft ist Naas.

LAOIS Den Namen dieser Grafschaft spricht man etwa »Liesch« aus, den seiner Hauptstadt Portlaoise »Purtlliescha«. Die Straße von Dublin nach Cork führt durch diesen Ort, ebenso wie durch das südlicher gelegene hübsche Abbeyleix, das von Viscount de Vesci, einem improving Landlord, im 18. Jahrhundert angelegt wurde.

OFFALY Eine weitere Grafschaft im Inneren, vor allem mit Moorgründen. Bei Ferbane wird durch Bord na Mona nach neuesten Methoden aus diesem Moorboden Elektrizität gewonnen. In Tullamore wird Whiskey hergestellt. Quer durch Offaly verläuft der mit kleinen Kabinenkreuzern befahrbare Grand Canal. Am Ufer des Shannon: die einzigartige Klostersiedlung Clonmacnois. Hauptort der Grafschaft ist Birr mit dem berühmten Park des Earl of Rosse.

WESTMEATH Flaches Land im Inneren, lieblich durch seine Seen und bewaldeten Ufer. Mullingar, die Hauptstadt der Grafschaft, hat eine weithin sichtbare Kathedrale im Renaissance-Stil. Wichtiger als Mullingar ist Athlone, eine lebhafte Marktstadt, Knotenpunkt der Eisenbahnen und Straßen, am Fluß Shannon schön gelegen. Wenige Kilometer nördlich Lough Ree, der größte der Shannon-Seen. In der Siedlung Tyrrelspass umstehen die Häuser einen weiten Dorfanger, ein erfreulicher Anblick.

LONGFORD Ein stilles Land der Farmen und der Moore im Herzen Irlands, mit einem Hauptort gleichen Namens. Oliver Goldsmith ist in dieser Grafschaft geboren und hat sie beschrieben.

MEATH »Königliches Meath« hieß es früher, als auf dem Hügel von Tara Irlands Hochkönige residierten. Dieser Landstrich ist besonders reich an historischen Erinnerungen und Monumenten, besonders im Tal des Flusses Boyne. Der Hügel von Tara sowie die Überreste der Burg von Trim, die vorchristliche Nekropole Newgrange und die im benachbarten Louth gelegenen Klosterstätten von Monasterboice und Mellifont können in einer Tagestour von Dublin aus besucht werden. Navan ist der Verwaltungssitz der Grafschaft, Kells mit Hochkreuzen, Rundturm und St. Columbas Haus für den Besucher wichtig.

LOUTH ist die kleinste der irischen Grafschaften und umfaßt nur die 317 Quadratmeilen zwischen dem Gebiet von Meath, der Grenze nach Nordirland, und dem Meer. In Drogheda ist das letzte von ursprünglich zehn Toren, das St. Lawrence Gate, sehenswert.

Newgrange, Eingang

Die Stadt hat unter Kriegswirren und Verwüstungen – besonders zur Zeit Cromwells – schwer gelitten. Eine in neugotischem Stil gehaltene St. Peter's Church bewahrt das Andenken an den heiligen Oliver Plunkett, der 1681 in London hingerichtet wurde. Die zweite St. Peter's Church dieser Stadt wurde 1748 von den Protestanten errichtet und zeigt schöne Stuckarbeit im Rokoko-Stil. Dundalk ist Hauptstadt der Grafschaft.

Provinz Munster

CORK Diese Grafschaft ist mit 2880 Quadratmeilen die größte von Irland. Sie liegt im äußersten Süden der Insel. Schmale Gebirgsriegel ziehen sich von Osten nach Westen, sie ragen oft unvermittelt aus der Ebene und schließen malerische Täler wie das des Blackwater ein. Nach Westen zu werden diese Bergketten breiter und höher, bis sie an der Grenze zur Grafschaft Kerry in hohen Gipfeln enden. Die Küste ist vielfältig geformt; Buchten ziehen sich weit ins Land und sind von kleinen Ortschaften gesäumt. Cork, vom River Lee umflossen, ist nach Dublin und Belfast die drittgrößte Stadt der Insel. Kinsale an seiner Bucht gilt als beliebtes Ziel der Hochseeangler. Glengariff, am Ufer der Bantry Bay, hat – vom Golfstrom beeinflußt – ein beinahe südliches Klima und eine mittelmeerische Pflanzenwelt.

KERRY Zu dieser Grafschaft gehören drei Halbinseln, die mit ihren Vorgebirgen weit in den Atlantik reichen und tiefe Buchten bilden: Beara, Iveragh und Dingle Peninsula. Beara ist touristisch weniger erschlossen, die Straßen sind schmaler. Trotzdem: ein lohnendes Ziel, in dem noch Entdeckungen zu machen sind. Der Ring of Kerry um die Iveragh Peninsula ist berühmt; aber auch das Innere der Halbinsel lockt. Hier steigen Gebirge auf mit dem Carrantuohill, dem höchsten Gipfel Irlands. Jenseits liegt das Seengebiet von Killarney, ein »Spiegelbild des Himmels«. Die dritte Halbinsel, Dingle, ist ungewöhnlich reich an Altertümern aus vorgeschichtlicher und frühchristlicher Zeit. Vor der Küste liegen, deutlich zu erkennen, aber schwer zu erreichen, die Felstürme der Skellig Islands mit ihrer Klostersiedlung. Hauptort von Kerry ist Tralee. In den Sommermonaten finden hier im nationalen Volkstheater »Siamsa« Folklore-Abende statt.

LIMERICK Ein fruchtbares Gebiet, in dessen »goldenem Tal« Getreidefelder die Straßen säumen – ein für Irland ungewöhnlicher Anblick. An der Nordgrenze der Grafschaft weitet sich der Shannon zum Mündungsdelta, nachdem der Fluß die riesige Schleuse von Ardnacrusha passiert hat und als breiter Strom an der Hauptstadt Limerick vorbeizog. Von Tarbert nach Killimer in Clare überquert eine Autofähre den Shannon.

CLARE Ein schönes Land am Meer mit vielen Sehenswürdigkeiten, von der steinigen Einsamkeit des Burren Country über die von Touristen belagerten Cliffs of Moher bis zu den bizarren Felsformationen der Küste zwischen dem freundlichen kleinen Badeort Kilkee und dem Loop Head. Lahinch, nahe den Klippen von Moher, ist unter Golfspielern berühmt. Landeinwärts liegen die Hauptstadt Ennis, der Shannon Airport und die weiten Wasserflächen des Shannon mit seinen Seen. Man sagt von den Bewohnern von Clare, daß sie besonders freundlich seien. Im Bunratty Castle und zwei weiteren Burgen bereiten sie dem Fremden ein »mittelalterliches Bankett«.

TIPPERARY Eine Grafschaft ohne Küsten und die größte unter diesen. Flaches Land wechselt mit jäh aufragenden Gebirgszügen wie den Galtee Mountains oder den Knockmaeldowns. Im grünen Tal des Suir sind mehrere größere Orte: Cahir mit seiner bedeutenden Burg, Clonmel und Carrick-on-Suir mit dem elisabethanischen Herrenhaus der Butler of Ormonde. Von Carrick aus kann man auf Nebenwegen die Hochkreuze von Ahenny erreichen. Im Herzen der Grafschaft erhebt sich über der Ebene die Königsburg von Cashel auf ihrem Felsen.

WATERFORD Wiederum ganz im Süden gelegen, somit den Kreis der Grafschaften in der Provinz Munster beschließend. Im nördlichen Teil bergig, zum Meer hin in Hügelland auslaufend. Der Suir mündet bei der Hauptstadt Waterford im Meer. Um 850 ließen sich hier bereits die Dänen nieder, und dreihundert Jahre später war Waterford Ausgangspunkt der normannischen Invasion. Ein kleines Museum im weithin sichtbaren Reginald's Tower dokumentiert die Geschichte der Stadt. Weltberühmt ist Waterfords Kristallmanufaktur. Zahlreiche Badeorte an der Küste wie z. B. Tramore werden vor allem von Iren und Engländern besucht.

Provinz Connacht

GALWAY Lough Corrib teilt diese Grafschaft in zwei sehr verschiedenartige Gebiete. Östlich liegen fruchtbare Ebenen, westlich findet der Reisende Bergketten, auch kahle, einzeln stehende Berge; die Täler umschließen oft dunkle Seen. Dies Zusammentreffen von Gewässern, Höhen, einer felsenreichen Atlantikküste und Sandstränden, macht dieses Gebiet, Connemara, zu einer der schönsten Landschaften Irlands. Die berühmten Aran Islands mit

Fischer auf Inisheer, Aran

dem eindrucksvollsten aller Vorzeitforts, Dun Aengus, und zahlreichen weiteren Sehenswürdigkeiten sind mit Flugzeug und Boot von Galway aus zu erreichen. Die Hauptstadt der Grafschaft ist ebenfalls sehenswert, ihr Vorort Salthill ein typisch irisches Seebad. Die kleine Stadt Clifden hat sich zum Treffpunkt der Touristen entwickelt. Ganz im Süden der Grafschaft findet der an irischer Literatur Interessierte den Turm von William Butler Yeats (Thoor Ballylee) und den Park der Lady Gregory (Coole).

MAYO Eine großartige, aber wenig bekannte Landschaft der Moore und der Berge. Auch hier wechseln an den Küsten felsige Ufer mit Klippen und Sandstränden. Die Céide Cliffs sind den Cliffs of Moher in Clare ebenbürtig, der Nephin Mor ähnelt den einzeln sich erhebenden Bergen von Connemara. Nahe der Stadt Ballina verbindet die Pontoon Bridge aufs schönste Lough Conn und Lough Cullin. Für Liebhaber großer Einsamkeit empfehlen sich die Halbinsel Belmullet und die Moore ihres Hinterlandes. Achill Island ist durch eine Brücke mit dem Festland verbunden. Berge, Klippen und Sandstrände von großer Mannigfaltigkeit machen das Gebiet zu einem bevorzugten Ferienziel. Irlands heiliger Berg, der Croagh Patrick, erhebt sich über der Küste der Clew Bay nahe der kleinen Stadt Westport. Hauptort der Grafschaft ist Castlebar. Im Süden hat sich Knock, als Stätte einer Marienerscheinung, zu einem bedeutenden Wallfahrtsort entwickelt. Die Kirche faßt 7500 Menschen.

In Comemara

SLIGO Diese Landschaft hat William Butler Yeats verherrlicht, besonders in seinen Versen auf den lieblichen Lough Gill. Sligo wird von den Ox Mountains und dem Benbulben überragt. Das Land ist grüner und fruchtbarer als Mayo, auch stärker besiedelt. Rosses Point hat einen schwierigen Meisterschafts-Golfplatz. Die Hauptstadt Sligo ist der größte und wichtigste Ort im Nordwesten Irlands.

LEITRIM Eine sehr freundliche Grafschaft, die sich als schmaler Streifen von Longford bis zur Donegal Bay erstreckt. Lohnend für Reisende, die die Hauptstraßen meiden wollen. Seenreich, gute Möglichkeiten für Angler. Im Hauptort Carrick-on-Shannon an der Marina eine große Auswahl an Kabinenkreuzern.

ROSCOMMON Im Inneren des Landes gelegen. Moore, niedrige Hügel und Seen wechseln einander ab. In Boyle liegt die sehenswerte Ruine einer Zisterzienserabtei des 13. Jahrhunderts. In der Nähe der Lough Key Forest Park.

Provinz Ulster (Republik Eire)

DONEGAL Im äußersten Nordwesten. Eine der schönsten Grafschaften: wild, felsig, wasserreich und einsam; mit buchtenreichen Küsten und Sandstränden. An den malerischen Bergketten des Inneren führen wenig befahrene Straßen entlang. Als blühende Oase liegt mitten im Moorgebiet um den Mount Errigal der Glen Veagh Nationalpark mit seinem See. Wer an der Vergangenheit interessiert ist, findet auch in Donegal lohnende Ziele wie das Rundfort Grianan of Aileach bei Letterkenny oder, im Westen, das Tal von Glencolumbkille. Das Bloody Foreland, ein Küstenstreifen, von dem aus man an guten Tagen die Felstürme von Tory Island im Atlantik sieht, hat durch den Bau zahlreicher Ferienhäuser etwas von seiner Schönheit eingebüßt. Auf den Klippen von Bunglass, am Fuß des Slieve League, von Carrick aus zu erreichen, gelangt man zu einem der großartigsten Aussichtspunkte von Irland.

CAVAN Die südlichste Grafschaft Ulsters ist reich an runden Hügeln geringer Höhe und kleineren und größeren Seen. Westlich der

Hauptstadt Cavan liegt einer der zahlreichen »Forest Parks«, die in Irland in neuerer Zeit entstanden sind, mit Wanderwegen und Picknickplätzen.

MONAGHAN Hier wird vorwiegend Ackerbau betrieben. In Clones erinnern die Überreste einer frühen Kirche, ein teilweise erhaltener Rundturm und das steinerne, wie ein Haus gestaltete Grabmal des St. Tighearnach an ein Kloster des 6. Jahrhunderts. Auf dem Hauptplatz des Ortes ein aus zwei Teilen zusammengefügtes Hochkreuz mit biblischen Szenen (9./10. Jahrhundert).

Ulster (Nordirland)

An zahlreichen Orten trifft man auf die Ruinen ehemaliger Spinnereien und Webereien. Die Leinenindustrie war bis zur Mitte unseres Jahrhunderts ein wichtiger Erwerbszweig der Bewohner Ulsters, besonders der Frauen und Kinder. Auf weiten Grasflächen wurde das fertige Material zum Bleichen ausgelegt, so auf dem heutigen Flugplatz von Belfast.

ANTRIM Diese Grafschaft hat im Osten und Norden die schönsten Küsten des Landes. Hügel und Berge unterschiedlicher Formationen fallen steil zum Meer ab. Man sollte die Uferstraßen so befahren, daß die See zur Rechten liegt. Jenseits des Wassers taucht die schottische Halbinsel Kintyre auf. Zur Linken zweigen schmale Täler, Glens, ab, die hinauf in die Berge führen. In diese abgelegenen Gebiete haben sich die Katholiken zurückgezogen, als protestantische Schotten auf Geheiß der englischen Krone das übrige Land besiedelten. An der Nordküste liegt der berühmte Giant's Causeway, ein natürlicher »Riesendamm« aus Basaltsäulen vulkanischen Ursprungs. Während auf der Insel Staffa vor Schottland drüben solche Säulen nur in geringer Anzahl stehen, dehnt sich der Causeway mit seinen bis zu zwölf Meter hohen Gebilden mehrere Meilen weit. Dunluce Castle, Normannenburg in dramatischer Lage auf einer Klippe, steht als Ruine, seit 1639 ein Teil des Baus, samt Küche und Bediensteten, ins Meer abstürzte. Portrush und Portstewart waren in Viktorianischer Zeit elegante Seebäder. Ganz im Süden der Grafschaft, an der Mündung des Flusses Lagan, liegt Belfast, die von den Wunden und Narben des Bürgerkriegs gezeichnete Hauptstadt. Weiter nördlich am Belfast Lough: Carrickfergus mit seiner gewaltigen Burg. Von Larne aus verkehrt eine Autofähre nach Stranraer in Schottland.

ARMAGH Eine stille Grafschaft im Inneren. Wegen ihrer vielen Obstbäume wird sie »Garten von Ulster« genannt. Hier wird immer noch Flachs zur Herstellung des berühmten irischen Leinens angebaut. Die Hauptstadt Armagh ist gleichzeitig Sitz des katholischen und des protestantischen Erzbischofs. Die Kathedralen der beiden Konfessionen, St. Patrick geweiht, liegen sich auf zwei Hügeln gegenüber. Wenige Kilometer von Armagh entfernt:

Eamhain Macha, heute nur ein riesiger Erdhügel, von Gräben und Wällen umgeben, aber viele hundert Jahre lang Sitz der Könige von Ulster.

DERRY Am Namen der Hauptstadt scheiden sich die Geister: Protestanten nennen sie Londonderry, da Mitglieder von zwölf Londoner Zünften sich einst in diesem Ort niederließen und ihn mit der längsten Stadtmauer der britischen Inseln umgaben. Katholische Einwohner benutzen den älteren Namen Derry, ihre Häuser sind außerhalb der Stadtmauern in einst sumpfige Gründe, Bogside genannt, verwiesen. Obwohl Derry zur Zeit der Teilung 1921 zu drei Fünfteln von Katholiken bewohnt war und enge Handelsbeziehungen zum benachbarten Donegal bestanden, wurde die Grafschaft Nordirland zugeschlagen. So ist es kein Wunder, daß zwischen den Bewohnern immer wieder von neuem bürgerkriegsähnliche Fehden aufflammen.

DOWN Eine der fruchtbarsten Grafschaften Nordirlands; vorwiegend eben oder leicht hügelig. Nur im Süden erheben sich die malerischen Mourne Mountains, die für ausgedehnte Wanderungen zu empfehlen sind. Wo dieses Gebirge zur Ostküste der Insel abfällt, liegen besonders am Carlingford Lough Bade- und Ferienorte. Nördlich zieht sich der Strongford Lough weit ins ebene Land und bildet so die Ards Peninsula.

FERMANAGH Lough Erne ist nach dem Shannon die zweitgrößte Wasserstraße der Insel. Auch hier – auf dem oberen und dem unteren See, sowie auf dem Kanal, der sie verbindet – sind Fahrten mit Kabinenkreuzern möglich. Die Strecke ist landschaftlich reizvoll und stiller als der Shannon, ein Vogelparadies. Sehenswert: Devenish Island mit Rundturm und Überresten der Klostergründung des heiligen Molaise; White Island mit sieben rätselhaften Steinfiguren in der Wand einer Kirchenruine; Boa Island mit einem janusköpfigen heidnischen Kultstein. Der Hauptort der Grafschaft, Enniskillen, liegt zwischen beiden Seen. In der Nähe: Castle Coole, Residenz der Ascendancy im Stil des Palladio, und Florence Court, das nach einem Brand wiederhergestellt worden war, ein ebenfalls sehr sehenswertes »Großes Haus« des 18. Jahrhunderts.

TYRONE Zu dieser Grafschaft gehören größere Uferpartien des riesigen Lough Neagh. Tyrone war Teil der Besitzungen des Clan O'Neill, ehe, nach der »Flight of the Earls«, der Flucht der Grafen zum Kontinent, Engländer, Waliser und Schotten sich hier als Siedler festsetzten.

Prähistorische Monumente

Leinster

CARLOW · *Browne's Hill* – größter Dolmen Irlands mit einer hundert Tonnen schweren Deckplatte, ca. 4000 Jahre alt.

Munster

CORK · *Drombeg* – Steinkreis mit 17 aufrecht stehenden Steinen bei Clonakilty.

KERRY · *Staigue Fort* – Rundfort bei Sneem; S. 191, *193*.

CLARE · *Cahercommaun* – Ringfort mit dreifacher Umwallung in dramatischer Lage über einem Tal im Burren. *Poulnabrone Dolmen* – im Burren; S. *15*, 152.

Connacht

GALWAY · *Dun Aengus* – »schönstes Vorzeitfort Europas« auf Inishmore, Aran Islands; S. 132. *Dun Conor* – ovales Steinfort auf Inishmaan, Aran Islands. *Turoe Stone* – phallischer Stein bei Bullaun; ca. 90 Zentimeter hoher Granitblock, im oberen Teil mit einem für die La-Tène-Zeit typischen Ornament geschmückt.

SLIGO · *Carrowmore* – eindrucksvolles Gräberfeld der Bronzezeit am Fuß des Knocknarea. *Creevykeel* – Hügelgrab bei Cliffoney. *Knocknarea Cairn* – Steinhügel von fast 11 Meter Höhe auf dem Gipfel des 334 Meter hohen Berges; gilt als Grab der Sagenkönigin Maeve; S. 91.

Ulster

DONEGAL · *Grianan of Aileach* – Rundfort bei Buncrana; S. 74, 80, 193. *Kilclooney Dolmen* – bei Naran. *Crannog* im *Lough Doon* – bei Naran; S. 16, *78*, 80, 331.

Klöster und Kirchen

Aus frühchristlicher Zeit:

Leinster

WICKLOW · *Glendalough* – S. 20, 24, 238, 240.

OFFALY · *Clonmacnois* – am Shannon; S. 252, 254-265.

LOUTH · *Monasterboice* – S. 24, 63 f.

MEATH · *Kells* – S. 65 f.

Munster

KERRY · *Ballyferriter* – Gallarus Oratory; S. 179. *Skellig Michael* – dramatisch gelegene frühe Klostersiedlung auf einer Felseninsel ca. 14 Kilometer westlich der Iveragh Peninsula; S. 183-189.

Connacht

GALWAY · *Kilmacduagh* – bei Gort; S. 154. *St. Cavan's Church* – auf Inisheer, Aran Islands; S. 139 f.

Tighlagh Eany – auf Inishmore, Aran Islands. Überreste einer Gründung des heiligen Enda, dessen Kloster und Schule so berühmt wurden, daß man vom »Aran der Heiligen« sprach. *St. Mac Dara's Island* – Insel vor der Küste bei Carna. Ruine einer frühen Kirche mit steinernem Dach (restauriert). Noch immer ein Ort der Wallfahrt. Boote dippten die Segel im Vorbeifahren oder umrundeten die winzige Insel am Tag des Heiligen dreimal.

SLIGO · *Inishmurray* – Klosterinsel 7 Kilometer vor der Westküste, kein Fährdienst (Überfahrtsmöglichkeit beim Information Office in Sligo erkunden). Zahlreiche eindrucksvolle Überreste einer Klostergründung des heiligen Molaise im frühen 6. Jahrhundert. Früherer Wallfahrtsort. Berühmt sind die gefleckten, mit Zeichen versehenen »Fluchsteine«, mit deren Hilfe man seinen Feinden schaden konnte; einige davon sind im National Museum in Dublin zu sehen.

Aus späterer Zeit:

Leinster

DUBLIN · *Christchurch Cathedral* – S. 285. *St. Patrick's Cathedral* – S. 42, 285, *286*.

WEXFORD · *Dunbrody Abbey* – Die weitläufige Zisterzienserabtei des 12. Jahrhunderts, in der Nähe von New Ross, liegt ganz im Grünen. Strenge und Klarheit ihrer Architektur sind noch an den Ruinen ablesbar.

KILKENNY · *Graiguenamanagh* – Die große Abteikirche in der alten Stadt wurde 1986 hervorragend restauriert; S. 254. *Jerpoint Abbey* – Zisterzienserabtei aus dem 12. Jahrhundert bei Thomastown; S. *18*, *111*, 226, 227, *228*. *St. Canice's Cathedral* – in Kilkenny; S. 230f.

LAOIS · *Killeshin* – bei Carlow; im Friedhof Ruine einer romanischen Kirche mit reich skulptiertem Westportal.

LOUTH · *Mellifont* – Bei Drogheda; erste Zisterziensergründung in Irland, 12. Jahrhundert; S. 64.

KILDARE · *Kildare* – Gründung der heiligen Brigid.

Munster

CORK · *Honan Chapel* – auf dem Universitätsgelände in Cork (Anfang 20. Jh.); nach dem Vorbild der Cormac's Chapel von Cashel erbaut. Schöne Glasfenster der Dubliner Schule (Sarah Purser, Harry Clarke). *St. Finbarr's Cathedral* – bei der Parliament Bridge in Cork; S. 204, 207, 318. *Timoleague Abbey* – malerisch am Wasser bei Clonakilty gelegene Überreste einer 1240 gegründeten Abtei. Was blieb, stammt aus späteren Jahrhunderten.

KERRY · *Muckross Friary* – im Killarney Nationalpark. Franziskanerpriorei des 15. Jahrhunderts, mit schönem Kreuzgang, in dessen Mitte eine große Eibe steht.

LIMERICK · *Adare* – Ruine eines Franziskanerklosters im Park des Schloßhotels; S. 167.

Rock of Cashel, gotische Fensterreihe in der Kathedrale

St. Mary's Cathedral – in Limerick. Wesentliche Teile der Kirche stammen aus dem 15., das Westportal aus dem 12. Jahrhundert. Berühmt ist das eichene Chorgestühl mit phantastischen Schnitzereien.

CLARE · *Corcomroe Abbey* – im Burren; S. 152, *154*. *Dysert O'Dea* – bei Ennis; S. 163 f., *165*. *Ennis Friary* – Die Ruinen des Franziskanerklosters enthalten schönen Figurenschmuck. *Quin Abbey* – bei Ennis. Gut erhaltene, malerische Ruine. Das Franziskanerkloster des 15. Jahrhunderts wurde auf den Grundmauern einer Burg angelegt, deren Bastionen deutlich zu erkennen sind. In der Kirche schöne Grabsteine.

St. Flannan's Cathedral – in Killaloe. Aus dem 12. Jahrhundert stammend, im 19. Jahrhundert restauriert. Romanischer Torbogen aus einem früheren Bau in der Südwand. In der Nähe ein Stein, Schaft eines Hochkreuzes mit zweisprachiger Inschrift, in nordischen Runen und Ogham-Zeichen: »Bitte um ein Gebet für Thorgrim, der den Stein machte«. Im Kirchhof St. Flannan's Oratory, kleine romanische Kirche mit Steindach (12. Jh.). Eine weitere kleine romanische Kirche, St. Molua's Oratory, wurde anläßlich des Baus eines Kraftwerks am Shannon von einer Insel nach Killaloe versetzt.

TIPPERARY · *Athassel Priory* – bei Tipperary; größte mittelalterliche Abtei Irlands mit zahlreichen, nur teilweise erhaltenen Bauten des 13. bis 15. Jahrhunderts. *Holycross Abbey* – bei Thurles. In der ehemaligen Zisterzienserabtei (13./15. Jh.) wurde ein Splitter vom Kreuz Christi aufbewahrt. Sie war ein vielbesuchter Wallfahrtsort. Die Kirche wurde im Denkmalsjahr 1975 wieder eingedeckt und gut restauriert. Sehenswerte Details; vor allem eine in Irland sehr seltene Wandmalerei (Jagdszene). *Kilcooly Abbey* – bei Urlingford; Tochtergründung von Jerpoint aus dem 12. Jahrhundert; S. 226. *Rock of Cashel* – S. 219-224, *256*. *Roscrea* – Daß die Straße von Dublin nach Limerick hier mitten durch ein Klostergelände führt, ist kein Zufall. St. Cronan (6./7. Jh.) wollte seine Einsiedelei an einer Stelle errichten, wo ihn Arme und Reisende leicht aufsuchen konnten. Die heutigen Überreste der Anlage zeigen den Westgiebel einer romanischen Kirche, ein Hochkreuz und einen Rundturm.

Connacht

GALWAY · *Clonfert Cathedral* – am Shannon; das reich geschmückte Portal gilt als Höhepunkt iro-romanischer Bildhauerei. Im Inneren sind Engel und eine Meerjungfrau an den Tragbögen des Turms bemerkenswert. *Ross Errilly* – am Ostufer des Lough Corrib bei Headford; S. 116f., *168*. *St. Brendan's Cathedral* – in Loughrea. Äußerlich unscheinbar. Schöne Glasfenster, von Künstlern der berühmten Dubliner Schule (Anfang 20. Jh.) gestaltet: A. E. Child, Michael Healy, Evie Hone, Sarah Purser. *St. Nicholas' Cathedral* – in Galway; S. 127, 130.

MAYO · *Ballintober Abbey* – bei Ballinrobe. Obwohl durch Cromwells Soldaten teilweise zerstört, wurde in dieser Kirche weiterhin die Messe gelesen, auch zu Zeiten der Strafgesetze. Im heute renovierten Bau sind Werke zeitgenössischer irischer Künstler zu finden: Kreuzwegstationen von Imogen Stuart und eine Madonna mit Kind von Oisín Kelly. Ballintober war Station der Pilger auf dem Weg zum Croagh Patrick. *Moyne Abbey* – an der Killala Bay gelegenes Kloster aus dem 15. Jahrhundert. Zahlreiche Bauten sind noch als Ruine erhalten; Kreuzgang. *Rosserk Friary* – in der Nähe der Moyne Abbey; 15. Jahrhundert; reich skulptiertes Westportal und schöne Fenster. *Straid Abbey* – bei Bellavary; Kirchenruine mit besonders eindrucksvollen »Weepers« an einem Sarkophag aus dem 15./16. Jahrhundert.

SLIGO · *Sligo Abbey* – Dominikanerkloster mit Kirche und Konventgebäude, 1416 nach einem Brand wieder aufgebaut. Grabnische von 1506 mit Kreuzigungsgruppe und weiteren Figuren; schöner Kreuzgang.

ROSCOMMON · *Boyle Abbey* – am Nordende der Stadt; aus dem 12. Jahrhundert; Hauptschiff, Chor und Querschiffe der Kirche sind als Ruine erhalten; schöne Kapitelle; S. *245*.

Clonfert Cathedral, Portal

Wallfahrtsorte:

Connacht

MAYO · *Croagh Patrick* – bei Westport; schwieriger Pilgerweg zum Berggipfel; S. 109-112. *Knock Shrine* – bei Castlebar, Ort einer Marienerscheinung; die moderne Pilgerkirche faßt 7500 Menschen.

Ulster

DONEGAL · *Lough Derg* – Station Island; »härteste« Wallfahrt der Christenheit; S. 86-89.

Hochkreuze

Leinster

OFFALY · *Clonmacnois* – am Shannon; S. 252, 254-265. *Durrow* – nördlich von Tullamore; Kreuz mit Figurenschmuck (10. Jh.). Im Kloster, von St. Colmcille gegründet, wurde das berühmte »Book of Durrow« (heute im Trinity College) im 7. Jahrhundert geschrieben.

LOUTH · *Monasterboice* – S. 24, 63 f.

MEATH · *Kells* – im Friedhof der Stadt; S. 65 f.

KILDARE · *Castledermot* – Im Friedhof des Ortes zwei Granitkreuze mit Darstellungen biblischer Themen, darunter David, eine irische Harfe spielend; auch Überreste eines Klosters (romanischer Rundbogen). *Moone* – südlich von Ballitore; S. *231*, 232, 252.

Munster

CLARE · *Dysert O'Dea* – bei Ennis; S. 163 f., *165*. *Kilfenora* – im Gebiet des Burren; S. 157 f.

Ahenny, Südkreuz

TIPPERARY · *Ahenny* – bei Carrick-on-Suir; S. 222, 224. In der Nähe, bei Kilkieran, zwei weitere, weniger gut erhaltene Kreuze.

SLIGO · *Drumcliff* – nördlich von Sligo; S. 94.

Ulster

DONEGAL · *Carndonagh* – Inishowen Peninsula; Vorform eines Hochkreuzes.

Rundtürme

Leinster

WICKLOW · *Glendalough* – S. 20, 24, 238, 240.

LAOIS · *Timahoe* – 12 km südöstlich von Portlaoise (12. Jh).

OFFALY · *Clonmacnois* – am Shannon; S. 252, 254-265.

Nenagh Castle, Donjon

LOUTH · *Monasterboice* – S. 24, 63 f.

MEATH · *Kells* – im Friedhof; S. 65 f.

KILDARE · *Castledermot* – im Friedhof; stark restauriert. *Kildare* – S. 232, 252.

Munster

CLARE · *Iniscealtra* – auf einer Insel im Shannon bei Mountshannon. Kann von dort aus mit dem Boot erreicht werden. Interessanter und stimmungsvoller Ort mit zahlreichen Überresten einer frühen Klosteranlage. Bis ins 19. Jahrhundert hinein Wallfahrtsort. *Scattery Island* – nahe dem neuen Segelhafen Kilrush in der Shannonmündung, mit dem Boot zu erreichen. Zahlreiche Überreste einer Klostergründung des heiligen Senan.

TIPPERARY · *Rock of Cashel* – S. 164, 219-224, 256. *Roscrea*.

WATERFORD · *Ardmore* – gilt als das schönste Bauwerk seiner Art in Irland. Neben dem Turm die Ruine der St. Declan's Church mit romanischen Reliefs in den Blendarkaden des Westgiebels (13. Jh.).

Connacht

GALWAY · *Kilmacduagh* – Gort; S. 154.

MAYO · *Killala* – in der Nähe der Bucht gleichen Namens. *Turlough* – in der Nähe von Castlebar; S. 35.

Burgen und Festungen

Leinster

MEATH · *Trim Castle* – Am Südufer des Boyne blieb von der größten Burg Irlands aus normannischer Zeit der eindrucksvolle Hauptturm.

Munster

CLARE · *Bunratty Castle* – bei Ennis; hervorragend restaurierter Bau des 15. Jahrhunderts. Im Inneren wertvolles Mobiliar. Durch die Lage an einer wichtigen Durchgangsstraße stark besucht. »Mittelalterliche Bankette« für Touristen. *Dunguaire Castle* – bei Kinvarra; gut restauriert; »Mittelalterliche Bankette«. *Knappogue Castle* – bei Six Mile Bridge; Turmhaus des 16. Jahrhunderts; »Mittelalterliche Bankette«.

TIPPERARY · *Cahir Castle* – S. 214, 215, 216. *Nenagh Castle* – Aus den Überresten einer ehemals fünfekkigen Normannenburg ragt ein fünfgeschossiger Donjon auf (13. Jh.). *Ormonde Castle* – in Carrick-on-Suir; Herrenhaus aus elisabethanischer Zeit. Stuckarbeiten mit den Bildnissen der Königin und der damaligen Besitzer, der Butler of Ormonde.

Connacht

GALWAY · *Aughnanure Castle* – bei Oughterard; S. 120.

LEITRIM · *Parke's Castle* – bei Kilmore; typisches befestigtes Haus aus der Zeit der »plantation« durch schottische Siedler im 17. Jahrhundert.

Donegal Castle, Renaissance-Kamin

Ulster

DONEGAL · *Doe Castle* – bei Creeslough; S. 67. *Donegal Castle* – im Zentrum der Stadt; prachtvoller Kamin im Hauptgeschoß; S. 86.

Burgen, die zu Hotels umgewandelt wurden, sind in einschlägigen Broschüren aufgeführt.

Schlösser und Gärten

Leinster

DUBLIN · *Malahide Castle* – nördlich der Stadt, in der Nähe schöne Badestrände. Das Schloß war vom 13. Jahrhundert an bis 1975 im Besitz der Familie Talbot und wurde von ihr bewohnt. Am Morgen der Boyne-Schlacht, 1690, trafen sich hier zahlreiche Verwandte des Hausherrn. Keiner kam lebend zurück. Das Schloß ist durch die National Portrait Gallery und Möbel aus verschiedenen Epochen sowie durch die Große Halle sehenswert.
Phoenix Park – im Westen. Fast so groß wie Dublins Innenstadt. Ziel der Sportler; mit Cricket-, Polo- und Fußballplätzen. Weites Wiesengelände mit altem Baumbestand, in dem man beim Spazierengehen Kühe und Damwild antreffen kann. Im Grünen drei Bauten: die Palais des Staatspräsidenten (Áras an Uachtaráin), des Botschafters der Vereinigten Staaten und der Nuntiatur.

WICKLOW · *Mount Usher Gardens* – eine Gartenanlage bei Ashford, an beiden Ufern des Flusses Vartry, mit seltenen Bäumen, Sträuchern und subtropischen Gewächsen – eine künstlich geschaffene Wildnis. Landeinwärts zwängt sich der Fluß durch eine felsige Schlucht und ergießt sich in einen Felskessel (Devil's Glen und Devil's Punchbowl). *Powerscourt Estate* – bei Enniskerry; S. 281. *Russborough House* – bei Blessington. Eines der schönsten irischen Landhäuser im Stil des Palladio, von Richard Cassel 1740 bis 1750 erbaut. Teile einer berühmten Gemäldesammlung sind inzwischen der National Gallery in Dublin vermacht worden.

Halle von Castletown House bei Celbridge

WEXFORD · *John-F.-Kennedy-Memorial-Waldpark* – bei New Ross. Zum Gedächtnis an den U.S.-Präsidenten angelegt, dessen Vorfahren aus dem westlich gelegenen Dorf Dunganstown stammten.

OFFALY · *Birr Castle Demesne* – Unter den Vorfahren des heutigen Besitzers, des Earl of Rosse, waren Gelehrte von Rang und Botaniker. Der 3. Earl baute nach eigenen Entwürfen 1840 das seinerzeit größte Teleskop der Welt und entdeckte damit Spiralnebel. Das Teleskop steht heute im Science Museum in London, seine steinerne Hülle ist noch im ausgedehnten schönen Park des Schlosses zu sehen, zu dessen Gestaltung die Earls of Rosse ebenso beigetragen haben wie zum Ausbau der Stadt Birr.

KILDARE · *Castletown House* – nahe der Ortschaft Celbridge, von Dublin aus leicht erreichbar. Architektonisch bedeutender Bau, 1722 für William Connolly, »Speaker« im Parlament, errichtet. Heute Sitz der Irish Georgian Society, die es sich zur Aufgabe gemacht hat, Bauten der Georgianischen Epoche zu erhalten. Nördlich zwei seltsame, aber sehenswerte Gebilde: ein phantastisches Tor und ein kegelförmiges Vorratshaus für Getreide. Lady Connolly ließ beide Bauten zur Arbeitsbeschaffung für die leidende Bevölkerung zur Zeit der Hungersnot errichten.
Tully – japanischer Garten des Tasa Eida im Nationalgestüt.

Bantry House

Munster

CORK · *Anne's Grove Gardens* – bei Castletownroche. Teils französischer Ziergarten, teils englischer Park am Wasser; liebevoll angelegt und gut gepflegt. *Bantry House* – in der gleichnamigen Bucht; S. 198. *Fota Estate* – Cobh; S. 210f. *Garinish Island* – bei Glengariff; S. 196.

KERRY · *Killarney National Park und Muckross House* – S. 191.

WATERFORD · *Lismore Castle Gardens* – am Blackwater River; S. 213.

Connacht

GALWAY · *Connemara National Park* – S. 58, 118-125. *120, 168*. *Kylemore Abbey* – neugotischer Bau; heute Internat der Benediktinerinnen.

SLIGO · *Lissadell House* – bei Drumcliff; Sitz der Familie Gore-Booth, in den dreißiger Jahren des vorigen Jahrhunderts erbaut. Yeats war häufiger Gast und Bewunderer der beiden Töchter. Constanze heiratete den polnischen Maler Graf Casimir Markiewicz. Sie nahm später am Osteraufstand 1916 aktiv teil und war erstes weibliches Mitglied des irischen Parlaments. Im Speisezimmer des Hauses überlebensgroße Darstellungen der Angestellten – Butler, Förster, Wildhüter – vom Grafen gemalt.

ROSCOMMON · *Lough Key Forest Park* – bei Boyle; S. 246.

Ulster

DONEGAL · *Glenveagh National Park* und *Schloß* – S. 75 f.

Museen und Bibliotheken

Öffnungszeiten siehe Reisehinweise

Leinster

DUBLIN · *National Museum* – Kildare Street; S. 256, 272, 283 f., *284*, 293.
National Gallery – Merrion Square; S. 293. Bilder des 20. Jahrhunderts werden hauptsächlich in zwei anderen Museen gezeigt: Die *Hugh Lane Gallery of Modern Art* am Parnell Square verfügt jeweils fünf Jahre lang über die Hälfte der Bilder einer großartigen Schenkung von Sir Hugh Lane, der 1915 mit der »Lusitania« unterging, ohne ein rechtskräftiges Testament zu hinterlassen. Die andere Hälfte seiner Sammlung ist in London zu sehen. Von irischen Malern seien genannt: John Butler Yeats (1839-1922), der Vater des Dichters; Sir William Orpen (1870-1931); Jack Butler Yeats (1871-1957), Bruder des Dichters; Louis Le Brocquy (geb. 1916). – Das *Museum of Modern Art* wird 1991 im Royal Hospital in Kilmainham eingerichtet. *Kilmainham Jail Historical Museum* – Inchicore Road; S. 46, 287 f. *Trinity College* – Bibliothek in der Long Hall (mit dem »Book of Kells«), der eine Buchhandlung angeschlossen ist, die Literatur zum Thema der illustrierten Handschriften sowie vorzügliche Reproduktionen in großer Auswahl anbietet; S. 272, 278, *279*, 280 f., 296. *Marsh's Library* – St. Patrick's Close; S. 287. *Chester Beatty Library* – Shrewsbury Road. Weltberühmte Sammlung orientalischer Manuskripte und Miniaturen. *Royal Irish Academy* – Dawson Street. In der Bibliothek wertvolle frühirische Manuskripte, u. a. der »Cathach«, eine Psalmenhandschrift des 6. Jahrhunderts und eine Handschrift der »Annals of the Four Masters«; S. 62, 255. *James Joyce Museum* – Sandycove; S. 274-276. *Irish Jewish Museum* – Portobello; restaurierte Synagoge mit Ausstellungsstücken der 150 Jahre alten Gemeinde. *Hope Store* – Dublin 8; Museum zur Geschichte der Bierbrauerei – Guinness Brewery. *Newbridge House* – Donabate; Heimatmuseum mit eingerichteten Werkstätten.

WEXFORD · *Enniscorthy* – Castle Museum; Heimatmuseum.

KILKENNY · *Kilkenny* – Rothe House; Heimatmuseum.

Munster

CORK · *Cork* – Public Museum, Fitzgerald Park; Heimatmuseum. *Kinsale* – Regional Museum. *Youghal* – Art Gallery und Museum im Clockgate Tower, mit Memorabilien an Sir Walter Raleigh, der in dieser Stadt lebte.

KERRY · *Killarney* – Muckross House; Heimatmuseum im Nationalpark.

LIMERICK · *Limerick* – Museum, St. John's Square; Heimatmuseum.

CLARE · *Kilfenora* – Burren Display Center; S. *53*, *156*, 157 f.

TIPPERARY · *Roscrea* – Damer House; Museum für irische rustikale Möbel.

WATERFORD · *Waterford* – Art Gallery an der O'Connell Street, mit Gemälden moderner irischer

Maler und Skulpturen von Eddie Delaney und Oisín Kelly.

Connacht

GALWAY · *Ballylee* – William Butler Yeats Museum; S. 143-150. *Galway* – City Museum, Spanish Arch; Heimatmuseum.

SLIGO · *Sligo* – County Museum mit zahlreichen Gemälden von Jack B. Yeats, dem Bruder des Dichters, Repräsentant der neueren irischen Malerei.

Ulster

DONEGAL · *Church Hill* – Glebe Gallery; Gemäldesammlung in ungewöhnlichem Rahmen. *Gartan* – Colmcille Heritage Center.

Freilichtmuseen

Munster

LIMERICK · *Lough Gur Interpretative Center* – im Südosten von Limerick; interessante vorgeschichtliche Ausgrabungsstätte. Rings um den kleinen See haben frühe Bewohner eine Fülle von Steinforts, Steinkreisen und Dolmen hinterlassen. Auch Zeugnisse aus frühchristlicher Zeit finden sich hier.

CLARE · *Bunratty Folk Park* – bei Ennis; S. 162. *Craggenowen Project* – bei Ennis; S. 159.

Ulster

DONEGAL · *Glencolumbkille* – S. 82.

Höhlen

Leinster

KILKENNY · *Dunmore Cave* – nördlich der Stadt.

Munster

KERRY · *Crag Cave* – bei Castleisland; erst teilweise erschlossen.

CLARE · *Ailwee Cave* – bei Ballyvaughan; Teil eines unterirdischen Systems der Karstregion des Burren.

TIPPERARY · *Mitchelstown Cave* – Elf Kilometer nördlich von Fermoy.

Gaeltacht – Sprachinseln

Gebiete in Irland, in denen sich gälische Traditionen und Gälisch als Umgangssprache bis heute erhalten haben, werden als »Gaeltacht« bezeichnet. Sie liegen hauptsächlich im Westen in Küstennähe. Die Bewohner genießen mancherlei Vorteile (Steuererleichterungen usw.). Die wichtigsten dieser Sprachinseln sind: der Westen Donegals und die vorgelagerten Inseln; Küstengebiete der Grafschaft Mayo; Teile der Grafschaft Galway; die Aran Islands und die westliche Dingle Peninsula (Kerry).
Verstreute Gaeltacht-Gebiete finden sich in den Grafschaften Kerry und Cork, z. B. Clear Island (von Baltimore aus erreichbar) auch, in geringem Umfang, in Co. Meath und Co. Waterford.

Mandoline und Harfe, Fiedel und Tin Whistle

Musik und Instrumente

Das erste irische Musikinstrument war die Harfe. Harfner gehörten in keltischer Zeit zum Gefolge der Könige und Edlen. In den Jahrhunderten der Unterdrückung brach diese Tradition ab. Daß Georg Friedrich Händel seinen »Messias« 1742 in Dublin zum ersten Mal zur Aufführung brachte, war eher ein Zufall.
Was seit der Zeit der Erneuerung in Irland an Musik entstand, ist dem weiten Feld der Folklore zuzurechnen. Auch der frühverstorbene Komponist Sean O'Riada (1931–1971), ein Vorbild für alle Jüngeren, suchte sich seine Themen auf diesem Gebiet.
Irische Volksmusik kann mit einfachen Instrumenten ausgeführt werden:

FIDDLE eine Geige, die aber anders als bei uns gehalten und bespielt wird; ländliche Musikanten werfen den Bogen eher über die Saiten als daß sie ihn zögen.

UILLEAN PIPES Während die schottischen war pipes mit dem Mund geblasen werden und ins Freie gehören, wird beim irischen Dudelsack der Balg unter dem Arm gehalten und die Luft mit dem Ellenbogen ins Instrument gedrückt. Die so entstehenden Töne sind leiser und klingen im Raum am besten.

TIN WHISTLE Eine billige kleine Blechflöte, mit denen die Iren Erstaunliches anzufangen wissen. Auch in Messing erhältlich.

BODHRAN Eine mit Ziegenfell bespannte Trommel. Kurze Schlagstöcke werden mit lockerer Hand geführt.

Zu diesen Instrumenten können sich Ziehharmonika, Banjo, Gitarre und sogar Löffel (Spoons) gesellen. Die für den Fremden eintönig wirkenden Melodien, die jeweils aus acht Takten bestehen und beliebig oft wiederholt werden, sind vor allem Tänze: Jigs, Hornpipes und Reels. Alte Lieder und Balladen, vor allem solche in gälischer Sprache, werden ohne Begleitung gesungen.

CEILIDH (CEILY) war ursprünglich das spontane abendliche Zusammensein der Nachbarn und Freunde zum Musizieren, Singen, Tanzen und Gechichtenerzählen. Kommt in etwas modernerer Form wieder in Mode.

SEISIÚN ist die organisierte Form des Ceilidh, im Sommer hauptsächlich für ausländische Gäste veranstaltet.

SINGING PUBS finden sich nicht nur in Dublin, sondern in steigendem Maße überall auf der Insel. Nicht alle bieten ursprüngliche Folklore.

AN FLEADH NUA Ende Mai/Anfang Juni in Ennis (Clare) abgehalten, ist eines der beliebtesten Volksmusik-Festivals der Insel.

Irische und anglo-irische Literatur

Samuel Beckett (1906-1990): Werkausgabe in zehn Bänden. Frankfurt/M., Suhrkamp 1975.

Brendan Behan (1923-1964): Bekenntnisse eines irischen Rebellen. Frankfurt/M., Fischer 1981.

Oliver Goldsmith (1728-1774): Der Vikar von Wakefield. Zürich, Manesse 1985.

Seamus Heaney (1939): Ausgewählte Gedichte. Stuttgart, Klett-Cotta 1984.

James Joyce (1882-1941): Werke. Frankfurter Ausgabe in 7 Bänden. Frankfurt/M., Suhrkamp 1986.

Sean O'Casey (1884-1964): Die ganze Autobiographie des großen irischen Dichters in 6 Bänden. Zürich, Diogenes 1989.

Frank O'Connor (1903-1966): Einziges Kind (Bd. I) Meines Vaters Sohn (Bd. II). Übersetzt von Elisabeth Schnack. Zürich, Diogenes 1983.

Tomás O'Crohan (1856-1937): Die Boote fahren nicht mehr aus. Bericht eines Fischers von der Westküste. Übersetzt von Annemarie und Heinrich Böll. Göttingen, Lamuv 1989.

Sean O'Faolain (1900-1991): Ausgewählte Erzählungen in 3 Bänden. Übersetzt von Elisabeth Schnack. Zürich, Diogenes 1989.

Liam O'Flaherty (1897-1984): Ausgewählte Erzählungen. Übersetzt von Elisabeth Schnack. Zürich, Diogenes 1989.

George Bernard Shaw (1856-1950): Einzelausgaben bei verschiedenen Verlagen.

Richard Brinsley Sheridan 1751 bis 1816): Die Lästerschule. Stuttgart, Reclam 1988.

James Stephens (1882-1964): The Crock of Gold. London, MacMillan & Co. 1953.

Edith Somerville (1858-1949) und *Violet Martin* (1862-1915): Die wahre Charlotte. Übersetzt von Elisabeth Schnack. Zürich, Manesse 1954.

Laurence Sterne (1713-1768): Tristram Shandy in 9 Bänden. Übersetzt von Michael Walter. Zürich, Haffmans 1989.

Jonathan Swift (1667-1745): Ausgewählte Werke. Frankfurt/M., Insel 1982.

John Millington Synge (1871 bis 1909): Ein wahrer Held. Übersetzt von Annemarie u. Heinrich Böll. Frankfurt/M., 1960.

William Butler Yeats (1865-1935): Gesammelte Werke in 5 Bänden. Darmstadt/Neuwied, Luchterhand 1970.

Oskar Wilde (1854-1900): Sämtliche Werke in 10 Bänden. Frankfurt/M., Insel 1982.

Glossar

Typisch irische Ausdrücke oder Begriffe

Bei der Übertragung von Orts-, Eigennamen und Begriffen aus dem Gälischen weichen die Schreibweisen auf der Insel häufig voneinander ab.

ABSENTEEISM Anglo-irische Großgrundbesitzer zogen es teilweise vor, mit den Einnahmen aus ihren Gütern in London oder auf dem Kontinent zu leben. Die Verwalter dieser »Absentee Landlords« bedrängten die armen Kleinpächter besonders hart.

BANSHEE weibliches Wesen der »Anderswelt«, die mit leisen, aber durchdringenden Tönen dem Hause einen Tod ankündigte. Diese Ehre widerfuhr aber nur Mitgliedern der alten irischen Familien.

BAWNIN weißer Wollstoff, früher handgewebt, aus dem die Hemden der Fischer an der Westküste, besonders auf Aran, gefertigt wurden. Das schöne Material wird heute ab und zu von Couturiers verwendet.

BOHEREEN oft gehörter Ausdruck für schmale, manchmal noch nicht asphaltierte, von Hecken gesäumte Landwege.

BREHON LAW »Recht der Richter«, die alte keltische Ordnung mit weisen Gesetzen, die auch in den Jahrhunderten der Unterdrückung, obgleich verboten, im geheimen weiterbestand. Da Roms Legionäre den irischen Boden nie betraten, blieb das auf dem Kontinent gültige Recht den Iren fremd.

CRANNOG prähistorisches Steinfort auf einer natürlichen oder künstlichen Insel, durch seine Lage besonders geschützt.

CURRAGH kiellose Boote aus Holzplanken und geteerter Leinwand der irischen Westküste. Früher mit zwei oder drei Ruderern bemannt, heute zumeist mit Außenbordmotor versehen; weiterhin in Gebrauch, da sie als besonders seetüchtig gelten.

DOLMEN prähistorisches Kammergrab, über dem sich eine schwere Deckplatte erhebt, die meist auf drei Steinen ruht.

FILÍ (FILIDH) die altirischen Dichter.

FOLLY Anglo-irische Schloßherren errichteten in ihren Parks exotische Gebilde, künstliche Ruinen, kleine Tempel usw. Auch orientalische Motive wurden gern verwendet.

GEAS (Mz. Geasa) – In der keltischen Welt band eine Reihe von oft sehr seltsamen Tabus den König und die Edlen und beeinflußten den Spielraum ihres Handelns.

GOMBEEN MAN dörflicher Ladenbesitzer, bei dem die Kleinpächter Schulden machten, dadurch in seine Abhängigkeit und oft ins Unglück gerieten.

HERITAGE Dieser Begriff, den man mit »Erbe der Väter« übersetzen könnte, wird heute oft gebraucht. In seinem Zeichen entstehen Heimatmuseen und ähnliche Einrichtungen.

HOOKER schwere Segelboote, die zum Warentransport dienten, besonders zu den Inseln der Westküste und hauptsächlich für Torf. Einige Hooker sind noch in Gebrauch. Ihr Name, der mit »Nutte« übersetzt wird, sei darauf zurückzuführen, daß sie gegen Geld jedermann zu Diensten waren.

JAUNTING CAR einspänniger Kastenwagen, auf dem die Passagiere Rücken an Rücken sitzen. Vor allem in Killarney zur Beförderung der Touristen gebräuchlich.

KEEN (KEENING) irischer Klagegesang der Frauen über einem Toten. Auch auf dem Weg zum Friedhof und dort zu hören. Der Brauch bestand bis in unsere Tage. Die »Irish Folklore Commission« in Dublin bewahrt in ihren Tonarchiven zahlreiche Beispiele.

KITCHEN MIDDEN zumeist aus winzigen Fragmenten von Muschelschalen bestehende Haufen, Küchenabfall von Ureinwohnern.

KRISS aus bunten Wollfäden gewebter Gürtel der Männer von Aran, mit dem sie die Hosen aus handgewebtem schwerem Zeug zusammenhielten. Heute beliebtes Souvenir.

LEPRECHAUN Wesen der irischen Geisterwelt, hat in seinem Äußeren bedenkliche Ähnlichkeit mit einem deutschen Gartenzwerg. In Irland dagegen wurde der Leprechaun ernst genommen und seine Wünsche respektiert: ein Schüsselchen mit Milch hinstellen, keinen Dornbusch umhacken – das Wesen könnte darunter seine Behausung haben. Noch heute umgehen Straßen einen Dornbusch oder lassen ihn in ihrer Mitte stehen.

LIMERICKS Diese meist geistvollen, oft eindeutigen Unsinnsverse sollen aus England stammen und haben nichts mit der irischen Stadt gleichen Namens zu tun.

OGHAM Die frühe keltische Schrift, mit insgesamt zwanzig Zeichen. In aufrecht stehende Steine wurden gerade oder schräge Striche gemeißelt, wobei es sich bei diesen Inschriften nur um kurze Formeln handeln konnte. Auf dem Alphabet-Stein von Kilmalkedar (Dingle Peninsula) stehen lateinische und Ogham-Buchstaben nebeneinander.

PAMPOOTIES Ehemalige Fußbekleidung der Aran Islanders, aus Kalbsfell in Handarbeit angefertigt, ideal zum Gehen auf Fels und Überklettern von Mauern. Damit sie nicht steif wurden, hielt man sie in feuchtem Zustand und zog sie so über die Füße. Heute durch Gummistiefel ersetzt.

PATTERN DAY Jahrestag des örtlichen Heiligen, oft festlich begangen.

PLANTATION zwangsweise Besiedlung, vor allem in der Provinz Ulster, durch Engländer, Schotten und Waliser.

POOKA Geisterhund, der dem Wanderer nächtens erscheint, zur Größe eines Kalbes anwächst, plötzlich verschwindet.

POTEEN selbstgebrannter Schnaps, illegal. Zahlreiche Geschichten erzählen von den spannenden, mit großer List durchgeführten Kämpfen zwischen Schnapsbrennern und Polizei.

SIDHE vornehmste Geister der »Anderswelt«, in runden Hügeln hausend.

SLAINTE (gespr. »Slontsche«) das irische »Prost« beim Zutrinken.

SOUPER Zur Zeit der Hungersnöte wurde katholischen Armen Essen versprochen, falls sie konvertierten. Familien, die sich aus Hunger diesem Zwang beugten, wurden dann Souper genannt – »sie haben die Suppe gegessen«.

TRAVELLING PEOPLE irische Landfahrende, früher »Tinker« oder »Itinerants« genannt. Keine rassische Gemeinsamkeit mit den Zigeunern.

WAKE irische Totenwache, bei der sich nachts die Nachbarn und Freunde versammelten und früher Alkohol angeboten wurde. In ländlichen Gebieten manchmal noch üblich. »American Wake« wurde die turbulente und tränenreiche Abschiedsnacht für einen Auswanderer genannt.

Zeittafel

ab ca. 7000 v. Chr.	Erste Besiedlung von Schottland aus.
ab ca. 3000 v. Chr.	Megalithkultur; weitere Besiedlung.
ab ca. 500 v. Chr.	Besiedlung durch den keltischen Volksstamm der Gälen. Sie unterwarfen die bis dahin herrschenden Tuatha Dé Danaan.
5. Jh. n. Chr.	Christianisierung Irlands, vor allem durch den heiligen Patrick.
6.-9. Jh.	Blütezeit der Klöster. Missionstätigkeit irischer Mönche auf dem Kontinent.
um 800	Erste Einfälle der Wikinger.
im 9. Jh.	Ihre Siedlungen entstehen an Flußmündungen: Dublin, Wexford, Waterford.
1014	Schlacht bei Clontarf. Dem Hochkönig Brian Boru gelingt es, die Wikinger für immer zu vertreiben. Er selber fällt in der Schlacht, die vorübergehende Gemeinschaft der irischen Stämme zerbricht.
ab 1167	Die Normannen fallen von Wales aus ein, nachdem sie sich bereits in England siegreich behauptet haben. In den nächsten hundert Jahren bringen sie drei Viertel des irischen Bodens an sich. Sie berufen kontinentale Orden. Zahlreiche Klostergründungen, vor allem der Zisterzienser.
1177	Der englische König, Heinrich II., erhebt Anspruch auf Irland, nimmt den normannischen Edlen den Lehenseid ab und setzt einen ersten Statthalter ein. Der letzte wird Dublin 1922 verlassen.
14./15. Jh.	Die irischen Stämme sind weiterhin zerstritten und ohne gemeinsame Führung.
1367	Das »Statut von Kilkenny« will durch Strafmaßnahmen das »Irischwerden« der normannischen großen Familien verhindern. Sie verlieren an Macht.
ab ca. 1535	Allmähliche Eroberung irischen Territoriums durch land- und machthungrige Engländer.
1541	Heinrich VIII. nimmt den Titel »König von Irland« an.
2. Hälfte 16. Jh.	Unter der Herrschaft Elisabeths I. werden die Iren politisch und religiös unterdrückt, dadurch vorübergehend einig.
1607	Nachdem die drei wichtigsten Führerpersönlichkeiten in Ulster – O'Neill, O'Donnell und Maguire – einen vergeblichen Aufstand gegen die englische Gewaltherrschaft versucht haben, müssen sie auf den Kontinent fliehen (»Flight of the Earls«). Ihr Land wird an protestantische

Siedler, zumeist Schotten, verteilt – ein Vorgang, den man als Wurzel der heutigen Probleme in Nordirland ansieht.

1649 Oliver Cromwell schlägt einen gegen die Protestanten gerichteten Aufstand aufs grausamste nieder. Bis zum Ende des Jahrhunderts sind bereits 85 Prozent des Bodens nicht mehr im Besitz der Iren. Cromwell drängt sie in die unfruchtbaren Moorgebiete der Provinz Connacht.

1690 Der Kampf zwischen dem katholischen Jakob II. und dem Protestanten Wilhelm von Oranien um die englische Krone wird auf irischem Boden ausgetragen (Battle of the Boyne). Jakob II. unterliegt.

18. Jh. Zeit härtester politischer und religiöser Unterjochung der Iren (»Penal Laws«). Armut der einheimischen Landbevölkerung, Wohlleben der Anglo-Iren auf ihren Gütern und in Dublin. Die Insel gerät durch entsprechende Gesetze in völlige wirtschaftliche Abhängigkeit von England. Auswanderungswelle in die USA.

1778 Erste Lockerung der Strafgesetze. Anglo-irische Herren beginnen, sich für das entmachtete Volk einzusetzen.

1782-1800 18 Jahre lang existiert ein irisches Parlament, dem allerdings nur Protestanten angehören dürfen.

1798 Ein von Frankreich unterstützter, vom Anglo-Iren Wolfe Tone organisierter Aufstand scheitert.

1800 Durch Bestechung der Abgeordneten erreicht England die Auflösung des irischen Parlaments. Das »Vereinigte Königreich von Großbritannien und Irland« wird proklamiert (Unionsakte).

19. Jh. Die Iren beginnen in steigendem Maße für ihre Selbständigkeit und Unabhängigkeit zu kämpfen – zunächst mit wenig Erfolg.

1845-1849 Verheerende Hungersnot, verursacht durch Kartoffelfäule. Von 8 Millionen Iren stirbt eine Million, mindestens die gleiche Anzahl wandert aus.

1869 Trennung von Kirche und Staat. Privilegien der Protestanten fallen.

ab 1875 Charles Stewart Parnell vertritt als Abgeordneter die irischen Interessen im britischen Unterhaus. Er drängt auf »Home-Rule«: Irlands Selbständigkeit im Rahmen des Vereinigten Königreichs.

1879 Gründung einer Land-Liga durch Michael Davitt zum Schutz der Kleinpächter vor Ausbeutung und Wucherzinsen.

ab 1893 Erstarkung der nationalen Bewegung.
Gründung der Gälischen Liga.

1897 Gründung einer nationalen Bühne, des Abbey Theatre.

1905	Gründung der Unabhängigkeitspartei Sinn Féin.
1916	Osteraufstand und Proklamation eines unabhängigen Irland: ein zum Scheitern verurteilter symbolischer Akt. Die Anführer werden hingerichtet.
1919	Erneut illegale Proklamation eines unabhängigen Irland und Bildung eines irischen Parlaments.
1919-1921	Letzter Versuch Englands, die irische Unabhängigkeit durch Gewalt zu verhindern. Kriegsähnliche Zustände auf irischem Boden.
1921	Irland wird durch Vertrag Freistaat im britischen Commonwealth, aber 6 Grafschaften der Provinz Ulster (Nordirland) verbleiben im Vereinigten Königreich.
1922-1923	Bürgerkrieg in Irland zwischen den Befürwortern und den Gegnern des Vertrags.
1932	Eamon de Valera wird Ministerpräsident.
1937	Irland wird durch eine neue Verfassung »souveräner, unabhängiger, demokratischer Staat« mit der amtlichen Bezeichnung Eire.
1939-1945	Irland bleibt im Zweiten Weltkrieg neutral, die Nordiren kämpfen auf britischer Seite.
1949	Irland verläßt den Commonwealth.
1969	Die Kämpfe zwischen Protestanten und Katholiken in Nordirland beginnen. England entsendet Truppen.
1973	Die Republik Eire tritt der EG bei.

Irland ist heute eine selbständige, unabhängige Republik. Regierungsform: Parlamentarische Demokratie. An der Spitze der Staatspräsident. Zwei Häuser des Parlaments. Regierungschef ist der Premierminister (Taoiseach). Regierungssitz ist Dublin.
Volkseinkommen aus der Industrie in den letzten Jahren durch verstärkte Industrialisierungsmaßnahmen größer als das aus dem Agrarwesen. Exporte geringer als Importe. Etwa 3,5 Millionen Einwohner, davon ca. eine Million in und um die Hauptstadt Dublin. Rund 95 Prozent der Bevölkerung römisch-katholisch. Kleinere protestantische und jüdische Gemeinden.

Quellen

Eine Auswahl

Englisch:

Mark Bence-Jones: Twilight of the Ascendancy. London, Constable 1987.

Lady Augusta Gregory: Gods and Fighting Men. Gerrards Cross, Colin Smythe 1970.

Desmond Guinness & William Ryan: Irish Houses and Castles. London, Thames & Hudson 1971.

Françoise Henry: Irish Art (3 Bände). London 1940.

Thomas Kinsella: The Tain. Übersetzung aud dem Gälischen des Tain Bó Cúailnge. Mit Tuschzeichnungen von Louis Le Brocquy. London, Oxford University Press 1970.

Des Lavelle: Skellig Island, Outpost of Europe. Dublin 1976.

Michael MacLiammóir: Ireland. With Photographs by Edwin Smith. London, Thames & Hudon 1966.

T. W. Moody & F. X. Martin: The Course of Irish History. Cork, Mercier Press 1967.

Edna O'Brien: Mother Ireland. London, Penguin Books 1978.

Robert Lloyd Praeger: The way that I went. Dublin, Figgis 1969.

Tim Severin: The Brendan Voyage. London, Hutchinson 1978.

Susan Youngs (Ed.): The Work of Angels. Masterpieces of Celtic Metalwork. London, British Museum Publications 1990.

Deutsch:

Ausstellungskatalog: Irische Kunst aus drei Jahrtausenden. Mainz, Zabern 1983.

Ludwig Bieler: Irland – Wegbereiter des Mittelalters. Olten, Ur-Graf-Verlag 1961.

Paul und Sylvia Botheroyd: Auf den Spuren der Druiden und Heiligen. München 1990.

Bettina Brandt-Förster: Das irische Hochkreuz. Stuttgart, Krachhaus 1978.

Máire und Liam de Paor: Alt-Irland. Köln, DuMont 1958.

Richard Ellmann: Vier Dubliner. Frankfurt/M., Suhrkamp 1990.

Stuart Gilbert: Das Rätsel Ulysses. Frankfurt/M. 1977.

Henry Vollam Morton: Wanderungen in Irland. Frankfurt/M., Societäts-Verlag 1973.

Hans Trausil: Irische Harfe. Gedichte vom achten Jahrhundert bis zur Gegenwart aus dem Gälischen und Anglo-Irischen. Ebenhausen 1983.

Reiseführer:

Peter Harbison: Guide to the National Monuments of Ireland. Dublin, Gill & Macmillan 1970/1991.

Lord Killanin and Michael V. Duignan (revised by Peter Harbison): The Shell Guide to Ireland. Dublin, Gill & Macmillan 1989 (Beschreibung aller Altertümer, Bauten und Kunstwerke).

Reisehinweise

Zusammengestellt nach den Angaben der Irischen Fremdenverkehrszentrale, Frankfurt

Ärztliche Versorgung

Das Formular »E 111« der gesetzlichen Krankenversicherung berechtigt zu freier medizinischer Behandlung. Österreichern und Schweizern wird der Abschluß einer zeitlich begrenzten Zusatz-Krankenversicherung empfohlen.

Angeln → Sport

Anreise

Die Möglichkeiten nach Irland zu gelangen – mit Autofähre, Flugzeug, Bahn oder Bus – sind so vielfältig, die Kosten je nach Jahreszeit so unterschiedlich, daß man sich in einem Reisebüro, oder bei der Irischen Fremdenverkehrszentale (→ Auskunft) über die jeweils günstigsten Angebote informieren sollte.

EINREISEBESTIMMUNGEN

Es genügen Reisepaß oder Personalausweis, ein Visum ist für Besucher aus der Bundesrepublik, der Schweiz und aus Österreich für einen Aufenthalt von höchstens drei Monaten nicht erforderlich.
Für den Irland-Urlaub mit dem eigenen Wagen: keine besonderen Papiere, auch nicht für Wohnwagen. Der nationale Führerschein genügt. Die grüne Versicherungskarte ist nicht Pflicht, doch zu empfehlen. Autotelefon kann man zwar problemlos mitnehmen, aus technischen Gründen aber nicht benutzen.
Auch für die Mitnahme des eigenen Bootes sind keine besonderen Formalitäten erforderlich.
Die Mitnahme von Haustieren ist nicht möglich, da eine sechsmonatige Quarantäne verlangt wird (→ Zoll).

Auskunft

Irische Fremdenverkehrszentrale, Untermainanlage 7, 6000 Frankfurt/M., Tel. (069) 236492, Telex 414628, Btx *22081 #, Fax 234626.
Dort erhält man kostenlos sehr umfangreiches und jedes Jahr aktualisiertes Informationsmaterial (Kontaktadressen, Telefonnummern) für jede → Sportart, → Unterkunftsmöglichkeit usw.; Autofähren nach Großbritannien und Irland.
Ausführliche Broschüren über einzelne Grafschaften sind in allen *Informationsbüros in Irland* käuflich zu erwerben zum Preis von IR £ 0.50 bis IR £ 1.50. – Diese Tourist-Offices reservieren gegen Gebühr Unterkünfte, bieten Informationsmaterial, beraten über

örtliche Sehenswürdigkeiten und Einkaufsmöglichkeiten. Einige Büros verfügen über Wechselstuben und Souvenirläden. Generelle Öffnungszeiten (mit saisonalen und lokalen Unterschieden): Montag bis Freitag 9-18 Uhr. Samstag 9-13 Uhr.
Informationsmaterial über *Nordirland*: Nordirische Fremdenverkehrszentrale, Frankfurt/M., Taunusstr. 52-60, Tel. (069) 234504.
Für Autofahrer: Irish Visiting Motorists Bureau, 3-4 South Frederick Street, Dublin 2, Tel. (01) 6797233. Der Irische Automobilclub: Automobile Association AA, 23 Suffolk Street, Dublin 2, Tel. (01) 779481; mit Niederlassungen in Cork, Galway, Waterford, Limerick, Sligo, Portlaoise und Dundalk.

Autofahren

Irland hat Linksverkehr, es gelten aber die gleichen Verkehrsregeln wie auf dem Kontinent. Höchstgeschwindigkeit in geschlossenen Ortschaften: 30 Meilen (48 km/h), auf Landstraßen 55 Meilen (89 km/h). – Die Entfernungen sind oft in Meilen angegeben (1 Meile ist rund 1,6 km). Mit frei herumlaufenden Eseln, Kühen und Schafen muß gerechnet werden; sie sind »gleichberechtigte« Verkehrsteilnehmer ...

VERKEHRSHINWEISE

Bend – Kurve
Cattle/sheep – Kühe/Schafe
Horses crossing – Pferde-Übergang
Concealed Exit – Unübersichtliche Ausfahrt
Creamery Exit – Molkereiausfahrt
Fallen rock – Steinschlag
Heavy lorries – Schwere Lastwagen
Keep right – rechts fahren
Keep left – links fahren
Level crossing – Eisenbahnübergang
Loose chippings – Rollsplitt
No entry – Keine Einfahrt
No through road – Keine Durchfahrt
Quarry – Steinbruch
Road blocked – Straße gesperrt
Road works – Straßenbauarbeiten
Slippery – Schleudergefahr
Slow – Langsam fahren
Speed limit – Geschwindigkeitsbegrenzung
Traffic light – Verkehrsampeln
Uneven surface – Unebenheiten

LEIHWAGEN

Irische und internationale Leihwagenfirmen unterhalten im ganzen Land ein dichtes Netz ihrer Vertretungen. Vor allem auf den internationalen Flug- und Fährhäfen und in größeren Städten (Mindestalter je nach Firma 21 bis 25 Jahre).

TAXI

In allen größeren Orten; Grundgebühr: IR £ 1.05.
Preisbeispiele: Flughafen Dublin-Innenstadt ca. IR £ 10; Flughafen Shannon-Limerick ca. IR £ 13; Flughafen Cork-Innenstadt ca. IR £ 6.

WOHNWAGEN

Können in vielen Teilen des Landes, komplett und bequem eingerichtet, gemietet werden. Mietpreis pro Woche: ab ca. IR £ 85. In Irland gibt es 125 von der

Irischen Fremdenverkehrszentrale offiziell anerkannte Camping- und Caravanplätze. Camping außerhalb der offiziellen Plätze ist nach Rücksprache mit dem Grundbesitzer möglich.

PANNENHILFE

Bei Unfällen mit Personenschäden muß sofort die Polizei verständigt werden. Notrufnummer: 999 in ganz Irland.
Folgende Institutionen helfen: *Irish Visiting Motorists Bureau,* 3-4 South Frederick Street, Dublin 2, Tel. (01) 6797233;
Automobile Association: Headquarters, 23 Rock Hill, Blackrock, Co. Dublin, Tel. (01) 833555.
Autowerkstätten findet man fast überall. Schwieriger wird es bei »exotischen« Wagentypen. Dafür ist man – von Ausnahmen abgesehen – nur in Dublin richtig gerüstet. Öffnungzeiten: Montag bis Freitag 9-18 Uhr. Kleinere Reparaturen werden in vielen Werkstätten auch noch am Samstagvormittag ausgeführt.

TANKSTELLEN

In Dublin und Cork bieten einige Rund-um-die-Uhr-Service. In anderen größeren Städten versehen sie ihren Dienst von 9 bis 18 Uhr. An Sonntagen selten geöffnet.
Es gibt drei Benzinarten: »Top Grade« – 98/99 Oktan (Extra/Super); »Middle Grade« – 94/95 Oktan (Mix/Plus); »Lower Grade« – ca. 90 Oktan (Normal/Regular), sowie Diesel. Bleifreies Benzin ist bei über 600 Tankstellen erhältlich; das Netz wird ständig erweitert.

Baden

Über 3200 Kilometer Küste, zum Teil meilenlange Sandstrände und einsame Badebuchten. Wassertemperaturen vom Golfstrom beeinflußt, mit Nord- und Ostsee etwa vergleichbar. Wenige Hotels liegen direkt am Strand.

Bahn und Bus

Das öffentliche Verkehrswesen liegt in Händen der staatlichen Transportgesellschaft C.I.E. Moderne Züge verbinden Dublin mit den größeren Städten des Landes. Sämtliche kleineren und größeren Orte sind durch ein dichtes Busnetz verbunden. Zwei Preisbeispiele für Verbindungen, einfache Fahrt, Standard-Klasse (Bahn/Bus): von Dublin nach Cork (3 Stunden) ca. IR £ 27.50/IR £ 10 oder von Dublin nach Galway (3 Stunden) ca. IR £ 21/IR £ 8.
Auskünfte in jedem irischen Bahn- und Busbahnhof und bei: C.I.E. Tours International GmbH, Alexanderstraße 20, 4000 Düsseldorf 1, Tel. (0211) 84386/87/88, Telex 8587703.
Irland-Urlauber können Bahn und Bus mit einem »Rambler-Ticket« beliebig benutzen (Ausnahme: innerhalb von Dublin, Cork, Limerick und Galway).

BAHNHÖFE IN DUBLIN

Connolly Station, Amiens Street: Für Züge nach Wexford, Sligo, Belfast und Derry sowie Vorortzüge (DART).
Heuston Station, Kingsbridge: Für Züge nach Ballina, Westport,

Galway, Cork, Limerick, Waterford und Killarney.
Pearse Station, Westland Row: Vorortzüge (DART).
Tara Street Station: Vorortzüge (DART).

Städtische Busse in Dublin, Cork, Galway, Limerick und Waterford. Für IR £ 8 bekommt man den »Dublin Explorer«, eine kombinierte Bahn-/Buskarte, mit der man alle städtischen Linien innerhalb Dublins benutzen kann. Sie gilt für vier aufeinanderfolgende Tage (ab 9.45 Uhr, außer Sa/So) und ist erhältlich bei: Dublin Bus Ticket Office, 59 O'Connell Street, Dublin 1.

Bootsfahrten

In den »Marinas« am Shannon und Lough Erne (Nordirland) stehen knapp 500 Kabinenkreuzer für Urlaub auf dem Boot bereit. Ein Bootsführerschein ist nicht erforderlich, Mindestbesatzung 2 Personen, Mindestalter des Bootsführers 21 Jahre. Die Boote haben bis zu 45 PS, und die Ausrüstung der Boote richtet sich nach ihrer Größe. Die Handhabung ist einfach. Bei der Übernahme erfolgt eine detaillierte Einweisung, außerdem liegt auf jedem der Kreuzer der sogenannte »Shannon Guide« vor, der exakte Wasserstreckenkarten sowie Einzelheiten über Tankstellen, Wasserstellen und Einkaufsmöglichkeiten enthält. Bei einer Kaution von IR £ 100 bis 300 sind die Boote voll versichert.
Nach Anbruch der Dunkelheit gilt generelles Fahrverbot. Vom 31. Oktober bis Ostern liegen fast alle Boote still – wegen zu hohen Wasserstandes und notwendiger Wartungsarbeiten. Boote in Belturbet werden auch im Winter (besonders preiswert) vermietet.
Grand Canal: mit »Narrow Boats« befahrbar; Bootsverleih nur in Tullamore.

Botschaften und Konsulate

IN IRLAND

Deutsche Botschaft: 31 Trimleston Avenue, Booterstown, Co. Dublin, Tel. (01) 693011.
Österreichische Botschaft: 15 Ailesbury Court, 93 Ailesbury Road, Dublin 4, Tel. (01) 694577.
Schweizer Botschaft: 6 Ailesbury Road, Dublin 4, Tel. (01) 692515.
German Cultural Institute – Goethe-Institut: 37 Merrion Square, Dublin 2, Tel. (01) 611155.

IRISCHE BOTSCHAFT

In Deutschland: Godesberger Allee 119, 5300 Bonn 2, Tel. (0228) 376937/38/39.
In Österreich: Hilton Center, 16. Etage, Landstraße-Hauptstraße 2, 1030 Wien, Tel. (01) 754246/47.
In der Schweiz: Eigerstraße 71, 3007 Bern, Tel. (031) 462353.

IRISCHE KONSULATE

In Deutschland: Ernst-Reuter-Platz 10, IV., 1000 *Berlin 10*, Tel. (030) 34800822.
Mauerkircher Straße 1a, 8000 *München 80*, Tel. (089) 985723/24.
A. d. Schleifmühle 29, 2800 *Bremen 1*, Tel. (0421) 321373.

Auf dem Shannon bei Portumna

Fliegen

Neben den internationalen Flughäfen Dublin, Shannon, Cork und Horan International (Knock, Co. Mayo) gibt es 15 regionale sowie 23 kleinere Flugplätze für kleinere Verkehrsmaschinen im Inlanddienst und Sportflugzeuge.
Es gibt in Irland 25 örtliche Aero-Clubs und drei Segelflug-Clubs. Einige Bestimmungen für Sichtflüge unterscheiden sich von denen auf dem europäischen Kontinent. Man sollte sich vor Abflug bei seinen Clubs erkundigen.

Geld

Nationale Währung ist das Irische Punt (IR £), unterteilt in 100 pence (p). Durch die Lösung des irischen Punts vom englischen Pfund ist die irische Währung günstiger geworden (Kurs: 1 IR £ = ca. DM 3,50). Euroschecks, Reiseschecks und die meisten internationalen Kreditkarten werden von Banken und größeren Hotels und Geschäften angenommen.
Bank-Geschäftszeiten: Montag bis Freitag 10-12.30 und 13.30 bis 15 Uhr. In Dublin donnerstags bis 17 Uhr.

Golf → Sport

Klima

Das ganze Jahr über relativ mild. Dazu trägt der Golfstrom bei. Im Sommer kaum mehr als 24 Grad. Im Mai, Juni und September scheint die Sonne durchschnittlich fünf bis sechs Stunden am Tag, im Südosten sogar noch länger. Abends ist es gut eine Stunde länger hell als auf dem Kontinent (→ Zeit). Einen Winter im kontinentalen Sinn gibt es nicht. Regen häufig, aber oft nur kurze Schauer. Entsprechend dem unberechenbaren Klima die Kleidung: Wollsachen, warmer Pullover, Regenkleidung und Gummistiefel. Jeans oder sportliche Kleidung sind immer gut. Wer die Möglichkeit hat, sollte die Hauptreisezeit – Juli/August – meiden.

Konzerte

Sommerliche Matinee-Konzerte in *Dublin* im St. Stephen's Green Park, in *Cork* im Fitz-

gerald Park und einigen anderen Orten.
Orchesterkonzerte meist am Wochenende in Dublin, vor allem in der neuerbauten National Concert Hall. Außerdem in folgenden Häusern: SFX Centre, St. Anthony's Hall, Gaiety Theatre und Royal Dublin Society (RDS). Popkonzerte mit irischen und internationalen Stars finden überwiegend in Dublin im National Stadium und The Point Theatre, aber auch in einigen größeren Städten, zum Beispiel in Cork, statt; Jazz-Konzerte meist nur in Dublin.

Öffnungszeiten → Geld → Post → Shopping

Pferde

Das normale Reitpferd heißt »Hunter« – eine rein irische Züchtung, Halb- bis Dreiviertelblüter. Etwas kleiner ist das »Pony«, ein leichtes robustes Reitpferd.

Pony-Trekking: Einwöchige Reittouren mit täglich ca. 4 Stunden im Sattel; das Gepäck wird vom Vermieter gewöhnlich zur näch-

Finish eines Rennens auf dem Curragh in Kildare

sten Etappe vorausgebracht. Die interessantesten Trecks gibt es in Connemara, auf der Dingle-Halbinsel, in Sligo und bei Killarney. Für die Gelegenheitsreiter in vielen Orten und Hotels Möglichkeiten, stundenweise auszureiten.

Meutejagd (Fuchsjagd): Saison Anfang November bis Ende März, praktisch täglich (36 Jagdgesellschaften): Teilnahmegebühr pro Jagd ca. IR £ 25-60. Miete für Jagdpferde pro Tag ca. IR £ 60.

Polo: All-Ireland Polo Club, Phoenix Park, Dublin 8, Tel. (01) 776248.

Pferderennen: im Phoenix Park in Dublin oder auf dem »Curragh« in Kildare. Aber auch an vielen anderen Orten. Springreiten nennt man in Irland »Gymkhanas«. Von Interesse sind die Dublin Horse Show und die Connemara Pony Show. Daneben gibt es regelmäßige Pferdemärkte, z. B. in Ballinasloe, Co. Galway (→ Veranstaltungskalender).

Post

Normalbrief zum Kontinent: 41 pence (EG-Länder), 50 pence (Nicht-EG-Länder); Postkarte zum Kontinent: 26 pence (EG-Länder), 30 pence (Nicht-EG-Länder); Normalbrief innerhalb Irlands und nach Großbritannien: 30 pence; Postkarte innerhalb Irlands und nach Großbritannien: 26 pence.
Öffnungszeiten: 9-18 Uhr. Auf kleineren Poststellen in ländlichen Gegenden auch Mittagspausen (→ Telefonieren).

Hauptpost in Dublin, O'Connell Street

Radfahren

Fahrräder werden an vielen Orten von der Firma »Raleigh Rent-a-Bike« vermietet. Hauptbüro: Raleigh Ireland Ltd, Raleigh House, Kylemore Road, Dublin 10, Tel. (01) 261333. Ebenso von der Firma »Rent-a-Bike«, 58 Lower Gardiner Street, Dublin 1, Tel. (01) 725399. Pro Tag ca. IR £ 6, pro Woche ca.

IR £ 25, einschließlich Versicherung. Kaution: IR £ 30. Satteltaschen IR £ 5 pro Woche.

Sport auf irische Art

Greyhound Racing (Windhundrennen), das ganze Jahr über fast täglich auf 18 »Tracks« – z. T. große Stadien. Meist Abendveranstaltungen (außer Sonntag) mit regem Wettbetrieb.
Hurling – das hockeyähnliche irische Nationalspiel mit 15-Mann-Teams. Finale: 1. September in Dublin.
Gaelic Football, die irische Variante, bei der auch die Hand mit im Spiel ist. Finale: 22. September in Dublin.
Außerdem bedeutende Pferderennen, z. B. auf dem »Curragh« in Kildare und im Phoenix Park, Dublin (→ Pferde). – Termine und Orte in den örtlichen Tageszeitungen, über die Touristeninformationsbüros oder im »Calendar of Events« (Veranstaltungskalender), der bei der Irischen Fremdenverkehrszentrale kostenlos erhältlich ist.

Rückkehr vom Fang auf dem Lough Carrib, Connemara

Sport

ANGELN

Die wichtigsten Nichtsalmoniden (mit ihren englischen Bezeichnungen in Klammern), die ohne Lizenz gefischt werden können, sind:
Hecht (Pike), ganzjährig in den großen Seen von März bis November;
Brachse (Bream), beste Zeit April bis Oktober;
Schleie (Tench), beste Zeit Mai bis September;
Rotfeder (Rudd), beste Zeit April bis Oktober;
Rotauge (Roach), beste Zeit März bis Oktober;
Barsch (Perch), ganzjährig;
Karpfen (Carp) und
Aal (Eel), ganzjährig.
Das Angeln mit Lebendködern (live bait) ist generell verboten. Man darf auch nicht mit mehr als 2 Angelruten gleichzeitig in einem Gewässer fischen. Die beste Angelgegend ist die »Irische Seenplatte«. Dort reiht sich See an See, und alle sind durch Flüsse und Kanäle untereinander ver-

bunden. Zwischen Herbst und Frühling findet dort regelmäßig der »Lakeland«-Angelwettbewerb statt. Die Seenplatte der Grafschaft Clare ist zwar kleiner, für den Angler aber genauso ergiebig wie die Lakelands.

SALMONIDENGEWÄSSER

gibt es praktisch überall in Irland. Am begehrtesten ist der *Lachs* – er lebt in fast allen zum Meer strebenden Flüssen. Am häufigsten ist die *Braun- oder Bachforelle* (*Brown Trout*) sowie die *Regenbogenforelle* (*Rainbow Trout*), für die ebenfalls keine Lizenz benötigt wird. Die besten Bestände in den Kalksteinseen im Westen: Lough Corrib, Mask, Conn und Baltra. Irischer Rekord in einem See: ca. 10 kg. In fließendem Gewässer: ca. 12 kg. Eine Lizenz ist notwendig für Lachs oder Meeresforelle, erhältlich bei den Geschäftsführern der Fischereidistrikte, in Anglergeschäften und in einigen Läden und Hotels. Die Preise: alle Distrikte – ganze Saison, Lachs: IR £ 25, Meeresforelle: IR £ 15; alle Distrikte – 21 Tage, Lachs: IR £ 21, Meeresforelle: IR £ 10. Die meisten Salmonidengewässer befinden sich in Privatbesitz. Schonzeit: Ende August bis Anfang Januar.

HOCHSEEANGELN

Irlands Küste hat gute Fanggründe für den Hochseeangelsport, besonders im Westen und Süden. Fischen kann man von der Hafenmole, vom Brandungsfelsen oder vom Strand. Am besten: Aufs Meer hinausfahren. Mit hochseetüchtigen, besonders ausgerüsteten Booten. In Begleitung eines erfahrenen »Skippers«. Fünf oder sechs Angler an Bord. Gefangen werden verschiedene *Hai-* und *Rochenarten, Dorsch, Schellfisch, Spärling, Pollak, Seehecht, Seebarsch und Seekarpfen, Meeräsche* und *Meerbrasse, Makrele, Hering* und viele andere Fischarten. Entsprechendes Angelgerät – auch schweres Seegeschirr – kann man in Angelzentren mieten. Die wichtigsten Zentren sind: Youghal, Kinsale, Courtmacsherry, Cahirciveen, Galway, Westport, Killala, Killybegs, Dungarvan, Baltimore, Schull, Valentia, Cleggan, Rosses Point, Mullaghmore und Bunbeg. Zeit: Frühjahr bis Herbst.

GOLF

Es gibt rund 200 irische Golfclubs. Die Hälfte davon besitzt 18-Loch-Plätze. In Irland ist Golf ein echter Volkssport, entsprechend sind die Preise: »Green Fees«: IR £ 5-25 (je nach Platz und Spieltag). Golflehrer (Pro) für ½ Stunde ab IR £ 8. Auch Anfänger dürfen sofort auf dem Platz spielen. Die Ausrüstung kann vielerorts gemietet werden. Fast alle Golfclubs haben Clubhäuser mit Bar oder auch Restaurant. Die meisten Ferienhotels liegen in der Nähe von Golfplätzen. Viele haben Absprachen über kostenlose oder ermäßigte Benutzung.

Ireland's Big Six:
1. Royal Dublin Golfclub auf North Bull Island in der Dublin Bay, der älteste des Landes;

2. Portmarnock, nordöstlich von Dublin auf einer sandigen Halbinsel, Austragungsort internationaler Wettbewerbe;
3. der am Meer gelegene Platz von Ballybunion in der Grafschaft Limerick;
4. »Old Course of Lahinch«, ebenfalls schön am Meer gelegen, in der Grafschaft Clare;
5. Zwei Plätze des »Killarney Golf and Fishing Club«: »Mahony's Point« und »Killeen« in der Grafschaft Kerry;
6. Waterville, am Ring of Kerry, an drei Seiten vom Atlantik begrenzt.

KANUSPORT

Kanuwandern und *Wildwasserfahren* ist auf zahlreichen irischen Gewässern möglich: auf den Flüssen Liffey, Barrow, Nore, Boyne, Slaney, Lee, Shannon, Suir und Blackwater; Dublin Bay; Portnoo und Rossnowlagh, Co. Donegal; Achill Island, Co. Mayo; Glenbeigh, Co. Kerry und Tramore, Co. Waterford.

Ausritt bei Ballinasloe, Co. Galway

PFERDESPORT → Pferde

RUDERN

Es gibt einige *Regatten*, u. a. die Dublin Metropolitan Regatta und »Home International« zwischen Teams aus Irland, England, Schottland und Wales. Auf den zahlreichen Seen und Flüssen (siehe Kanusport) Irlands ist *Wanderrudern* und *Faltbootfahren* möglich.

SEGELN

hat Tradition in Irland. Der Royal Cork Yacht Club ist der älteste der Welt – gegründet 1720. Atlantik und Irische See sind hervorragende Segelreviere. Entlang der Küste gibt es *Segelschulen* und Segelzentren für Anfänger und Könner. Ein Segelkurs in Irland wird vom Deutschen Seglerverband anerkannt. Teilnahme an Tagestouren in einigen Segelzentren möglich. Folgende Segelzentren bieten Leihboote an: Baltimore Sailing School, Baltimore, Co. Cork; Dun Laoghaire Sailing School, Dun Loaghaire, Co. Dublin; Fingall Sailing School, Malahide, Co. Dublin; Galway Sailing Centre, Galway; Glenans Irish Sailing Club, Dublin.

SURFEN

Wellenreiten kann man an der: *Ostküste:* Bray, Brittas Bay, Magheramore, Jack's Hole und Courtown. Nur bei stärkerem Südwind Wellenhöhe über 1 m. *Südküste:* Tramore Strand, Annestown, Bunmahon Bay, Garrettstown, Courtmacsherry, Barley Cove, Inchadoney, Owenahincha. Ganzjährige Wellenhöhe ca. 1 bis 2,5 m.
Südwestküste: Derrynane, Waterville Bay, Reenroe Strand, Inch, Slea Head, Brandon Bay, Ballyheigue, Banna Strand und Ballybunion. Ganzjährige Wellenhöhe ca. 1 bis 3,5 m.
Mittlere Westküste: Donaghmore, Spanish Point, Silver Strand, Lahinch, Cornish Point, Moy Bay (Creg) und Fanore Strand. Ganzjährige Wellenhöhe ca. 1 bis 4 m.
Nordwestküste: Achill Island (Dooagh, Keel Strand, Minaun Cliffs, Dooega), Enniscrone, Easkey, Aughris Quay, Strandhill, Bundoran, Tullan Strand, Rossnowlagh, Ards, Bloody Foreland, Loughros, Beg Bay, Rosbeg, Marble Strand und Rosapenna. Ganzjährige Wellenhöhe ca. 1 bis 4 m.
Windsurfen ist bei allgemein guter Brise auf allen Gewässern und vor allem an der Küste möglich.

TAUCHEN

Irische Küstengewässer sind zum Tauchen geeignet. Sichtweiten bis 30 m. Vielfältige Unterwasserfauna und -flora. Der warme Golfstrom begünstigt die Wassertemperaturen: Bis 20 m Tiefe ca. 17 Grad, zwischen 20 und 30 m ca. 14 Grad, ab 30 m um 10 Grad. Beste Zeit: April bis Oktober. An einigen Stellen fällt die Küste steil 30 bis 40 m tief ab. Auf dem Grund zahlreiche Wracks, z. T. noch von der Spanischen Armada. Man kennt ihre Lage, sie sind jedoch in keiner Karte verzeichnet. Einige Tauchzentren vermieten Ausrüstung.

WANDERN

Durch zahlreiche Steinwälle und Hecken ist es nicht ganz einfach, querfeldein zu wandern. Gute Dienste leisten die »Irish Walk Guides«, die für jede Region getrennt erschienen sind sowie sehr detaillierte Gebietskarten (Ordnance Survey Maps), die aber meist nur in Irland erhältlich sind.
Es gibt 3 Nationalparks: *Glenveagh*, Churchill, Co. Donegal; *Connemara*, Letterfrack, Co. Galway; *Killarney*, Killarney, Co. Kerry.
Die 12 »Forest Parks« – Parks und Wälder – finden sich in vielen Landesteilen sind die schönsten und geeignetsten Gebiete. Sie werden betreut und gepflegt vom: Irish Forestry Board, Leeson Lane, Dublin 2, Tel. (01) 61 5666.
Viele haben markierte Wanderwege oder »Nature Trails« (Natur-Lehrpfade).
»Alpines« Bergsteigen und Klettern ist auch in Irland möglich: Granitwände und -grate in allen Schwierigkeitsgraden in den Bergregionen und Klippen an den Steilküsten. Die besten Gebiete:
Co. Wicklow: Glendalough, Luggala.
Co. Dublin: Dalkey Quarry (Übungsfelsen).

Klippen von Bray Head und Ireland's Eye (ausgenommen zu den Vogelbrutzeiten).
Co. Donegal: Derryveagh Mountains, Lough Barra, Klippen von Malinbeg nahe Glencolumbkille.
Co. Clare: Kalksteinklippen bei Doolin.
Co. Galway: Ben Corr in den Twelve Bens. Maamtrasna und Colum Gowaun (Sandstein).
Co Kerry: Sneem, Brandon, Cloon Lake bei Glencar und Gap of Dunloe.
Co. Sligo: Tormore (Glencar), Mullaghmore.
Bergwandern kann man in den Bergen von Wicklow, Kerry, Donegal und Connemara; gute Ortskarten sind in Buchhandlungen erhältlich. Es gibt keine Schutzhütten. Weitere Informationen: Mountaineering Council of Ireland, c/o AFAS, House of Sport, Longmile Road, Dublin 12, Tel. (01) 501633.

WASSERSKI

Auf Flüssen, Seen und vor allem an den flachen Küstenstrichen möglich. Beste Zeit April bis Oktober, bei einigen Clubs ganzjährige Saison. Ausrüstung und Boote können gemietet werden.

Telefonieren

Münzfernsprecher für Orts- und Ferngespräche; Auslandsgespräche besser von der → Post oder vom Hotel aus führen. Gebühren für Münzfernsprecher: Ortsgespräche: 20 Pence; Ferngespräch: 3 Minuten innerhalb Irlands nach Tarifzonen gestaffelt. Beim Zustandekommen des Gesprächs bei alten Geräten Knopf »A« drücken. Man kann sich in öffentlichen Telefonzellen auch anrufen lassen, wenn man dem Teilnehmer die Nummer mitteilt. R-Gespräche nur über Fernamt (Rufnummer 10).
Kostenloser *Notruf* 999.
Durchwahl nach Deutschland: 1649. Bei deutscher Ortskennzahl »0« weglassen. Gebühren Irland-Deutschland: je angefangene 3 Minuten ca. IR £ 3.
Nach Österreich: 1643. Gebühr für die ersten 3 Minuten ca. IR £ 3.20.
In die Schweiz: 1641. Gebühr für die ersten 3 Minuten IR£ 3.20.
Durchwahl nach Irland von Deutschland, Österreich und der Schweiz: 00353. Bei irischer Ortskennzahl »0« weglassen.

Theater

DUBLIN

Programm Montag bis Samstag: *Abbey Theatre*, das irische Nationaltheater, spielt moderne und klassische Autoren. Eintritt ca. IR £ 7 bis IR £ 15. Experimentelles Theater des *Abbey* gibt es im *Peacock Theatre. Gaiety Theatre* und *Olympia Theatre* mit Varieté, Revuen, Operetten und Schauspielen; im *Gate Theatre* internationale Klassiker und irische Komödien, moderne Stücke im kleinen *Eblana Theatre*, *Focus Theatre* und *Damer Hall.* In den Sommermonaten »Lunch-Theatre« – ein Mittagessen oder lediglich ein Snack, während von renommierten Ensembles leichte Musik oder Theaterkost geboten wird:

In einem Dorf-Pub

Trinity College Theatre, Studenten-Theater im *Project Arts Centre* mit modernen Stücken und Dichterlesungen. Puppenspiele im *Lambert Mews Theatre* in Monkstown ca. 10 km von Dublin. *Irish Life Viking Adventure* Rekonstruktionen einer Wikinger-Siedlung vor etwa tausend Jahren. Schauspieler zeigen den Besuchern, wie die Wikinger damals lebten und arbeiteten. April bis Oktober, täglich 10 bis 16.30 Uhr, St. Audeon's Church, High Street, Dublin 8.

CORK

Varieté, Revuen u. a. im *Cork Opera House*. Festes Theater-Ensemble im *Everyman Playhouse*.

LIMERICK

Varieté und Konzerte im *Savoy Theatre*, klassische Stücke im *Bell Table Arts Centre*.

GALWAY

Klassisches und modernes Schauspiel im *Druid Theatre*. *Taibhdearc na Gaillimhe*. Aufführungen nur in gälischer Sprache. Sommertheater in vielen Gegenden Irlands. Einzelheiten in den Touristeninformationsbüros.

Trinkgeld

Üblich zwischen 5% und 15%; in Hotels und in vielen Restaurants in der Rechnung (10%, 12% oder 15%) enthalten.

Unterkunft

Das Angebot reicht vom exklusiven Schloßhotel über moderne Luxus- und Mittelklassehotels bis zu Bed & Breakfast.

HOTELS

Rund 650 Hotels sind von der Irischen Fremdenverkehrszentrale in Kategorien A mit Stern bis C eingeteilt und in entsprechenden Broschüren der irischen Fremdenverkehrszentrale aufgeführt. Sie werden von der Zentrale laufend überprüft.

BED & BREAKFAST

Unterkunft und umfangreiches Frühstück im Privathaus. Die B & B, die mit einem grünen Kleeblatt gekennzeichnet sind, stehen unter der Obhut der Irischen Fremdenverkehrszentrale,

es gibt sie praktisch überall. Beliebt bei Gästen, die ihre Ferien preiswert und nicht nur an einem Ort verbringen wollen.
B & B-Gutscheine sind im Rahmen eines Pauschalreisearrangements im Reisebüro erhältlich. Sie werden vom Vermieter direkt mit dem Reisebüro abgerechnet. Babysitter-Service oft kostenlos, kleine Anerkennung ist jedoch üblich.

FARMHÄUSER

»Farmhouse Accommodation« im ganzen Land, die ebenfalls B & B-Gäste beherbergt. Von der Irischen Fremdenverkehrszentrale registriert und im amtlichen Katalog verzeichnet. Zum Teil moderne Höfe. Viele aus viktorianischer oder georgianischer Zeit und noch heute mit Originalmöbeln ausgestattet.

SCHLOSSHOTELS UND COUNTRY HOUSES

Alte Landsitze, Herrenhäuser und Schlösser wurden in Hotels umgewandelt. Einige dieser Herrensitze können auch mit Koch und Butler gemietet werden.

PENSIONEN (GUESTHOUSES)

Kleiner als Hotels –, in Kategorien A bis C eingeteilt.

JUGENDHERBERGEN

Von den etwa 130 Jugendherbergen sind einige ganzjährig geöffnet. Keine Altersbegrenzung. Beliebige Aufenthaltsdauer. Vorbestellung erforderlich. Die *Übernachtungspreise* rangieren von IR £ 2 bis IR £ 4 je nach Alter und Jahreszeit. Ein internationaler Jugendherbergsausweis ist Bedingung.

FERIENHÄUSER UND FERIENWOHNUNGEN

»Irish Cottages« – oft reetgedeckte Ferienhäuser für 5 bis 8 Personen. Komplett eingerichtet, meist mit offenem Kamin. Kleinere Feriensiedlungen in den schönsten Landschaften der Counties Cork, Clare, Galway, Donegal, Kerry, Leitrim, Limerick, Mayo und Tipperary. Auch viele andere Häuser und Wohnungen im ganzen Land.
Preise: zwischen IR £ 70 und IR £ 280 pro Woche je nach Saison.

STROMSPANNUNG

220 Volt, aber unterschiedliche Steckdosensysteme beachten, ein Adapter ist in fast jedem Elektro- und Haushaltswarengeschäft erhältlich.

Veranstaltungskalender

17. März – St. Patrick's Day
Anfang Mai – Dublin Spring Show
Mai – An Fleadh Nua
(Musikfestival in Ennis, Clare)
1. Augustwoche –
Dublin Horse Show
10.-12. August –
Puck Fair, Killorglin, Kerry
August – Connemara Pony Show, Clifden, Galway
Im Sommer – Siamsa
(Nationales Volkstheater)
Traleey, Kerry.
September –
Austernfestival in Galway
1. Oktoberwoche – Pferdemarkt

in Ballinasloe, Galway
Ende Oktober –
Opera Festival in Wexford

Verkehr → Autofahren → Bahn und Bus → Fliegen

Zeit

In Irland gehen die Uhren fast das gesamte Jahr über 1 Stunde »nach«; Ende September bis Ende Oktober herrscht auch in Irland Mitteleuropäische Zeit.

Zigeunerwagen

Alle Vermieter erwarten, daß man sich an die ausgearbeiteten Fahrtrouten hält. Sie bieten eigens eingerichtete Übernachtungsplätze und Hilfe bei der Versorgung des Pferdes. Durchschnittliche Tagesetappen sollten 10-15 Kilometer nicht überschreiten.

Zoll

Irland ist Mitglied der EG und unterliegt den für diese Staaten geltenden Bestimmungen. Die Einfuhr von Waffen ist verboten. Bei der Rückreise dürfen Geschenke im Wert von DM 780 (bzw. öS 1000 oder sfr 200) mitgeführt werden.
Ein Tip: Waren, wie z. B. Kristallglas, bei denen die Mehrwertsteuer hoch ist (25%), werden von vielen Geschäften auch gern an die Heimatanschrift des Käufers versandt. Dabei spart man die Mehrwertsteuer und zahlt lediglich die Versandkosten. Ersparnis bis zu 20 Prozent des ursprünglichen Preises!

Laden in Kilkenny

Personenregister

Kursive Seitenzahlen verweisen auf Bildlegenden

AILILL (1.Jh.), Sagengestalt aus dem Táin Bó Cúailnge, Gemahl der Königin Maeve 91
Anianus (7./8.Jh.), Heiliger 35
Anne (1665-1714), Königin von England und Schottland 89
Ariosto, Ludovico (1474-1533), ital. Dichter 89

BARNACLE, Nora (1884-1951), verh. mit James Joyce 127f., 291
Barrymore, Earls of 210
Beach, Sylvia (1887-1962), Buchhändlerin 276
Beckett, Samuel (1906-1989), Schriftsteller 150, 304
Behan, Brendan (1923-1964), Schriftsteller 304, 305
Boitha, Heiliger 64
Böll, Heinrich (1917-1985), Schriftsteller 109
Bonifatius (672/673-754), Heiliger 33
Boycott, Charles Cunningham (1832-1897), engl. Captain 45
Brendan (484-577), Seefahrer, Heiliger 23, 182
Brian Boru (um 941-1014), Hochkönig 36, 40
Brigid (453-523), Heilige 20, 309
Brooke, Sir Basil (1888-1973), Politiker 86
Burke, Edmund (1729-1797), Politiker, Philosoph 278
Butler, Fitz Oge (gest. 1526), Ritter 227
Butler, Sir James, Earl of Ormonde (15./16.Jh.) 285f.
Butler of Ormonde (Clan) 229f.

CALDERÓN DE LA BARCA, Pedro (1600-1681), span. Dramatiker 89
Caoilte (5.Jh.), Fenier 19
Carolan → O'Carolan
Cárthach d.J. (gest. 636), Heiliger 213
Cassels, Richard (1690-1751), Architekt 324
Castlereagh, Robert Stewart, Lord (1769-1822), Staatsmann 42
Child, Alfred E. (18./19.Jh.), Glasmaler 320
Childebert (6./7.Jh.), Frankenkönig 33
Ciarán (6.Jh.), Heiliger 20, 254f.
Clarke, Harry (1889-1931), Glasmaler, Illustrator 318
Clarke, Thomas (1857-1916), Freiheitskämpfer 289
Colman MacDuagh (gest. 623), Eremit 154, 156
Colmcille (Columba d.Ä., 521-597), Heiliger 33, 65, 77, 82, 94, 298f.
Columbanus (Columba d.J., um 530-615), Heiliger 21, 24, 33, 35
Comgall von Bangor (6.Jh.), Heiliger 33
Connolly, James (1868-1916), Arbeiterführer 289
Connolly, William (gest. 1729), Parlamentarier 324
Conor O'Brian (gest. 1267), König 152
Cormac MacArt (gest. 277), Hochkönig 62

Cromwell, Oliver (1599-1658), engl. Staatsmann, Heerführer 40, 107, 129, 151, 209, 256, 300
Cronan (6./7.Jh.), Heiliger 319
Cú Chulainn (1.Jh.), Sagengestalt aus dem Táin Bó Cúailnge 15, 183

Dana (Göttin) 15
Dante Alighieri (1265-1321), ital. Dichter 89
Davitt, Michael (1846-1906), Politiker 45
De Burgo, Richard (12./13.Jh.), Normannenfürst 129
De Lacy, Hugh (12.Jh.), Lord Lieutenant 37
Delaney, Edward (geb. 1930), Bildhauer, Maler 327
De Paor, Liam (geb. 1926), Archäologe 16
De Paor, Máire (geb. 1925), Archäologin 16
De Valera, Eamon (1882-1975), Politiker 47, *48*, 289
Devonshire, Dukes of 213
Diarmaid (gest. 565), Sagengestalt, Hochkönig 61 f., 76, 93, 254
Dicuil (8./9.Jh.), Geograph 35
Duignan, Peregrine (16./17.Jh.), Chronist 86
Dunraven, Earls of 167
Dwyer, Michael (1771-1826), Freiheitskämpfer 289

Elisabeth i. (1533-1603), Königin von England 40, 67, 113, 211
Emmet, Robert (1778-1803), Freiheitskämpfer 278
Enda (5./6.Jh.), Heiliger 20, 318
Ethgal (8./9.Jh.), Abt 187
Eustasius von Luxeuil Abt 3

Feidhlimidh of Cashel (9.Jh.), Bischof, König 220
Finbar (gest. 623), Bischof 204
Finn Mac Cumhail (3.Jh.), Sagengestalt, Stammesführer 16, 18, 49, 62, 76, 93, 222
Finnian (gest. 550), Heiliger 94
FitzAlan of Derwent, 1. Viscount (1855-1947), letzter Lord Lieutenant 37
Fitzgerald, Gerald, 9. Earl of Kildare (1487-1534) 220, 286
Fitzgerald, Earls of Kildare 39
Fitzgerald, James, 1. Duke of Leinster (1722-1773) 283
Friel, Brian (geb. 1929), Dramatiker 294

Gallus (um 560-um 640), Heiliger 33
Gandon, James (1743-1823), Architekt 266, *266*
Gladstone, William Ewart (1809 bis 1898), Staatsmann 45
Gogarty, Oliver St. John (1878 bis 1957), Arzt, Schriftsteller 274, 276
Goldsmith, Oliver (1728-1774), Schriftsteller 278, 303, 310
Gonne MacBride, Maud (1865 bis 1953), Freiheitskämpferin 46, 113, 144-150
Grainne (3.Jh.), Sagengestalt; Tochter von Cormac MacArt, Gemahlin des Finn 61 f., 76, 93, 113, 222
Granuaile → O'Malley, Grace
Grattan, Henry (1746-1820), Politiker, Anwalt 42, 178
Gregory, Lady Augusta (1852 bis 1932), Dramatikerin 144-148, 313
Grouchy, Emmanuel (1766-1847), franz. General 198
Guaire (1.Jh.), Sagengestalt aus dem Táin Bó Cúailnge, König 154
Guinness (Brauer-Familie) 116, 286

Healy, Michael (1873-1941), Maler, Glasmaler 320
Heinrich ii. (1133-1189), König von England 36, 216
Heinrich ii. Jasomirgott (1114-1177), österr. Herzog 35
Heinrich viii. (1491-1547), König von England, ab 1541 König von Irland 39

Henry, Françoise (20.Jh.), Archäologin 232
Hoche, Lazare (1768-1797), franz. General 198
Hone, Evie (1894-1955), Maler, Glasmaler 320
Hyde, Douglas (1860-1949), Dichter, Sprachwissenschaftler, erster Staatspräsident 49

Jacobus de Voragine (1228/29 bis 1298), Schriftsteller, Erzbischof von Genua, Seliger 88
Jakob II. Stuart (1633-1701), König von England 40, 68, 166
Johannes Eriugena (um 810-um 877), Philosoph, Theologe 35
Johnson, Esther (1681-1728) 286
Joyce, James (1882-1941), Schriftsteller 128, 274-276, 282, 291, 304

Keane, John Brendan (geb. 1928), Schriftsteller 168
Kelly, Oisín (1915-1981), Bildhauer 320, 327
Kennedy, John Fitzgerald (1917 bis 1963), 35. Präsident der USA 125, 324
Kevin (gest. 618), Heiliger 20, 238
Kilian (um 640-um 689), Heiliger 35
Kolonat (7.Jh.), Heiliger 35
Kolumbus, Christoph (1451-1506), Seefahrer, Entdecker 127, 183

Lacy, Hugh de → De Lacy
Lane, Sir Hugh (1875-1915), Kunstsammler 326
Le Brocquy, Louis (geb. 1916), Maler 326
Le Fanu, Joseph Sheridan (1814 bis 1873), Schriftsteller 296
Lynch (Familie) 129 f.
Lynch, Charles (1736-1796), amerik. Friedensrichter 130
Lynch Fitzstephan, James (15./16.Jh.), Richter, Bürgermeister von Galway 129 f., *131*

MacBride, John (1865-1916), Freiheitskämpfer 145-147, 289
MacBride, Sean (1904-1988), Politiker 150
MacCarthy, Cormac (11./12.Jh.), Bischof von Cashel 220
MacCarthy, Cormac (15.Jh.) 211
MacCormick, Liam (geb. 1916), Architekt 74
MacDermott, Sean (1884-1916), Freiheitskämpfer 47, 289
MacDonagh, Thomas (1878-1916), Dichter, Freiheitskämpfer 289
MacGrath, Miler (1522-1622), Bischof 220
MacLiammóir, Michael (1899-1978), Schauspieler, Dramatiker 296, 302
MacSweeney (Familie) 67 f.
MacSwiney, Terence (1879-1920), Bürgermeister von Cork, Freiheitskämpfer 47
Maeve (1.Jh.), Sagengestalt aus dem Táin Bó Cúailnge, Königin 91, 113
Malachias (um 1095-1148), Heiliger 64
Marianus Scotus (gest. 1088), Abt 35
Marinus (7.Jh.), Heiliger 35
Markiewicz, Constance (1884 bis 1927), Freiheitskämpferin 46, 51, 113, 289, 325
Martin, Violet (1862-1915), Schriftstellerin 201
Matisse, Henri (1869-1954), Maler 276
Mayo, Earls of 113
McDyer, James (1911-1987), Priester 83
McIlhenny, Henry (20.Jh.), Kunstsammler 76
Mil (Milesius), Einwandererführer 15
Molaise (6.Jh.), Heiliger 316, 318
Moore, George (1852-1933), Schriftsteller 145 f., 296
Muiretach O'Brian (gest. 1119), Hochkönig 220
Mura (6./7.Jh.), Mönch 68

NEWMAN, John Henry (1801-1890), Kardinal 278

O'CAROLAN, Turlough (1670 bis 1738), Poet, Harfner 300
O'Casey, Sean (1880-1964), Dramatiker 144, 294, 304
O'Clery, Michael (1575-1645), Chronist 86
O'Clery, Peregrine (um 1590-1664), Chronist 86
O'Conaire, Padraic (1882-1928), Schriftsteller 125
O'Connell, Daniel (1775-1847), Politiker 43, 62, 296
O'Connor, Frank (1903-1966), Schriftsteller 304
O'Crohan, Tomás (1856-1937), Fischer, Schriftsteller 180
O'Dálaigh (Bardenfamilie) 50, 300
O'Donnell (Clan) 86
O'Donnell, Joe (20. Jh.), Shanachie 105 f.
O'Donnell, Red Hugh (1571-1602), Stammesführer 40, 41, 166
O'Faolain, Sean (1900-1991), Schriftsteller 304
O'Flaherty (Clan) 113, 120
O'Flaherty, Liam (1897-1984), Schriftsteller 304
Oisin (Ossian, 3. Jh.), Sagengestalt, Sohn Finn Mac Cumhails 16, 19
O'Leary, Arthur (gest. 1773) 301
O'Malley, Grace (Granuaile, um 1530- um 1600), Seefahrerin 113
O'Mulconry, Fearfeasa (16./17. Jh.), Chronist 86
O'Neill (Clan) 316
O'Neill, Hugh (1550-1616), Stammesführer 40, 41, 166
O'Riada, Sean (1931-1971), Komponist 329
Orpen, Sir William (1878-1931), Maler 326
O'Sullivan, Maurice (1904-1950), Schriftsteller 180
O'Sullivan, Owen Roe (1748-1784), Dichter, Satiriker 300
O'Tunney, Rory (15./16. Jh.), Bildhauer 226-228, 298

PAOR, Liam de → De Paor
Parnell, Charles Stewart (1846 bis 1891), Politiker 45
Patrick (um 385-461), Heiliger 19, 20, 24, 55, 63, 88, 109-112, 227
Pearse, Patrick (1879-1916), Schriftsteller 46, 49, 289
Plunkett, Joseph (1887-1916), Dichter, Freiheitskämpfer 289
Plunkett, Oliver (1629-1681), Erzbischof, Heiliger 311
Praeger, Lloyd (1865-1953), Bibliothekar, Präsident der Royal Irish Academy 62, 123
Pückler-Muskau, Hermann Fürst (1785-1871), Schriftsteller 43
Purser, Sarah (1848-1943), Malerin, Glasmalerin 318, 320

RAFTERY, Anthony (um 1784- um 1835), Harfner, Barde 301
Raleigh, Sir Walter (um 1552 bis 1618), Seefahrer 326
Richard de Burgo → De Burgo
Richard de Clare → Strongbow
Robinson, Mary (geb. 1944), Staatspräsidentin 53
Rosse, Earls of 324
Rousseau, Jean-Jacques (1712 bis 1778), Schriftsteller, Philosoph, Pädagoge 216

SAYERS, Peig (1873-1958), Schriftstellerin 180
Schnack, Elisabeth (geb. 1899), Übersetzerin 201
Sedulius Scotus (um 820- um 880), Dichter 35
Senan (um 488-544), Heiliger 322
Severin, Tim (20. Jh.), Historiker 162, 182 f.
Shaw, George Bernard (1856-1950), Schriftsteller 13, 40, 144 f., 201, 296, 304

Somerville, Edith Oenone (1858-1949), Schriftstellerin 201
Stephens, James (1882-1964), Schriftsteller 294, 304
Sterne, Laurence (1713-1768), Schriftsteller 304
Strongbow (eig. Richard de Clare, Earl of Pembroke; 12. Jh.), englisch-normannischer Ritter 36, 216
Stuart, Imogen (20. Jh.), Bildhauerin 320
Swift, Jonathan (1667-1745), Schriftsteller 42, 278, 286, *286*
Synge, John Millington (1871 bis 1909), Dramatiker 46, 205, 278, 304

Talbot (Familie) 323
Thackeray, William Makepeace (1811-1863), Schriftsteller 43, 189, 285
Theuderic (6./7. Jh.), Frankenkönig 24, 33
Tone, Theobald Wolfe (1763 bis 1798), Freiheitskämpfer 42 f., 198 f., 278
Totnan (7. Jh.), Heiliger 35

Valera, Eamon de → De Valera
Viktoria (1819-1901), Königin von England 89, 191, 200
Virgil (um 700-784), Bischof 35

Wilde, Oscar (1854-1900), Schriftsteller 278, 296, 304
Wilhelm von Oranien (1650-1702), König von England, Schottland und Irland 40, 129

Yeats, Jack Butler (1871-1957), Maler 325, 326
Yeats, John Butler (1839-1922), Maler 326
Yeats, William Butler (1865-1939), Dichter 49, 91, 94, 143, 144-151, 274, 296, 304, 313, 325, 327

Orts- und Sachregister

Halbfette Seitenzahlen verweisen auf Kapitel, *kursive* Seitenzahlen auf Bildlegenden

Absenteeism 331
Achill Island *96*, 109, 313
Adare 167, 318
Adrigole 195
Ärztliche Versorgung 339
aes dána (Weise u. Künstler) 17
Aghadoe Hights 190
Ahenny 222, 224, *321*, 321
Alemannen 33
Allwee Cave 151, 327
Alphabet-Stein (in Kilmalkedar) 179, 332
An fleadh nua (Musikfestival) 329
Angeln 116, 193, 231, 346
Anglo-Iren 37, 56 f., 200, 213, 241, 272, 278, 286
Annals of the Four Masters 86
Anne's Grove Gardens 325
Annegray, Kloster 33
Antrim, Grafschaft 315
Aran Islands 20, *39*, *168*, 124, 131 f. → Inisheer, Inishmaan, Inishmore
ard-ollamh (Historiker des Hochkönigs) 61
ard-ri (Hochkönig auf Tara) 17
Ardagh, Kelch von 283
Ardara 80, 82
Ardmore 322
Ards Peninsula 316

Armagh, Grafschaft 315f.
Ascendancy 41-43, 200, 202, 210, 277f.
Ashford Castle 116
Athassel Priory 319
Athlone 256, 310
Atlantic Drive 73, 157
Aufstand von 1798 42, 289
Aufstand von 1916 46f., 147, 288, 290
Aughnanure Castle 120, 323
Augustiner 89
Auskunft 339
Auswanderung 41, 44f., 53, 167
Autofahren 340

BADEN 340
Bahn und Bus 340f.
Baile Átha Cliath (ir. Dublin) 50
Ballintober Abbey 320
Ballycastle 108
Ballydehob 199
Ballyferriter 179, 317
Ballylee **143-150**
  William Butler Yeats Museum 327
  Thoor Ballylee → Thoor
Ballyvaughan 151, 152, 157
Baltimore 199
Banshee 331
Bantry Bay **195-199**, *196*
Bantry House 198, *325*, 325
Barden 17, 40, 50, 61, 300
Barrow, River 231, **251-254**
Bawnin 331
Beara Peninsula 195
Bed & Breakfast 59, 351f.
Belderg 108
Belfast 315
Belmullet 95
Benbulben **90-93**, *96*, 143
Bianconi-Cars 224
Bibliotheken 326f.
Big Houses 41, 43, 56, 59, 146, 148, 202
Birr, Park des Earl of Ross 310,
  Castle Demesne 324
Black and Tans 47
Black Head 157
Blackwater, River **212-216**
Blarney Castle 211
Blasket Islands 180, *180*, 183
Bloody Foreland 78
Boa Island 316
Bobbio, Kloster 33
Bodhran 124, 195, 329
Bohereen 56, 331
Book of Dimma 280
Book of Durrow 280, *297*
Book of Kells 20, 22, 64, 65, 150, 199, *279*, 280, *280*, *299*
Book of the Dun Cow 36, 255
Bootsfahrten 341
Botschaften 342
Boyle 314
  Abbey *245*, 320
Boyle, River 245, *245*
Boyne, River 40, 60, 62
Boyne Valley 16, 37, **60-66**
Brandon Mountain 182
Bray 90
Brehon Law (Recht der Richter) 17, 39, 94, 130, 305, 331
Brockagh 240
Browne's Hill 309, 316
Buchkunst 20f.
Buncrana 68
Bundoran 89f.
Bunglass Point 83, 84, *96*
Bunratty Castle 162, 322
  Folk Park 162, 327
Bürgerkrieg 48f., 150, 204, 229f.
Burren **151-158**, *152*, *154*

CAHA MOUNTAINS 195, *256*
Caherciveen 193
Cahercommaun 152, 317
Cahir 214, *215*, 216
  Castle 214, *214*, 323
Cappoquin 213
Caragh Lake 193
Carlow, Grafschaft 309
Carndonagh *70*, 71, 158, 321
Carran 152
Carranadoe Lakes *236*, 246
Carrantuohill 189, 190
Carrick (am Glen River) 84
Carrick-on-Shannon 243, 246

Carrick-on-Suir 214
Carrickfergus 315
Carrigahowly, Schloß 113
Carrowmore 317
Castle Cool 313
Castlebar *35*
Castledermot 232, 252, 321, 322
Castletown House *324*, 324
Castletownshend **200-203**
St. Barrahane 202
Cathach 21
Cavan, Grafschaft 314f.
Cavan 243, 314
Céide Cliffs 108, 313
Céide Fields 106f.
Ceilidh (musikalische Zusammenkunft) 124, 329
Charles Fort 202f.
Christentum 19, 22
Church Hill 77
Glebe Gallery 327
Clans 20
Clare, Grafschaft 43, 134, 151, *256*, 312
Clare Island 113
Clear Island 199
Cleggan 124
Clew Bay 109, 113
Clifden 120, 124, *168*
Clonfert Cathedral 320, *320*
Clones 314
Clonmacnois 20, 35, *252*, **254-265**, *255*, 317, 321
Clonmel 214
Contarf 36
Cobh 210f.
St. Colman's Cathedral 211
Colmcille Heritage Center 77
Comaderry 240
Cong 115f.
Abbey 116
Kreuz 283
Connemara 58, **118-125**, *120*, *168*, *314*
National Park 325
Coole **143-150**
Park 313
See 144
Corcomroe Abbey 152, *154*, 319
Cork, Grafschaft 212, 311
Cork 55, 168, **204-212**, *205* (Karte)
Brücke über den Lee *207*
English Market 207
Honan Chapel 318
Mercy Hospital 207
National University 207
Public Museum 326
Red Abbey 204
South Mall 207
St. Anne's Shandon 205, 208-210
St. Finbarr's Cathedral 204, 207, 318
St. Patrick's Street 207
The Granary 208
Corkscrew Drive 157
Corofin 157
Corrib, River 126, 130
Cottages 83, 159, 167
Counties 60
Crag Cave 327
Cragenowen Project 159, 327
Crannog (Vorzeitfort) 16, *78*, 80, 331
Creevykeel 317
Croagh Patrick 109-112, 320, 321
Cross-slabs 177, 261
Crossfigill (Bethaltung) 20
Curraghs 124, 132, 135, 136f., 182, 233, 331

Dalkey 291
Dänen 35, 312
Delphi 115
Derry, Grafschaft 74, 316
Derry (Londonderry) 316
Derry, Kloster 33
Derrynaflan 284
Devenish Island 316
Dichter 298-305, 330
Dingle Peninsula 162, **164-183**, *179*
Doe Castle 67, 323
Dolmen 80, *81*, 106, 331
Donabate, Newbridge House 326
Donegal, Grafschaft **67-90**, 72, 314
Donegal 86
Castle 86, 323, *323*
The Diamond 86

Doochary 77
Doolin 132, 134
Doon Lough *78*, 80
Down, Grafschaft 316
Downings 75
Downpatrick Head 108
Dowth, Nekropole 62
Drimneen, River 120
Drogheda 310
Drombeg 317
Druiden 15-19, 152, 187
Druim Ceatt (Versammlung) 298 f.
Drumcliff 94, 321
Dublin, Grafschaft 308
Dublin 36, 168, 251, **266-297**, *268/269* (Karte)
  Abbey Theatre 146, 294, 350
  Bahnhöfe 341 f.
  Ballsbridge 271, 272
  Bank of Ireland 277, 277
  Castle 285
  Chester Beatty Library 326
  Christchurch Cathedral 285, 317
  Custom House 266, 270, 290
  Dáil Eireann (Parlament) 180, 283
  Davy Byrne's Bar 282
  Duke Street 282
  Ely Place 296
  Four Courts 266, *266*
  Gas Emporium 282
  General Post Office 46, 290
  Grafton Street 282
  Guinness (St. James Gate Brewery) 270, 287, 326
  Halfpenny Bridge 297
  Hope Store 326
  Hugh Lane Gallery of Modern Art 326
  James Joyce Museum (Sandycove) 326
  Kilmainham Jail 46, 287 f.
  Kilmainham Jail Historical Museum 326
  Leinster House (Parlament) 283
  Liberties 287
  Marsh's Library 287, 326
  Martello Tower (Sandycove) 274 bis 276

Dublin
  Merrion Road 271
  Merrion Square 296
  Museum of Modern Art 326
  National Concert Hall 294
  National Gallery 293, 324, 326
  National Library 272, 283, 294
  National Museum 68, 256, 272, 283 f., *284*, 293, 318, 326
  National University 278
  Nelsonsäule 290
  North Wall 290
  O'Connell Bridge 290
  O'Connell Street 46, 285, 289 f.
  Peacock (im Abbey Theatre) 294
  Phoenix Park 271, *273*, 323
  Powerscourt House 281
  Ranelagh 241
  Royal Dublin Society 272
  Royal Hospital 287 f.
  Royal Irish Academy 62, 255, 326
  Shelbourne Hotel *295*
  Shelbourne Park 293
  South Circular Road 287
  St. Mary's Procathedral 285
  St. Patrick's Cathedral 42, 285, *286*, 318
  St. Stephen's Green 46, 51, 52, 282, 294
  Templebar 297
  Trinity College 272, 278, *279*, 280 f., 296, 326
Dublin Bay 274, 275
Dublin Horse Show 271 f., 272, *273*, 274
Dublin Mountains 271
Dun Aengus (Inishmore) 132, 317
Dun Conor 317
Dunbrody Abbey 318
Dunfanaghy 67
Dunganstown 324
Dunguaire Castle 154, 322
Dunluce Castle 315
Dunmore Cave 327
Dunquin 179 f.
Durrow, Kloster 33
  Hochkreuz 321
Dysert O'Dea 163 f., *165*, 319, 321

Eamhain Macha 316
Einreisebestimmungen 339
Eire (ir. Irland) 50
Elilenti (Elende Heilige) 23
Ennis *160*, 319
Ennis Friary 319
Enniscorthy, Castle Museum 326
Enniskillen 316
Eremiten 179, 238
Europäische Gemeinschaft 49, 53, 84, 116, 205, 285

Fahan 68, *69*
Färöer 182 f.
Farmhäuser 352
Fastnet Rock 199
Feis Teomhair (Versammlung) 61
Fenier (Fianna, Sagenvolk) 16, 18, 62, 93, 222
Ferienhäuser 352
Fermanagh, Grafschaft 316
Fermoy 213
Fianna → Fenier
Fiddle (Geige) 329
Filí (Magier) 17, 298, 331
Fischer *123*, *135*, *313*
Fischfang 84, 124, 137
Fish and Chips 84
Fliegen 343
Flight of the Earls 40, 316
Florence Court 316
Folly 331
Fota Estate 210, 325
  Wildlife Park 210 f.
Franken 35
Franziskaner 89, 116, 318, 319
Freilichtmuseen 327

Gaelic Athletic Association 49
Gaeltacht (gälische Sprachgebiete) 51, 59, 142, 328
Gälen (ir. Goidelen) 15
Gälische Liga 49
Gärten 323-325
Gallarus Oratory 179, 317
Galtee Mountains 216
Galway, Grafschaft **125-132**, 143, 312
Galway 55, 125-129, *127* (Karte)
  Browne Doorway 126
  City Museum 327
  Druid Theatre 127
  Kennedy Memorial Park 125
  Salmon Weir Bridge 130
  Spanish Arch 129
  Spanish Parade 129
  St. Nicholas' Cathedral 127, 130, 320
Galway Bay 157
Gap of Dunloe 189, 190
Gap of Mamore 68
Garinish Island 196, 325
Gartan, Colmcille Heritage Center 327
Geasa (Tabus) 17, 62, 331
Geld 343
Geneva Barracks 216
Georgian Architecture 398
Giant's Causeway 315
Glen of Aherlow **216-219**
Glenbeugh 193
Glencolumbkille 82, 327
Glencree 240
Glendalough 20, *24*, 238, 240, 317, 321, 325
  St. Kevin's Church 238
Glengariff 195 f., 198
Glengesh-Paß 82, *96*
Glenmalure 240
Glenveagh 75 f.
  National Park 314, 325
  Schloß 325
Glossar 331-333
Golf 347 f.
Gombeen Man 332
Grafschaften 308-316
Graiguenamanagh 254
  Duiske Abbey 254, 318
Grand Canal (Großer Kanal) **251-254**, *251*, 292
Grand Tour 198
Great Famine, The → Hungersnot
Grianan of Aileach 74, 80, 193, 317

Handel 113, 129
Harfe 50
Headford 116

Healy-Paß 195
Heckenschulmeister 41, 163
Hell's Hole 71
Heritage 332
Hochkreuze (High Crosses) 22, 57, 65, 71, 158, 163 f., 222, 224, 232, 252, 256, 321
Höhlen 327
Holycross Abbey 319
Hooker 134, 322
Horn Head 67 f.
Hornpipes 194
Hotels 351 f.
Howth 291
Hungersnot 44, 89, 211, 324
Hurling 49, 53, 346

Iniscealtra 322
Inisheer (Aran Islands) *39*, 124, 132, **134-141**, *135*, 157, *168*, *313*
Friedhof 139 f.
St. Cavan's Church 139 f., 317
Inishmaan (Aran Islands) 131 f., 134
Inishmore (Aran Islands) 131 f., 134
Tighlagh Eany 318
Inishmurray 318
Inishowen Peninsula 68, 74, 321
Inishtioge 226
Insularity 37
Iona, Insel (auch Hy) 33, 65, 298
Irische See 43, 291
Irish Coffee 159
Irish Folklore Commission 105
Irish Free State 48, 150
Irish Georgian Society 324
Island 23, 182 f.
Iveragh Peninsula 311, 317

Jaunting Cars 132, 191, 332
Jerpoint Abbey *18*, *111*, 226, 227, 228, *228*, 318
Jigs 194
John-F.-Kennedy-Memorial Waldpark 324
Jugendherbergen 352

Kanusport 348
Karolinger 35
Katholiken 39, 41, 43, 166, 278, 315
Keen 202, 332
Kells 65 f., 317, 321
Hochkreuz 321
Rundturm 322
St. Colmcilles Haus 66
Kelten 36, 89
Kenmare **191-195**
Kenmare Bay *256*
Kerry, Grafschaft 58, 167, 188, 212, 311
Kilclispeen 224
Kilclooney Dolmen 317
Kilclooney More 80, *81*
Kilcooly Abbey 226, 319
Kildare, Grafschaft **232-237**, 309 f.
Kildare, Kloster 318
Rundturm 322
Kilfenora *58*, *156*, 157 f., 321
Burren Display Center 326
Cathedral 158
Hochkreuz 321
Kilkenny, Grafschaft **225-232**, 308 f.
Kilkenny *225* (Karte)
Castle 228 f.
Castle, Picture Gallery 229
Graiguenamanagh 318
Rothe House 326
St. Canice's Cathedral 230 f., 318
Town Hall 229
Killala 322
Killaloe 243
St. Flannan's Cathedral 319
Killarney, Grafschaft **189-191**
National Park 191, 318
Killarney, Muckross House 191, 325, 326
Killary Fjord 115, *168*
Killeshin 318
Killorglin 193
Killybegs, Hafen 84, *85*
Kilmacduagh 154, 317, 322
Kilmalkedar 179
Kiltartan 148
Kinsale 202 f.
Regional Museum 326
Kinvara 152, 154
Kippers (geräucherte heiße Heringe) 67

Kirche, irische 36, 39
Kirchen 317-320
Kitchen Midden 332
Klima 57, 67, 108, 311, 343
Klöster 20f., 33, 35f., 317-320
Knappogue Castle 322
Knock 313
Knock Shrine 321
Knockmealdown Mountains 213
Knocknarea 91
Knocknarea Cairn 317
Knockvicar 245
Knowth, Nekropole 62
Könige 15-19, 36f., 61, 74
Konsulate 342
Konzerte 343f.
Kriss 136, 332
Kylemore 120
  Abbey 118, 325
Kylemore Lough *168*

LADIES' VIEW 191
Landliga 45
Landlords → Ascendancy
Lanesborough 246, 250
Laois, Grafschaft 60, 310
Larne 315
Lauragh 195
Leamanagh Castle 157
Lee, River 204, *207*, 209
Leenane 115, 120
Leihwagen 340
Leitrim, Grafschaft 314
Leitrim 243f.
Leprechaun 332
Letterfrack National Park 118
Liffey, River 46, 266, 270, 282, 287, 292, 297
Limerick, Grafschaft 312
Limerick 36, **166f.**
  Museum 326
  St. John's Castle 166
  St. Mary's Cathedral 166, 319
Lisdoonvarna 157
Lismore Castle 213, 325
Lissadell House 325
Listowel 167f., 177
Literatur 330
Londonderry → Derry
Longford, Grafschaft 310
Lord Lieutenant 37, 42
Lough Corrib 115ff., 120, 123, *168*
Lough Derg 86-89, 321
  Basilika des hl. Patrick 87
  Brigittenkreuz 87
  St.-Patricks-Kreuz 87
  St. Patrick's Purgatory 88f.
Lough Doon 317
Lough Erne 316
Lough Foyle 74
Lough Gartan 77
Lough Gill 90
Lough Gougane Barra 204
Lough Gur Interpretative Center 327
Lough Key 246
  Forest Park 246, 314, 325
Lough Leane 190
Lough Mask 115
Lough Nafooey 115
Lough Neagh 316
Lough Ree 250
Lough Veagh 75f.
Loughrea, St. Brendan's Cathedral 320
Louisburgh 112
Louth, Grafschaft 310
Lowe Lake 190
Lugduff 240

MAAM CROSS 120
Macgillicuddy's Reeks 189, 193
Malahide Castle 323
Malin Bay 83
Malinbeg 350
Malin Head 71
Mangerton 190
Mass Rock (Gebets-Felsen) 41
Mayfly 116
Mayo, Grafschaft **95-114**, 313
Meath, Grafschaft 60, 310
Mellifont 318
  Kloster 64
Mitchelstown Cave 327
Moher, Cliffs of 108, 157
Monaghan, Grafschaft 315
Monasterboice 63f., 317, 321, 322
  Hochkreuz 321

Kreuz des Muiredach *24*, 64
Rundturm 322
Tall Cross 64
Mönche 17, 20, 116f., 185, 187f., 255
Moone *231*, 232, 252, 321
Moor **95-114**, 118, 123, 124, 310
Mount Asher Gardens 323
Mount Errigal 76
Mount Melleray, Kloster 213
Mourne Mountains 316
Moyne Abbey 320
Muckross Friary 318
Muckross House 191, 325, 326
Mullach na Cainte 82
Museen 326f.
Musik 61, 124, *160*, 194f., 329

Naran *78*, *81*
Naran-Portnoo 80
National Monuments 56, 132, 199
National Parks 76, 118, 191
Navigatio Brendani 23
Nenagh Castle *322*, 323
New Ross 252
Newgrange, Nekropole 62f., *311*
Ninemile-House 224
Nordirland 48, 74, 86, 315
Nore, River 225, 228, 254
Normannen 57, 229, 312
Norweger 35

Offaly, Grafschaft 20, 310
Öffnungszeiten → Geld → Post → Shopping
Ogham 17, 117, 179, 319, 332
Old Head 112
Old Kilcullen, Hochkreuz 252
One Man's Pass 84, *96*
Ormonde Castle 323
Osteraufstand von 1916 → Aufstand von 1916
Oughterard 120
Oughtmama 154

Pale (hölzerne Barrikaden) 37
Pampooties 332
Pannenhilfe 340
Papars (Mönche a.d. Färöern) 183
Paps of Dana 190
Parke's Castle 323
Parknasilla 191
Passage East 216
Passage West 211
Pattern Day 139, 156, 333
Penal Laws 41
Pensionen 352
Pferde **232-237**, 344f.
Pflanzenwelt 152, 189
Plantation 40, 67, 86, 323, 333
Plassy (Schiffswrack) 138f., *139*
Poisoned Glen 75
Pontoon Bridge 105, 106, 313
Pooka 333
Portobello, Irish Jewish Museum 326
Portrush 315
Portstewart 315
Post 345
Poteen 333
Poulnabrone Dolmen *15*, 152, 317
Powerscourt Estate 240f., 324
Prähistorische Monumente 317
Protestanten 41, 67, 315
Provinzen 308-316

Quellen 337
Quin Abbey 116, 319

Radfahren 345
Rath (Ringwälle) 16
Recess 120
Reels 194
Reisehinweise 339-353
Renvyle 120
Repeal (Aufhebung der Union) 44, 62
Republic of Ireland 49
Ring of Kerry 183, 191, 195, *256*, 311
Robertstown 252
Rock of Cashel 164, **219-224**, *256*, 319, *319*, 322
Bishop's Walk 222
Cormac's Chapel 179, 219f.
Kreuz des Patrick 220, *221*, 222
Rundturm 322
Römer 19

Rosapenna 75
Roscommon, Grafschaft 314
Roscrea 319, 322
  Damer House 326
  Rundturm 322
Rosguill Peninsula 75
Ross Errilly (auch Ross Abbey) 116f., *168*, 320
Rossaveel 123
Rosserk Friary 116, 320
Roundstone 124
Rudern 348
Rundtürme (Roundtowers) 23, 57, 65, 321f.
Russborough House 324

SALTEE ISLANDS 308
Salthill 90
Scattery Island 322
Scenic Route 212
Schlacht bei Kinsale 40
Schlacht im Boyne-Tal 166
Schlösser 323-325
Schottenklöster 35
Seen → Lough
Segeln 199, 348
Seisiún 329
Shamrock 20, 55
Shanachie (Erzähler) 105, 140
Shannon Airport 159
Shannon Region **159-164**
Shannon, River 166, **243-251**, *247* (Karte), 257, 312
Shannonharbour 254
Shelta (Tinker-Sprache) 198
Shetland-Inseln 23
Show-jumping 225
Sidhe (Geister) 15, 217-219, 329, 333
Singing Pubs 329
Sinn Féin 47
Skellig Michael **183-189**, 317
Skellig Rocks 193, *256*
Slab of Loneliness 77
Slainte 333
Slane 63
Slea Head 180
Slieve League 83, 84, *96*
Slievenamon 222
Slievetooey 80
Sligo, Grafschaft **90-94**, *96*, 143, 314
Sligo 91
  Abbey *93*, 320
  County Museum 327
Sneem 191, *193*
Souper 333
Spanier 129, 203
Sport 346-350
Sprache, irische (Gälisch) 20, 47, 50, 83, 123, 127, 146, 180, 199, 200, 283, 302, 328
Spring Show 271
St. Berrahert's Kyle 216
St. Berrahert's Well 216
St. Brendan's Creek 23, 182
St. Gallen, Kloster 33, 35
St. Mac Dara's Island 318
Staigue Fort 191, *193*, 317
Standing Stones 177
Statut von Kilkenny 39, 229
Steinzeit 107f.
Straid Abbey *58*, 320
Stromspannung 352
Sueben 33
Suir, River **212-216**, *214*
Surfen 349

TÁIN BÓ CÚAILNGE (Sage) 91, 93, 183
Tanist 80
Tankstellen 340
Tara, Burg 60-63, 299
  Banketthalle 61
  Haus des Cormac 61
  Patricks-Statue 60
Tauchen 349
Taxi 340
Tearaght (Felsenriff) 183
Tee 72
Telefonieren 350f.
Theater 350
Thomastown Castle *24*
Thoor Ballylee 147f., *148*, 274, 313
Tierwelt 67, 143f., **183-189**
Timahoe 321
Timoleague Abbey 318
Tin Whistle 13, 124, 194, 329

Tinker → Travelling people
Tipperary, Grafschaft 212, 222, *233*, *256*, 284, 312
Torf 75, *95*, 96, 105, 107, 134
Tory Island 78
Tourist Trail 163, 204
Tramore 90
Travelling People 196, 198, 333
Treaty of Limerick 166
Tribes 129
Trim (pale) 37
Trim Castle 322
Trinkgeld 351
Troubles, Zeit der 49, 56, 146, 241
Tuatha Dé Danaan (Volk der Göttin Dana) 15, 16
Tullamore 310
Tully 324
Turas Colmcille (Wallfahrt von Glencolumbkille) 82
Turlough *35*, 322
Turoe Stone 317
Tweed-Weberei 80
Twelve Bens 118, 123, *168*
Tyrone, Grafschaft 316

Uillean Pipes (Dudelsack) 124, 194, 329
Ulaiden (Stamm) 15
Ulster, Provinz 40
Union mit England 43, 277
Unterkunft 351
Urlingford 266

Vee, The (Straße) 213
Veranstaltungskalender 352
Verkehr → Autofahren → Bahn und Bus → Fliegen
Verkehrshinweise 340

Wake 333
Walled Garden 76
Wallfahrten 82, 86-88, 110-112, 188, 319, 321
Wandern 349 f.
Wasserski 350
Waterford, Grafschaft 212, 312
Waterford 36
Art Gallery 327
Reginald's Tower 216, 312
Waterville 193
Weepers 117, 226, *227*, 320
Weltkrieg, Erster 47
Weltkrieg, Zweiter 240
Westmeath, Grafschaft 310
Wexford, Grafschaft 125, 308
Wexford 36, 55
Whiddy Island 316
White Island 316
Wicklow, Grafschaft 308
Wicklow Mountains *24*, **237-241**, 289, 291
Sugar Loaf Mountains (auch Guided Spears) 241
Wikinger 23, 33, 65, 129, 187, 256, 285
Wild Geese (Auswanderer) 167
Windhundrennen 293, 346
Wohnwagen 340
Writer's Week 167

Youghal 212
Art Gallery 326

Zeit 353
Zeittafel 334-336
Zigeunerwagen 353
Zisterzienser 36, 64, 152, 254, 314, 318, 319
Zoll 353

Abbildungsnachweis

Bord Fáilte, Dublin: Frontispiz; Seite 160/161, 181, 231, 273, 344, 348, 351

Herbert Fritz, Frankfurt: Umschlagvorderseite

Emanuel Gronau, München: Farbtafel 5, 11, 20; Seite 138

A. Hintze, Jugenthal: Farbtafel 1

Thomas Höpler, Wien: Seite 52, 228, 346

Irische Fremdenverkehrszentrale, Frankfurt: Seite 234/235

Werner Neumeister, München: Umschlagrücken; Farbtafel 2, 7, 9, 12, 13, 14, 15, 16; Seite 14, 18, 34, 38, 69, 79, 81, 92, 95, 110, 122, 128, 133, 135, 141, 149, 155, 165, 192, 206, 215, 223, 227, 242, 244, 248/249, 255, 267, 279, 284, 295, 306, 311, 313, 322, 323, 324, 353

Prestel-Archiv, München: Seite 22, 131, 251, 277, 280, 297, 299, 333

Hubert Stadler, Buchenau: Farbtafel 3, 6, 8, 10, 17

Werner Stuhler, Hergensweiler: Farbtafel 4, 18; Seite 54, 58, 73, 119, 121, 153, 156, 197, 221, 253, 286, 314, 319, 320, 325, 328, 338, 345

Süddeutscher Verlag, München: Seite 48

Hans Weber, Lenzburg: Farbtafel 19; Seite 70, 85, 178, 321, 343

Ludwig Wüchner, München: Seite 186

Kartographie:

Astrid Fischer, München: Übersichtskarte; Seite 127, 205, 225, 268/269, 309

Felix Halbgewachs, München: Seite 66, 114, 184, 201, 239, 247

IRLAND
Grenze zu Nordirland
Grafschaftsgrenze
Provinzgrenze
Fährlinien
50 km
ATLANTISCHER OZEAN
MULLET PENINSULA
Belmullet
Ballina
ACHILL ISLAND
Mayo
Pontoon Bridg
Clew Bay
Castlebar
Westport
Killary Bay
Delphi
L. Mask
Leenane
Ballinrobe
CONNACI
Clifden
Connemara
Recess
L. Corrib
Oughterard
Galway
Galway Bay
Clarinbridge
ARAN ISLANDS
Ballyvaughan
CLIFFS OF MOHER
Lahinch
Portumna
Dysert O'Dea
Ennis
Kilkee
Clare
Killaloe
Kilrush
SHANNON FLUG
LOOP HEAD
Tarbert
Shannon
Limerick
Adare
DINGLE PENINSULA
Limerick
Tralee
Tipperary
Dingle Bay
Killorglin
MUNSTER
Killarney
Glenbeigh
Mallow
Blackwater
Kerry
Cork
SKELLIGS
Kenmare
Waterville
Gougane Barra
Blarney
Kenmare River
Glengariff
Lee
Castletown Bearhaven
Cork
Cobh
Bantry
Bantry Bay
Kinsale
MIZEN HEAD
Glenncolumb
Doneg Bay
Ballys
Rosc
Youghal
Youghal Ba